D1628930

Cherry Hill

So tickt *Ihr* Pferd

Pferde richtig verstehen lernen

Meinen langjährigen Freunden gewidmet:

Deborah Burns, 20 Jahre lang außergewöhnliche Herausgeberin
Sassy Eclipse – »Sassy«, 30 Jahre lang hervorragendes Geländepferd und Zuchtstute
Miss Debbie Hill – »Zinger«, 30 Jahre lang großzügiges Dressurpferd und Westernpferd
und besonders Richard Klimesh, seit über 35 Jahren mein Ehemann und bester Freund

Cherry Hill

So tickt *Ihr* Pferd

Pferde richtig verstehen lernen

Einbandgestaltung: Günther Nord
Titelbild: Cherry Hill: Randy Dunns Pferde, Bath Brothers Ranches

How to Think Like a Horse
Copyright © 2006 by Cherry Hill
Originally published in the United States by Storey Publishing, LLC.

Bildnachweis: Mark J. Barrett: S. 137; CAVALLO: S. 54, 96, 132; Royalty-free/CORBIS: S. 79; Cherry Hill: S. 13, 8, 27, 33, 40, 44, 55, 65, 70, 71, 87, 121, 127, 148, 155, 162, 164 re.; jeanma85©www.fotolia.de: S. 62; Richard Klimesh: S. 10, 11, 19, 20, 22, 23, 25, 30, 32, 37, 50, 51, 64, 73, 74, 81, 86, 97, 129, 136, 138, 147, 149, 150, 151, 152, 153, 156, 157, 164 li., 165 li., 171; Bob Langrish: S. 2, 8, 12, 21, 24, 28, 36, 38, 39, 41, 67, 69, 69, 80, 83, 85, 104, 110, 116, 122, 140, 145, 146, 165 re.; harald Soehngen©www.fotolia.de: S. 82; Storey Publishing: S. 46/47; Tatosian©www.fotolia.de: S. 72.
Illustrationen: Elayne Sears
Grafiken: Kristy Mac Williams: S. 16, 72; Ilona Sherratt: S. 43, 52, 128, 178

Aus dem Englischen übersetzt von Angelika Schmelzer

Alle Angaben in diesem Buch wurden nach bestem Wissen und Gewissen gemacht. Sie entbinden den Pferdehalter nicht von der Eigenverantwortung für sein Tier. Für einen eventuellen Missbrauch der Informationen in diesem Buch können weder die Autorin noch der Verlag oder die Vertreiber des Buches zur Verantwortung gezogen werden. Eine Haftung für Personen-, Sach- und Vermögensschäden ist ausgeschlossen.

ISBN 978-3-275-01641-9

Copyright © 2008 by Müller Rüschlikon Verlag
Postfach 103743, 70032 Stuttgart
Ein Unternehmen der Paul Pietsch Verlage Gmbh+Co
Lizenznehmer der Bucheli Verlags AG, Baarerstr. 43, CH-6304 Zug

1. Auflage 2008

Sie finden uns im Internet unter www.mueller-rueschlikon-verlag.de

Der Nachdruck, auch einzelner Teile ist verboten. Das Urheberrecht und sämtliche weiteren Rechte sind dem Verlag vorbehalten. Übersetzung, Speicherung, Vervielfältigung und Verbreitung, einschlieâlich Übernahme auf elektronische Datenträger wie CD-ROM, Bildplatte usw. sowie Einspeicherung in elektronische Medien wie Bildschirmtext, Internet usw. sind ohne vorherige schriftliche Genehmigung des Verlages unzulässig und strafbar.

Redaktion: Claudia König
Innengestaltung: Anita Ament
Druck und Bindung: KoKo Produktionsservice, 70900 Ostrava
Printed in Czech Republic

Inhalt

Vorwort

ALS ICH NOCH EIN KIND WAR, wollte ich nicht nur meine ganze Zeit mit Pferden verbringen, ich wollte sogar am liebsten selbst ein Pferd sein. Ich galoppierte, stieg, schlug aus und wieherte. Wann immer ich etwas Neues sah, näherte ich mich sehr vorsichtig, streckte den Kopf vor und neigte ihn zur Seite, um es gut im Auge zu haben, und dann hüpfte ich mit einem Quietschen beiseite. Danach näherte ich mich erneut, um misstrauisch und voller Aufmerksamkeit zu schnuppern, wobei ich schnaubte und pustete.

Sogar beim Essen inspizierte ich auf diese Weise meine Mahlzeiten – nicht die besten Manieren, wenn wir Gesellschaft hatten, besonders dann nicht, wenn ich nach dem Schnüffeln noch laut wieherte. Unsere Gäste witzelten mit meinen Eltern darüber, dass ich vermutlich ein halbes Pferd sei, aber selbst das war mir nicht genug – ich wollte ganz und gar Pferd sein! Deshalb wusch ich mir auch nicht gründlich die Hände, wenn ich ein Pferd geputzt hatte, weil ich diesen wundervollen Geruch so lange wie möglich an mir behalten wollte.

Zur großen Erleichterung meiner Eltern ließ mein pferdeähnliches Verhalten irgendwann in der Grundschule ein wenig nach, doch im Kern war ich ein halbes Pferd geworden, und das ist bis heute so geblieben. Mein ganzes Leben dreht sich um Pferde.

Viele der Bücher, die ich geschrieben habe, befassen sich mit Themen rund ums Pferd: Aufstallung und Fütterung, Pflege und Ausrüstung, Hufbeschlag, Reiten und Training. In einigen Büchern habe ich mich insoweit mit den Interaktionen zwischen Pferd und Mensch beschäftigt, als diese für die Haltung oder das Training relevant sind, doch bislang hatte ich noch kein komplettes Buch der Frage gewidmet: Wie tickt eigentlich ein Pferd?

Da ich im Grund meines Herzens Lehrerin bin, enthalten meine Erklärungen viele Fakten und Details. Ich gebe meinen Lesern lieber handfeste Informationen als zu erwarten, dass sie mir einfach so alles abkaufen – denn aus diesen Informationen können Sie Ihre eigenen Rückschlüsse ziehen. Weil es nur wenige fundierte Forschungsergebnisse, aber viele Meinungen zum Pferdeverhalten gibt, biete ich Ihnen meine ganz eigene Interpretation der vorliegenden Informationen an.

Im Grunde aber ersetzen alle Fachbücher und alle Fakten der Welt nicht die Zeit und Erfahrung, die es braucht, um ein Gefühl für Pferde zu entwickeln. Soweit es mich betrifft, ist dies ein sehr persönlicher Prozess. Niemand bekommt dieses Gefühl, dieses Wissen geschenkt, es lässt sich nicht kaufen, nicht auf rein intellektueller Ebene erwerben. Um eine Basis für das Verständnis von Bedürfnissen, Verhalten und Fähigkeiten von Pferden entwickeln zu können, ist es trotzdem notwendig, sich mit den Fakten zu beschäftigen. Um dies zu ermöglichen, habe ich ein kombiniertes Linkshirn-/Rechtshirn-Buch geschrieben, das sowohl den Wissenschaftler als auch den Künstler in uns allen anspricht.

Außer diesen Fakten habe ich Anekdoten und Beispiele eingefügt, die diese Sachinformationen lebendig werden lassen. Meine Sichtweise basiert auf meinem Leben mit Pferden, als Trainerin, Reitlehrerin, Schullehrerin, Richterin, Züchterin, Buchautorin und Fotojournalistin.

Ich möchte Sie ermutigen, aufgeschlossen zu bleiben. Hören Sie zu, beobachten Sie, lesen Sie, was andere Pferdeleute sagen, tun oder schreiben. Sortieren Sie die Blender aus, beobachten Sie, wie wahre Könner zum Vorschein kommen. Übernehmen Sie, was Ihnen bei der Entwicklung Ihres eigenen Gefühls für Pferde hilft.

Heute ist ein Großteil aller Pferdebesitzer weiblich. Viele der so genannten neuen Methoden natürlichen Pferdetrainings werden überwiegend von männlichen Praktikern als weniger harte und eher auf gedanklichen Überlegungen basierende Form des Trainings angepriesen und entsprechen dabei doch der Art und Weise, wie Frauen schon ganz instinktiv mit Tieren umgehen. Da wir Frauen auf körperlicher Ebene das schwache Geschlecht sind, nutzen wir unser Gehirn, um Konfrontationen zu umgehen. Wir versuchen, Verletzungen durch Nachdenken zu vermeiden. Vielleicht sind wir Frauen aufgrund unseres starken Selbsterhaltungstriebs den Pferden so ähnlich. Wir sind außerdem in der Lage, größere Vorhaben in kleinere Zwischenschritte einzuteilen, wir wissen auch geringere Anstrengungen und Teilfortschritte zu schätzen.

Damit möchte ich nicht sagen, dass alle männlichen Pferdetrainer ungeduldig oder Brutalos sind, die körperliche Mittel der Unterwerfung nutzen – ganz bestimmt nicht! Es gab und gibt viele talentierte und rücksichtsvolle Pferdemänner. Männer tendieren jedoch manchmal dazu, von ihrem Ego und vom Testosteron dominiert zu werden, und das wiederum führt zu Kämpfen und Dominanzverhalten. Obwohl ich mich also über die neuen Trends im Pferdetraining freue, schmunzele ich in mich hinein, weil ich weiß, dass wir Frauen das alles schon längst instinktiv wussten.

In diesem Buch benutze ich häufig den Begriff »Pferdetrainer«, wenn ich mich auf den Menschen beziehe, weil ich denke, dass wir alle immer und überall unsere Pferde trainieren, ganz unabhängig von Ausbildungsstand oder Trainingsinhalt. Ob wir ihnen neue Verhaltensweisen angewöhnen, bereits bestehendes Verhalten verändern oder Erlerntes festigen – all dies ist Training. Es spielt keine Rolle, ob Sie Ihr Pferd füttern, mit ihm über eine Wiese galoppieren oder es gerade beschlagen lassen: Das Pferd lernt dabei und wird deshalb trainiert, unabhängig davon, ob wir selbst die Situation als Training im eigentlichen Sinne interpretieren oder nicht.

Ich hoffe, durch dieses Buch entwickeln Sie eine Vorstellung davon, wie und warum Pferde tun, was sie tun. Dieses Wissen hilft ihnen dabei, ihre Körpersprache zu lesen und zu verstehen, sich im Umgang richtig zu verhalten, Ihr Training sinnvoll zu planen und durchzuführen.

Cherry Hill

KAPITEL 1

Typisch Pferd

DIE MEISTEN MENSCHEN ERKENNEN DIE SCHÖNHEIT UND DEN ADEL EINES PFERDES beim bloßen Hinsehen sofort. Doch wenn wir uns mit dem Pferd näher beschäftigen, wird es schwieriger, da wir dann dazu tendieren, Pferde vom menschlichen Standpunkt aus zu betrachten.
Wenn ein Pferd von uns davonläuft, wenn es buckelt oder beißt neigen wir dazu, diese Ereignisse zu interpretieren, statt einfach objektiv Fakten zu beobachten und festzuhalten. »Dieses Pferd mag mich nicht, benimmt sich daneben, ist einfach gemein« sind typisch menschliche Interpretationen. Erst, wenn ein Mensch Pferde wirklich versteht, kann er derartige Verhaltensweisen objektiv erfassen und in der Folge werden sie weniger häufig auftreten. Der Grund: Je besser Sie Ihre Pferde verstehen, desto weniger häufig kommt es zu Konflikten.

Können Pferde denken? Das kommt darauf an, wie man »Denken« definiert. Wird der Verstand genutzt, um die von den Sinnen empfangene Information zu verarbeiten, dann können Pferde selbstverständlich denken. Können sie aber auch logisch denken, nachdenken? Nachdenken im Sinne von logischem Denken, das zu einer Schlussfolgerung kommt, können Pferde im Allgemeinen nicht. Stattdessen beobachten sie, reagieren (oft sehr schnell) und denken später.

Wissen, wie ein Pferd tickt – was bringt´s?

Auf diese Fragen gibt es wahrscheinlich ebenso viele Antworten, wie es Pferdefreunde gibt und die meisten würden wohl mehrere Gründe anführen. Hier eine Liste der häufigsten Antworten:

- Damit wir die Welt vom **Standpunkt eines Pferdes aus verstehen** können.
- Um zu erreichen, dass unser **Pferd in unserer Gegenwart ebenso entspannt** ist wie in Gegenwart seiner Artgenossen.
- Damit wir **mit dem Pferd auf eine Weise kommunizieren** können, die es versteht, und es so dazu bringen zu tun, was wir von ihm wollen. Wenn Pferde uns verstehen können, entspannt sind, wir ihnen auf faire Weise Aufgaben stellen, die sie leisten können, dann haben wir größere Erfolgschancen, da Pferde grundsätzlich gefällig und kooperativ sind.
- Aus **Sicherheitsgründen,** denn Unfälle sind oft die Folge von Missverständnissen. Je mehr Sie wie Ihr Pferd denken, desto unwahrscheinlicher wird eine explosive oder panische Reaktion Ihres Pferdes.
- Um **zufrieden stellende, harmonische Erfahrungen** machen zu können. Stimmt das Verhältnis zwischen Pferd und Mensch nicht, gerät alles aus dem Takt. Läuft es gut, gleicht die Beziehung zwischen Mensch und Pferd einem Tanz voller Anmut und Taktgefühl.
- Um **Stress zu minimieren.** Ein bisschen Stress ist gut für uns – wie unsere Mütter uns schon beibrachten, stärkt es den Charakter. Aber, ganz ehrlich: Sie und Ihr Pferd wünschen sich eine stressfreie, komfortable, harmonische Beziehung. Liegen Sie beide auf derselben Wellenlänge, kann dies wahr werden. Wenn Sie Tai-Chi praktizieren, sind Ihre Hauptziele zu erkennen, wenn sich Ihnen die Nackenhaare stellen und einen Weg zu finden, sich wieder einzukriegen. Ganz genauso gehen Sie beim Umgang mit Pferden vor. Wir müssen lernen zu erkennen, wenn wir Teil des Problems sind und dann lernen, wie wir Teil der Lösung werden.

Als **Stresstoleranzniveau** wird der Punkt bezeichnet, an dem ein Pferd Stress nicht länger verarbeiten kann, was dazu führt, dass Denkprozesse oder Reizverarbeitung gestört werden.
Instinkt ist das angeborene, innere Wissen und Verhalten.

- Um **Ziele zu erreichen**. Je besser Sie wie ein Pferd denken können, um so mehr sind Sie in der Lage, wie ein Pferd zu kommunizieren, und umso schneller werden Sie und Ihr Pferd Fortschritte erzielen. Meine Erfahrung sagt mir, dass ich schneller ans Ziel komme, wenn ich langsamer vorgehe.
- Damit Ihr **Pferd stabil und selbstbewusst** wird. Je mehr Sie seine natürlichen Instinkte und sein pferdetypisches Verhalten nutzen, desto tief greifender und nachhaltiger werden die Arbeitsergebnisse sein.
- Um eine Situation herbeizuführen, in der **Sie und Ihr Pferd zum Gewinner** werden. Damit Sie gewinnen können, muss Ihr Pferd nicht zwangsläufig der Verlierer sein. Sie beide können sich in der Zusammenarbeit entwickeln und sowohl als Individuen wie auch als Team dabei gewinnen.
- Um Ihr **Pferd beim Wachsen** zu unterstützen. Es ist nicht notwendig, Ihr Pferd kleiner zu machen, zu brechen; wenn Sie ein echter Pferdekenner sind, wird es Ihnen gelingen, Ihr Pferd größer zu machen, es bei der Entwicklung seines vollen Potentials zu unterstützen.
- Damit Sie selbst **mit Ihrem »tierischen« Anteil in Kontakt** kommen und ein besserer Mensch werden. Die Arbeit mit Tieren belohnt uns auf vielen Ebenen reich – physisch, emotional, intellektuell, spirituell. Sie werden mitfühlender, fitter und zu einem besseren Beobachter.

Der wichtigste Grund allerdings ist dieser: Wenn Sie wissen, wie Ihr Pferd tickt, schützen und erhalten Sie seinen Lebensmut, all das, was Pferde für uns so anziehend macht.

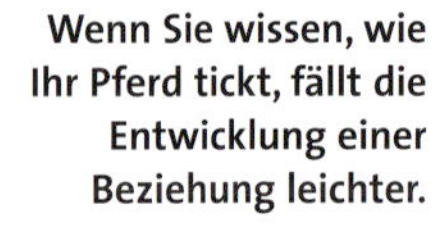

Wenn Sie wissen, wie Ihr Pferd tickt, fällt die Entwicklung einer Beziehung leichter.

The Spirit Lives On

Nachdem ich 1973 meinen Collegeabschluss bestanden hatte und die Gelegenheit bekam, selbst Pferde zu trainieren und andere Pferdetrainer zu beobachten, bemerkte ich, dass in den gebräuchlichen Trainingsmethoden etwas zu fehlen schien. Es schien mir, als ob die meisten Techniken auf Zwang und Unterwerfung basierten und das Training nach einem dreißigtägigen Stundenplan ablief. Ich hoffte, es besser zu machen, indem ich mich darauf konzentrierte, was jedes individuelle Pferd braucht.

Als ich meinen ersten, eigenen Trainingsstall eröffnete, den ich »The Spirit Lives On« nannte, bot ich meine Dienste zum halben Preis an. Mein Monatshonorar war zwar dasselbe wie das der anderen Trainer, wenn mir allerdings jemand sein Pferd für ein dreißigtägiges Training brachte, übernahm ich es unter zwei Bedingungen. Zum einen musste das Pferd mindestens sechzig Tage bei mir bleiben. Die Besitzer bezahlten zwar Pension für sechzig Tage, allerdings nur ein dreißigtätiges Training. Zum anderen mussten die Besitzer zu mir kommen und mit mir und ihrem Pferd mindestens eine oder zwei Wochen arbeiten, bevor ich ihnen die Zügel wieder übergab und das Pferd nach Hause durfte.

In diesen ersten Jahren hatte ich dadurch besonders viel Arbeit, aber ich glaube, alle Pferde und das Gros der Pferdebesitzer wussten dies zu schätzen (allerdings haben es manche Pferdebesitzer einfach immer eilig). Wie die meisten jungen Trainer waren fast alle Pferde, die ich anfangs zum Training erhielt, problematisch; ihre Grundausbildung war begonnen worden, doch sie hatten schlechte Angewohnheiten entwickelt. Es dauert länger, schlechte Gewohnheiten abzulegen, als ein Pferd von Anfang an sachgerecht zu arbeiten. Schlimmer noch ist die Tatsache, dass der Geist vieler Pferde verletzt war; ich trainierte manche Pferde, die durcheinander, unruhig, verletzt oder ausgelaugt waren.

Indem ich in die Augen dieser Pferde und tief in ihre Seele sah (sie aber nie ausspähte) machte ich damals die Erfahrung, wie schwierig und manchmal fast unmöglich es sein konnte, ihr Licht wieder zu entfachen, wenn es erst schwach oder dunkel geworden war. Ich schwor mir, ein Pferd nie soweit, nie zur Selbstaufgabe zu bringen. Und ich wollte wissen, warum und wie Pferde sich auf diese Weise zurückzogen.

Meinen Aufgaben erweiterte sich und ich wurde Reitlehrer und Erzieher. In der Hoffnung, den Pferden zu helfen, wollte ich den Menschen ein Lehrer sein.

Das Pferdeverhalten basiert auf Instinkten, die über Jahrmillionen in nomadisierenden Herden entwickelt wurden.

Was Pferde brauchen

Wenn Sie wissen, was Pferde mögen, wollen und brauchen und was sie nicht mögen, nicht wollen und nicht brauchen, werden Sie erkennen, wie ein Pferd tickt. Ich beginne mit einer Übersicht, da alle diese Punkte später noch detaillierter betrachtet werden.

Reden wir überhaupt über wilde oder über domestizierte Pferde? Obwohl die meisten Pferde, mit denen wir heutzutage umgehen, als Hauspferde geboren werden, bilden die Instinkte wilder Pferde nach wie vor die Basis ihres Verhaltens. Domestizierte Pferde teilen die Bedürfnisse, Ängste und angeborenen Verhaltensmuster ihrer wilden Vorfahren und auch ihre körperlichen Eigenschaften haben sich in den letzten Jahrmillionen kaum verändert.

Eine Liste der Bedürfnisse und Wünsche eines Pferdes könnte etwa so aussehen:

1. Selbsterhaltung – Erbeutung oder Verletzung durch Raubwild vermeiden
2. Essen und Trinken, um zu überleben
3. Fortpflanzung
4. Sozialverhalten und Routinen

Selbsterhaltung

Als Beutetier überlebte das Pferd durch Misstrauen gegenüber Raubtieren, eingeschlossen den Hundeartigen, Katzenartigen und Menschen. Aus diesem Grund sind Pferde aufmerksam, vorsichtig und misstrauisch, verfügen über einen hoch entwickelten Fluchtreflex und kämpfen bei Bedrohung.

Sie mögen es nicht, wenn sie gejagt oder in die Ecke gedrängt werden. Es sind soziale Lebewesen, die sich in Gruppen sicher fühlen. Sie haben gelernt, wo sie hingehen können und wo nicht; welche Anblicke, Geräusche und Gerüche Gefahr bedeuten; wo Wasser und Futter zu finden sind; und wie sie entkommen können, wenn Gefahr droht. Obwohl man die Menschheit als ultimatives Raubtier bezeichnen könnte (mehr sage ich dazu nicht), können Pferde lernen, ihren starken Selbsterhaltungstrieb zu überwinden und uns zu vertrauen.

Wilde Pferde suchen Schutz vor extremem Wetter und vor Insekten. Obwohl domestizierte Pferde ein komfortables, sicheres Zuhause haben sollten, wollen sie nicht beim ersten Regentropfen, bei der ersten Schneeflocke eingesperrt werden – es ist auch nicht notwendig. Oft stehen Pferde lieber draußen als in der Enge eines Stalls oder Paddocks.

Viele der nachfolgenden Themen wie etwa die Sinne des Pferdes, seine Reflexe und Verhaltensmuster, sind eng mit seinem Selbsterhaltungstrieb gekoppelt.

Als ich mich diesem in der Wildnis Wyomings lebenden Fohlen näherte, war es zunächst fluchtbereit: zwei Beine in Bewegung, den Kopf erhoben, den Schweif aufgestellt.

Futterbedarf

Machen Sie sich bloß nichts vor: Natürlich mag Ihr Pferd Sie, im Grunde aber ist ihm Futter wichtiger als Schmuseeinheiten. Wildlebende Pferde fressen 12 bis 16 Stunden täglich und nehmen dabei 25 bis 30 Pfund Trockenmasse natürliches Futter auf (natürliches Futter ist etwa Naturweide oder Grasheu). Aber wildlebende Pferde sind auch dauernd in Bewegung. Auch domestizierte Pferde würden 16 Stunden täglich fressen, wenn man es ihnen ermöglichte, obwohl sie so viel Futter nicht brauchen. Ohne Futterplan würden sich domestizierte Pferde buchstäblich krank fressen, vor allem dann, wenn sie Getreide oder Luzernenheu bekommen.

Sie können die Futteraufnahme begrenzen, doch Pferde haben das Bedürfnis, viele Stunden am Tag zu kauen. Dieses Bedürfnis kann durch langhalmiges Heu befriedigt werden. Ich habe normalerweise vier oder mehr Heusorten im Stall. Eines davon ist »Beschäftigungsheu«, überständiges Grasheu mit wenig Energie und Protein, aber viel Rohfaser. Es ist praktisch, um das Kaubedürfnis zu befriedigen. Wenn sie nicht ausreichend Raufutter erhalten, fressen Pferde Einstreu, nagen am Holz oder an Mähne und Schweif anderer Pferde.

Ich kam nicht näher und blieb still stehen, und sofort entspannte es sich und wurde neugierig: Kopf leicht gesenkt und vorgestreckt, Schweif entspannt, alle vier Hufe am Boden.

Ich empfehle, mindestens dreimal täglich Grasheu in einer Gesamtmenge von 1,5–1,75 % des Körpergewichts des Pferdes zu füttern. Für ein 500 kg schweres Pferd entspricht dies einer Gesamtration von 7,5 kg–8,75 kg Heu täglich, die auf drei oder mehr Gaben verteilt wird. Ist Weidegang möglich, kann das Heu teilweise durch Weidegras ersetzt werden, sofern das Grasen sorgfältig überwacht wird. Meiden Sie Luzerne und füttern Sie Kraftfutter nur, wenn Wachstum, die Fruchtbarkeit oder schwere Arbeit es notwendig machen. Ich füttere selbst Absetzern und Jährlingen nur sehr wenig Getreide.

Wie häufig sollte ein Pferd fressen?

Um aus erster Hand zu erfahren, wie Ihr Pferd mit verschiedenen Fütterungsintervallen zurechtkommt, führen Sie diesen fünfwöchigen Test durch:

1. Woche: Füttern Sie seine gesamte Ration auf einmal.

2. Woche: Füttern Sie zweimal täglich mit 12 Stunden Abstand, etwa um sechs Uhr morgens und 18 Uhr abends.

3. Woche: Füttern Sie dreimal täglich mit achtstündigen Intervallen, etwa um sechs Uhr morgens, mittags um 14 Uhr und abends um 22 Uhr.

4. Woche: Füttern Sie viermal täglich im Abstand von fünf bis sechs Stunden, also etwa um sechs Uhr morgens, mittags um zwölf, um 17 Uhr und um 22 Uhr.

5. Woche: Ermöglichen Sie Ihrem Pferd sechzehn Stunden täglich freien Zugang zu unlimitiert gereichtem Heu, etwa zwischen 22 Uhr und acht Uhr morgens und zwischen zwölf Uhr und 18 Uhr.

Notieren Sie stets Folgendes:

1 Hat das Pferd seine ganze Ration auf einmal aufgefressen?

Außer beim unlimitiert vorgelegten Heu sollte ein Pferd sein Futter innerhalb von zwei Stunden komplett aufgenommen haben. Bleiben Reste, werden diese oft zertreten, beschmutzt und verschwendet.

2 Wie lange hat das Pferd gefressen?

Im Idealfall sollte ein Pferd seine Ration innerhalb von ein bis zwei Stunden gefressen haben.

3 Ließ das Pferd Futter übrig? Wurde es verschwendet oder kam es später zurück, um aufzufressen?

Wenn bei der nächsten Fütterung noch Reste übrig sind, war das Futter verdorben oder die Menge zu groß. Wenn ein Pferd allerdings die Hälfte frisst, dann etwas trinkt, fünf Minuten ausruht und anschließend weiter frisst, ist dies völlig normal.

4 Wie gierig (aufdringlich, neugierig, bettelnd) verhielt sich das Pferd bei der nächsten Rationszuteilung?

Verhält sich ein Pferd in der Fütterungszeit aggressiv, erhält es entweder zu wenig Futter, wird nicht häufig genug gefüttert oder sieht Sie als rangniedriger an.

5 Beurteilen Sie die Zufriedenheit Ihres Pferdes je nach Fütterungshäufigkeit auf einer Skala von eins bis zehn.

Da die Futteraufnahme auf der Prioritätenliste Ihres Pferdes weit oben steht, sprechen sein Verhalten während der Fütterungszeit und seine allgemeine Zufriedenheit Bände. Ihr Pferd bevorzugt die Fütterungshäufigkeit, für die Sie die höchste Punktzahl vergeben.

Nun habe Sie eine bessere Vorstellung davon, was für Ihr Pferd wichtig ist und wie es auf Veränderungen im Tagesablauf reagiert.

Gesunder Weidegang

Das Weidemanagement unserer Hauspferde gleicht einem schwierigen Balanceakt zwischen den Wünschen des Pferdes, seinen Bedürfnissen und den Ansprüchen des Weidelandes.

Ließen wir unsere Pferde nach eigenem Gutdünken grasen, wären Überweidung und Übergewicht häufig die Folge. Es ist deshalb notwendig, den Aufwuchs im Auge zu behalten und den Weidegang entsprechend so zu managen, dass sowohl die Kapazitäten des Weidelandes als auch Ernährungsbedürfnisse und Gesundheit des Pferdes berücksichtigt werden.

Natürliches Weideland oder geringgradig aufgewertete Weiden tun unsern Pferden gut, während reiches Weideland und Kleeweiden zu Fettleibigkeit, Koliken und Hufrehe führen. Überraschenderweise nehmen unsere Pferde außer Gras gierig auch »Unkräuter« wie Löwenzahn oder Disteln auf. Sie meiden Giftpflanzen, es sei denn, es gibt nichts anderes zu fressen und sie sind hungrig. Ihre angeborene Weisheit und ihr scharfer Geruchs- und Geschmackssinn helfen ihnen meist zu unterscheiden, was gesund und was ungesund ist.

Das Gras auf der anderen Seite ist immer grüner.

Sauberes, zugängliches Wasser

Pferde trinken täglich zwischen zwanzig bis vierzig Litern – im Sommer mehr, im Winter häufig weniger. Etwa eine Stunde, nachdem sie den Hauptteil ihrer Raufutterration aufgenommen haben, suchen sie die Tränke auf.

Während des Sommers trinken Pferde drei- bis viermal täglich.

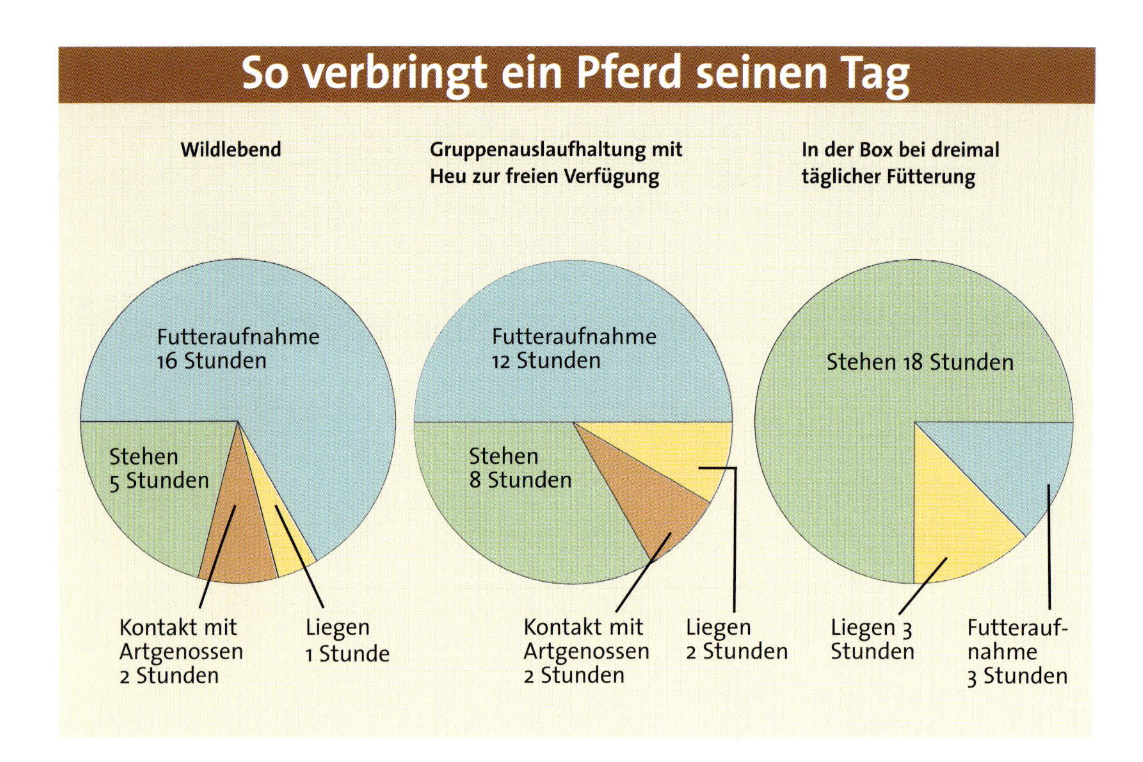

Pferde benötigen kein angewärmtes Wasser und bevorzugen sogar kühles gegenüber warmem Wasser. Im Winter bei Frost trinken die meisten Pferde problemlos kaltes Wasser, benötigen aber häufig unsere Hilfe, um das Eis in Trögen und Eimern, auf Bächen und Teichen zu brechen und zu entfernen.

Alternativ können frostsichere Tränken und Tränkeheizungen genutzt werden, sofern sie sorgfältig im Hinblick auf Überhitzung und Kurzschlüsse überwacht werden. Ich versorge meine Pferde mit sauberem, frischem und natürlich belüftetem Wasser aus Quellen oder Bächen oder Frischwasser in Eimern und Wannen.

Essentielle Salze und Mineralstoffe

Elektrolyte sind Natrium, Chlor, Kalium, Kalzium, Magnesium und andere Mineralstoffe, die das Pferd für zahlreiche Körperfunktionen benötigt.

Je nach Jahreszeit, Arbeitsintensität und individuellem Stoffwechsel benötigen Pferde Salze und Mineralien zum Elektrolytausgleich.

Wildlebende Pferde finden natürliche Salz- und Mineralvorkommen und fressen bei der Aufnahme manchmal sogar Erde mit. Unsere Hauspferde versorgen wir am besten mit Lecksteinen aus reinem Salz (Natriumchlorid), Minerallecksteinen und eventuell weiteren mit Calcium und Phosphor. So wählt das Pferd selbst, welchen es möchte.

Meiden Sie Lecksteine, die viel Melasse enthalten. Manche Pferde fressen sie innerhalb weniger Tage auf und nehmen dabei zu viel Salz auf.

Fortpflanzung

Wildlebende Pferde verspüren einen großen Drang zur Arterhaltung; man könnte sogar sagen, dass sie allein deshalb existieren. Obwohl Hauspferde dasselbe Sexualverhalten und denselben Sexualtrieb zeigen, dürfen sie sich nicht uneingeschränkt fortpflanzen. Ich werde in diesem Buch nicht näher auf das Fortpflanzungsverhalten eingehen, mich jedoch mit der Rolle der Geschlechter in den Herden und mit geschlechtsbedingtem Verhalten befassen, soweit es in der Pferdehaltung und dem Umgang mit Hauspferden eine Rolle spielt.

Sozialverhalten und Routinen

Pferde leben aus Gründen des Schutzes und der Sozialisation in Gruppen. In der größeren Anzahl liegt für sie eine sowohl scheinbare als auch reale Sicherheit. Falls möglich, sollten Sie Pferde in Herden oder Gruppen auf der Weide halten. Sollte dies unmöglich sein, gestalten Sie Ihren Stall so, dass Ihre Pferde einander nahe sein, einander hören oder sehen können. Andere Tiere oder Menschen können ebenfalls Gesellschaft bieten.

Pferde sind am zufriedensten, wenn man es ihnen ermöglicht, täglich einer Routine zu folgen. Sie entwickelten sich als Nomaden, durchstreiften die Gegend auf der Suche nach Futter, Wasser, Schutz und Sicherheit und wollen unbedingt viel Laufen, benötigen deshalb die Gelegenheit, umherzustreifen und sich dauerhaft auf niedrigem Niveau Bewegung zu verschaffen. Sperrt man ein Pferd ein, ohne die Möglichkeit, sich zu bewegen oder bei Gefahr zu flüchten, fühlt es sich nicht wohl und kann in Panik geraten. Hauspferde benötigen täglich Bewegung und ein sicheres, Vertrauen erweckendes Lebensumfeld.

Die Entwicklung eines Individuums und seines Verhaltens durch Interaktion mit anderen derselben Spezies nennt man **Sozialisation**. Pferde leben normalerweise in kleinen Gruppen. Bei wildlebenden Pferden nennt man **Gruppen** fruchtbarer Stuten einen **Harem**, eine **Junggesellenherde** besteht ausschließlich aus männlichen Pferden.

Was Pferde nicht mögen

Die Liste der Dinge, die Pferde nicht mögen, ist ziemlich lang – die meisten Dinge stören sie beim Fressen oder verunsichern sie.

Pferde haben nicht gerne Angst. Wenn ein Pferd sich bedroht fühlt oder eine verwirrende Situation nicht auflösen kann, wird es verängstigt reagieren und vermutlich panisch werden.

Pferde mögen körperliche Schmerzen nicht, können diese aber oft erstaunlich lange tolerieren. Wenn am Gebiss gezogen wird oder ein Sattel nicht passt, überrascht es eigentlich nicht, wenn ein Pferd versucht, sich davon zu befreien, viele Pferde ertragen trotzdem die Schmerzen, die

unerfahrene oder unwissende Reiter ihnen – oft unbewusst – zufügen.
Pferde mögen Unstimmigkeiten nicht. Sie sind am zufriedensten, wenn sie wissen, was von ihnen erwartet wird und sich sicher sein können, dass auf ein bestimmtes Verhalten ihrerseits der Mensch auf immer dieselbe Weise reagieren wird. Es ist verwirrend und frustrierend für ein Pferd, für ein und dasselbe Verhalten heute so und morgen anders behandelt zu werden.
Pferde lieben es nicht, überrascht zu werden, obwohl sie lernen können, dies zu tolerieren. Lärm wie Fehlzündungen, Schüsse, Explosionen, eigenartige Geräusche wie raschelnde Plastikfolie und plötzliche Bewegungen wie etwa ein Regenschirm, der direkt neben ihnen geöffnet wird, verursachen Schreckreaktionen bis hin zum Scheuen.
Zwänge und Einschränkungen mögen Pferde zwar nicht, weil ihnen die Möglichkeit zur Flucht genommen wird, aber sie können lernen, damit umzugehen und sich nicht zu fürchten. Wann immer Sie Ihr Pferd anbinden, den Gurt anziehen, es in einen Stall oder Pferdehänger sperren, üben sie Zwang aus.
Pferde mögen Isolation nicht. Sie sind von Natur aus gesellig und mögen das Alleinsein nicht, können sich allerdings anpassen.
Pferde können es nicht leiden, gejagt zu werden, da sie im Grund Beutetiere und sowohl Hunde, Katzen als auch Menschen Jäger sind. Wenn Sie Ihr Pferd einfangen wollen, es sich umdreht und davongeht und Sie ihm daraufhin nachlaufen, bestätigen Sie es in seiner Überzeugung, dass Sie ein sein Beutetier beschleichender Jäger sind.

Beim **Scheuen** springt das Pferd beiseite und rennt davon, wenn es mit einer beängstigenden Situation oder einem Furcht einflößenden Objekt konfrontiert wird. Schreckreaktionen, bei denen das Pferd im Stehen Angst zeigt, kann als **Scheuen am Platz** bezeichnet werden. Ein Pferd **einzuschränken** bedeutet, es durch psychologische, mechanische oder chemische Mittel daran zu hindern, zu agieren oder sich zu nähern.

Menschen und Pferde

Im Allgemeinen tendieren Menschen dazu, die Dinge körperlich dominieren zu wollen. Es ist allerdings sinnvoller, unseren Verstand, unser mächtigstes Werkzeug zu benutzen, um uns zu besseren Führungspersönlichkeiten zu entwickeln. Pferde folgen ganz von selbst guten Anführern. Sie können ihre menschlichen Bezugspersonen hervorragend spiegeln. Das Verhalten eines Pferdes lässt häufig Rückschlüsse darauf zu, ob seine Bezugsperson eher passiv, positiv oder aggressiv ist.
Ein **passiver Trainer** überlässt seinem Pferd die Wahl, was geschehen soll. Während der ersten Begegnung zwischen einem Trainer und einem jungen, untrainierten Pferd kann dies vorteilhaft sein, da das Pferd sich weniger bedroht fühlen wird. Bleibt der Trainer aber weiterhin passiv, wird das Pferd ihn nicht respektieren und ihm möglicherweise sogar misstrauen. Ein passiver Mensch wirkt auf Pferde in der Regel irgendwie

Ohne Angst. Blue überschreitet die knisternde orange Plastikfolie entspannt und vertrauensvoll.

unbestimmt und Pferde wissen einfach gerne, wo es lang geht.

Ein **positiver Trainer** ist geradeheraus und selbstbewusst und lässt sein Pferd wissen, woran es ist. Verhält sich ein positiver Trainer fair, konsequent und beruhigend, lernt ein Pferd schnell, ihn zu respektieren und ihm zu vertrauen.

Ein **aggressiver Trainer** will häufig um jeden Preis gewinnen. Da er sich meist generell überlegen fühlt, sieht ein aggressiver Trainer die eigenen Rechte und Bedürfnisse als wichtiger an als die der Pferde. Da seine Ziele die höchste Priorität haben, wird er manchmal zu eilig vorgehen und Gewalt ausüben, statt sein Taktgefühl zu nutzen.

Menschliche Eigenschaften

Wenn Sie menschliches Verhalten verstehen, werden Sie auch mit Pferden besser zurechtkommen. Manche typisch menschlichen Eigenschaften harmonieren hervorragend mit pferdetypischem Verhalten, andere Merkmale bringen beide in Opposition. Wo stehen Sie?

Pferde sind sehr große und potentiell gefährliche Tiere und Menschen reagieren unterschiedlich auf sie. Da es der menschlichen Natur entspricht, andere Menschen und Tiere zu dominieren, kann eine aggressi-

Das Training von Sassy verlief Schritt für Schritt und ich habe nie etwas Gefährliches von ihr verlangt. Deshalb vertraut sie mir und überwindet ihre Angst, indem sie auf die glitzernde, silberne Plane tritt.

ve Einstellung zum Vorschein kommen, wenn wir mit Pferden arbeiten. Manche Menschen, die eigentlich nicht aggressiv sind, können sich trotzdem so verhalten, weil sie eigentlich Angst vor Pferden haben und in die Defensive gehen. Männer ohne Pferdeerfahrung scheinen häufig zu fühlen, dass sie anderen beweisen müssen, wie gut sie das »Biest« beherrschen – vor allem dann, wenn jemand zusieht. Eine gewaltsame Auseinandersetzung entwickelt sich: »Ich werde dieses Pferd auf alle Fälle verladen, egal, wie!« Ego, männliche Hormone und Angst – eine ungute Mischung.

Leider gibt es auch Pferdebesitzer, die ihre Tiere nicht respektieren und ihr großzügiges Naturell ausnutzen, sie unfair oder grausam behandeln. Da solche Leute vermutlich nicht dieses Buch lesen, werde ich auf diese Beziehungsart nicht weiter eingehen außer, indem ich Sie warne: Auch Sie werden unsensibles und grobes Vorgehen im Umgang und beim Training sehen, vielleicht verschleiert durch Schönfärberei und als echtes Horsemanship schön geredet. Vorsicht!

Um gefährliche Konflikte zu vermeiden, sollten Sie sich bewusst machen, dass Sie ein Ego haben und sich fragen, ob es eine angemessene Größe hat. Wenn es sich gerne mal aufplustert, sollten Sie einen Weg finden, es irgendwo zu parken, bevor Sie den Stall betreten – oder, besser noch, Sie sollten es generalüberholen. Stolz auf gute Arbeit zu sein ist allerdings eine angemessene Reaktion, vor allem, wenn es darum geht, für Pferde zu sorgen und sie auszubilden. So äußert sich ein gesund entwickeltes Ego.

Wir moderne Menschen stehen immer unter Zeitdruck – wir wollen Ergebnisse, und zwar sofort! Wir wollen wissen, was wir kaufen oder tun müssen, um ein perfektes Pferd zu bekommen. In der Praxis funktioniert dies allerdings nicht. Je mehr Sie sich Ihrem Pferd schenken, desto mehr wird es Ihnen zurückgeben.

Umgang mit Angst

Pferde kennen bedeutet erkennen, dass man sie nicht fürchten muss und dass die beste Form der Dominanz in Fairness und respektvollem Führungsverhalten besteht. Fürchten sich Menschen vor Pferden, meiden sie diese entweder völlig oder verhalten sich in ihrer Gegenwart so furchtsam, dass sie handlungsunfähig sind. Ich habe es schon erlebt, dass Frauen mittleren Alters mitten in einer Reitstunde förmlich versteinert sind aus Angst, etwas Falsches zu tun – ihrem Pferd Schmerz zuzufügen, sich selbst zu verletzen oder vom Reitlehrer kritisiert zu werden. Diese Passivität mag sicherer erscheinen als eine aggressive Einstellung, ist aber im Umgang mit Pferden nicht effektiv. Der wunderbare Tanz von

Pferd und Mensch verlangt eine dauernde Abfolge von Aktionen und Reaktionen.

Der Trick besteht darin, mit einfachen Aufgaben anzufangen und sie gut zu machen, dabei weder sich noch sein Pferd zu überfordern.

Hat ein Mensch so viel Angst, dass er ein Pferd gewähren lässt oder sich unterwürfig verhält, wird es schnell gefährlich. Mir fällt dabei eine Freundin ein, eine zierliche Frau, wie sie ihren täglichen Spaziergang über ihre Weide macht, auf der drei Pferde stehen. Sie hat ein wenig Angst vor Pferden und versucht, sich mit ihnen anzufreunden. Sie dachte, die Pferde würden sich freuen und sie nicht angreifen, wenn sie ihnen Leckerli aus der Hosentasche füttern würde. Zweimal ging es gut, doch am dritten Tag waren die Pferde so gierig auf die Leckereien, dass sie meine Freundin bedrängten und in ihrer unmittelbaren Nähe um die besten Plätze kämpften. Jetzt hatte meine Freundin wirklich Grund, Angst zu haben, weil sie selbst eine gefährliche Situation herbeigeführt hatte.

Eine andere, typisch menschliche Unart besteht darin, Pferde wie Babys oder Schoßhunde zu behandeln. Es ist nicht nur gefährlich, sondern auch unfair, ein Pferd wie einen Menschen zu behandeln. Sie denken einfach nicht wie wir. Wenn Sie von ihnen erwarten, dass sie wie Ihr Ehemann, Ihre Mutter oder Ihre beste Freundin reagieren, werden Sie enttäuscht und verwirrt sein. Genau wie Ihr Pferd ... Es geht auch schief, wenn Sie Ihr Fohlen für einen großen Hund halten und ihm erlauben, Sie anzuspringen und mit Ihnen zu raufen – spätestens, wenn es ausgewachsen ist. Pferde sind eben Pferde und am zufriedensten, wenn man sie auch so behandelt.

Pferde sind Pferde, keine Menschen oder Schmusetiere. Wenn Sie ein Pferd aus der Hand füttern, erziehen Sie es zum Taschenkriecher.

Um eins mit Ihrem Pferd zu werden, müssen Sie Einfühlungsvermögen entwickeln. Dazu gehören Respekt, Offenheit und Übung, um ein Gespür für die richtige Zeit und Balance zu entwickeln.

Denken Sie sich in Ihr Pferd hinein

Die wichtigste und einfachste Voraussetzung, um selbst quasi ein halbes Pferd zu werden, ist eine ganz einfache, die Sie besitzen oder eben nicht: nämlich große Liebe, Respekt und Bewunderung für Pferde. Auf dieser Basis baut alles andere auf. Hilfreich ist es auch, wenn Sie das Pferd mögen, mit dem Sie arbeiten. Fragen mich Besucher beim Anblick unserer sieben Pferde, welches davon mein Liebling ist, antworte ich wahrheitsgemäß, dass ich jedes am liebsten mag. Solange ich mit ihm arbeite, ist wirklich jedes Pferd mein bester Kumpel. Ich nehme seine einzigartigen Merkmale wahr und erfreue mich an seiner Art, sich auszudrücken.

Ich habe schon gehört, dass Menschen ihre Pferde »Altes Ekel«, »Dumpfbacke«, »Trottelgesicht« oder so genannt haben. Obwohl ein Pferd natürlich die Worte nicht verstehen kann, sprechen Tonfall und Absicht für sich. Schlimmer noch, der Pferdebesitzer bestätigt sich immer wieder in seiner schlechten Einstellung zum Pferd. Wenn man sich wirklich in sein Pferd hineinversetzen möchte, ist das nicht der richtige Weg.

Mit Ihrer Achtung vor Pferden und einer positiven Einstellung legen Sie die Basis für eine gute Beziehung. Der Rest ist ein Hochgenuss – lebenslange, interaktive Forschung. Arbeiten Sie mit so vielen Pferden wie möglich so oft es geht, und probieren Sie viele, ganz unterschiedliche Arbeitsformen aus. So werden Sie Pferde wirklich kennen lernen, denn nur während Sie arbeiten, werden Sie ein Pferdekenner, entwickeln Ihren Grips, Ihr Einfühlungsvermögen und erarbeiten sich ein Gefühl für die Wahl des richtigen Zeitpunkts.

Bücher zu lesen, Videos anzusehen und an Lehrgängen teilzunehmen hilft Ihnen dabei, sich in die richtige Richtung zu entwickeln, doch nur praktische Erfahrungen lässt Ihr Einfühlungsvermögen wachsen. Dieses Einfühlungsvermögen ist eine Mischung aus Sensibilität, Intuition und Wahrnehmung das Ihnen hilft zu entscheiden, was wann zu tun ist. Bei manchen Menschen geht es schnell, bei anderen dauert es länger – vermutlich, weil sich zunächst ihre Persönlichkeit verändern muss.

Manchmal verhindert eine mentale oder emotionale Blockade, dass sich Einfühlungsvermögen und Zeitgefühl entwickeln können. Ich habe schon Menschen erlebt, die so hart daran gearbeitet haben, dass sie etwas erzwingen wollten, anstatt einfach zuzulassen, dass es passiert. Kommt es aber zu einem Durchbruch, kann dies eine ganz grundlegende Erfahrung sein.

Während Sie zum Pferdekenner werden, achten Sie auf subtile positive

Signale wie etwa Ohrbewegungen, ein Strecken des Körpers oder Absenken von Kopf und Hals, geringgradige Gewichtsverlagerungen, ein Neigen oder Ausstrecken, Änderungen in der Atmung, Spannung in Lippen und Maul, Lecken.
Bleiben Sie aufmerksam, und Sie werden schnell lernen, was dies alles zu bedeuten hat. In den Kapiteln vier und fünf werden wir uns noch mit der Körpersprache beschäftigen.
Wenn Sie gelernt haben, wie ein Pferd zu reagieren, entwickeln Sie ein System von Botschaften, mit deren Hilfe Sie Ihr Pferd ermutigen oder von etwas abbringen können. Sie können es ermutigen oder einladen, ein bestimmtes Verhalten beizubehalten, etwa durch ein Lob (»Brav so!«) oder mittels Körpersprache, indem Sie Druck wegnehmen (nachgeben) oder zurücktreten. Ebenso können Sie durch einen Schritt in seine Richtung, eine Gewichtsverlagerung oder eine Geste ein Pferd von einem bestimmten Verhalten abbringen.
Unsere Pferde geben uns so viel, dass es sich wirklich lohnt, auch viel von sich selbst und der eigenen Zeit zu investieren, um alles über sie zu lernen.

Im Zweifel für den Angeklagten

Wenn ein Pferd, das Sie für ein gutes Pferd halten, plötzlich etwas tut, was so gar nicht zu ihm passt, gibt es dafür immer eine gute Erklärung. Entscheiden Sie im Zweifel für den Angeklagten, denn Ihr Pferd hat vermutlich etwas wahrgenommen, was sie nicht erkennen können oder ist mentalen oder körperlichen Reizen ausgesetzt, die Sie nicht berühren.
Wenn eines meiner Pferde sich seltsam benimmt, führe ich dies auf pferdetypisches Verhalten, nicht schlechte Manieren zurück. Ich sehe mir die Umgebung an, beurteile das Wetter und beobachte mein Pferd, um herauszufinden, was hier eigentlich läuft. Ein typisches Beispiel ist etwa Aria, die den Kopf dreht und intensiv in eine Richtung sieht, obwohl wir gerade in einer anderen Richtung unterwegs sind – für mich eine Aufforderung zu sehen oder zu hören, worauf sie reagiert. Wenn ich dann tatsächlich ein schwaches Geräusch oder eine Bewegung wahrnehme, fühle ich mich meinem Pferd viel näher.

KAPITEL 2

Die Sinne des Pferdes

Bestimmte körperliche Merkmale sind der Grund, warum Pferde auf ganz typische Weise denken und handeln. Zudem verfügen sie über Verhaltensmuster, die ihnen sagen, was sie wann tun sollen. Das Wissen darüber hilft uns, das Wesen und den Geist unserer Pferde zu verstehen.

Ein aufmerksames Pferd hält seinen Kopf hoch, die Ohren nach vorne gerichtet, das Profil etwa 45 Grad vor der Senkrechten, die Nüstern offen die Luft prüfend. Freie, aufmerksame Pferde ändern die Position ihres Kopfes, um entfernte oder nahe Objekte zu betrachten.

Das Sehvermögen

Obwohl das Pferdeauge in seiner Struktur dem der meisten Säugetiere gleicht, ist es eines der größten Augen der Tierwelt, eingeschlossen denen von Walen und Elefanten. Pferdeaugen sind doppelt so groß wie menschliche Augen.

Das Sehvermögen eines Pferdes unterscheidet sich signifikant von unserem. Unser Blickfeld umfasst 180 Grad und unsere Augen liegen vorne im Schädel, was uns binokulares Sehen ermöglicht. Da die Augen eines Pferdes seitlich im Schädel angeordnet sind, ist sein peripheres Sehvermögen wesentlich größer, ähnlich wie bei anderen Beutetieren. Pferde können sowohl monokular als auch binokular sehen. Beim monokularen Sehen hat jedes Auge ein einzelnes Sehfeld. Mit jedem Auge sieht das Pferd nach vorne, zur Seite und nach hinten. Je nach der Größe und Lage seiner Augen umfasst das Sehfeld einer Seite etwa 130 bis 140 Grad, insgesamt sind das 260 bis 280 Grad monokularen Sehens.

Beim binokularen Sehen nimmt zwar jedes Auge einen eigenen Seheindruck auf, doch diese beiden unabhängigen Bilder werden dann zu einem einzigen, dreidimensionalen Bild übereinander gelagert. Um sein binokulares Sehvermögen zu nutzen, muss ein Pferd Kopf und Hals frei bewegen können. Das binokulare Sehfeld umfasst 75 bis 95 Grad unmittelbar vor seinem Gesicht. Zusammen mit dem monokularen Sehfeld verfügt das Pferd in den meisten Situationen beinahe über einen Rundumblick, nämlich über ein 345 bis 355 Grad umfassendes Sehfeld mit einem blinden Fleck von 5 bis 15 Grad.

Bewegt ein Pferd beim Grasen seinen Kopf beständig von einer Seite zur anderen, beträgt sein Sehfeld tatsächlich 360 Grad. Der Blick nach hinten wird nur durch die relativ schmalen Hinterbeine behindert, das

Das Pferdeauge

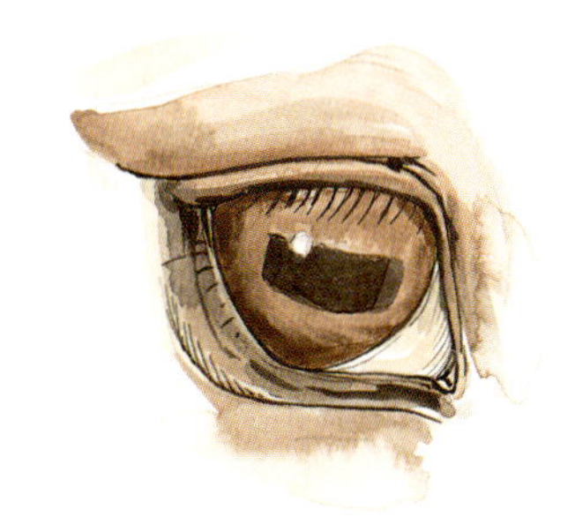

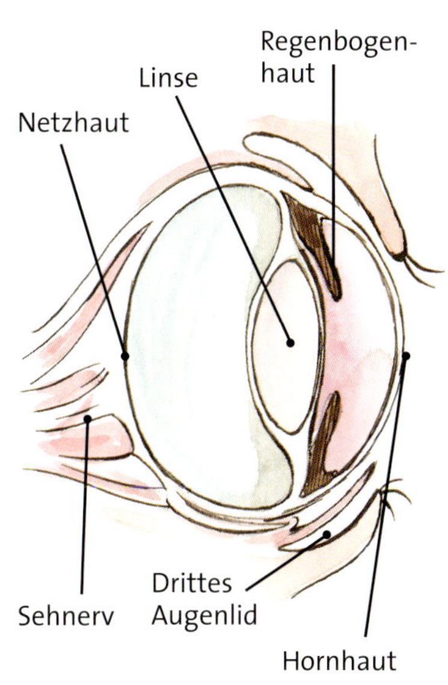

Weil seine Augen seitlich im Schädel gelagert sind, verfügt ein grasendes Pferd beinahe über ein Gesichtsfeld von 360 Grad.

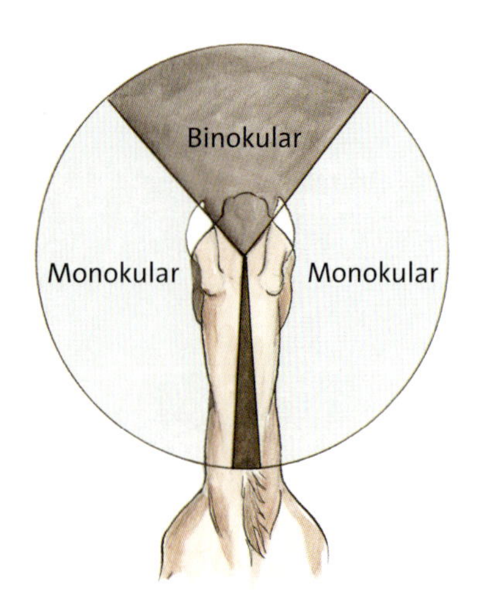

Pferde und andere Beutetiere können monokular und binokular sehen.

Pferd muss also nur beim Grasen seinen Kopf ein wenig drehen, um ungehindert hinter sich sehen zu können.

Vor allem aufgrund des monokularen Sehvermögens müssen wir unserem Pferd alles von beiden Seiten zeigen. Wenn es von rechts etwas akzeptiert, dürfen Sie nicht davon ausgehen, dass es dasselbe Objekt auch von links akzeptiert. Arbeiten Sie deshalb Ihr Pferd routinemäßig auf beiden Seiten.

Pferde tendieren mehr als wir Menschen dazu, in die Ferne zu blicken. Beobachten Sie ein Pferd bei der Annäherung an ein Objekt, das zunächst weit entfernt in seinem binokularen Gesichtsfeld liegt. Wenn es sich annähert und kurz davor ist, vorbei zu gehen, kann es plötzlich scheuen, ausweichen oder versuchen, sich umzudrehen und das Objekt von vorne zu betrachten. An diesem Punkt verlässt das Objekt das binokulare Sehfeld und tritt in das monokulare ein, und das kann ein Pferd beunruhigen. Wir können nur spekulieren, ob das Objekt in diesem Moment kurzzeitig verschwindet, undeutlich erscheint oder springt. Das Verhalten des Pferdes lässt aber den Schluss zu, dass der Übergang nicht gleitend erfolgt.

Reiten Sie ein Pferd auf ein am Boden liegendes Objekt zu, kann es dieses je nach Zügellänge bis zu einem Abstand von etwa 1,20 m im Auge behalten.

Aus der Ferne betrachtet das Pferd den Regenmantel mit beiden Augen (binokulares Sehen). Während er daran vorbeigeht, sieht es den Mantel nur mit dem rechten Auge (monokulares Sehen). In diesem Moment ist die Wahrscheinlichkeit, dass es scheut, am größten – während das Objekt aus einem Sehfeld in das andere übergeht. Gestattet der Reiter dem Pferd aber, es am langen Zügel genau zu betrachten, wird es nicht scheuen.

In diesem Moment wird es wahrscheinlich undeutlich werden und in einen der toten Winkel übergehen. Es wird deshalb in dem Moment, wo es hindurch oder darüber hinweggeht, möglicherweise versuchen, seine Kopfhaltung zu ändern. Es kann den Kopf senken, den Hals biegen oder den Kopf von einer Seite zur anderen wenden. Vielleicht versucht es auch, das Objekt durch Berührung oder Beriechen zu identifizieren. All dies ist unmöglich, wenn ein kurzer, straffer Zügel das Pferd einschränkt, und aus diesem Grund kann ein unter Zwang stehendes Pferd verwirrt und verängstigt reagieren.

Obwohl ein Pferd auf Bewegungen im peripheren Sehfeld besonders aufmerksam reagiert, kann es dort keine Details aufnehmen; sein seitliches Sehvermögen ist nicht scharf genug. Bei plötzlichen oder ungewohnten Bewegungen wird es sich deshalb umdrehen und das Objekt von vorne betrachten. Es ist deshalb notwendig, ein Pferd daran zu gewöhnen, dass Objekte aus einem Sehfeld in ein anderes übergehen, vom vorderen in ein seitliches und umgekehrt. Dies erreicht man durch sachkundiges Aussacken (Gewöhnung) (siehe auch Kapitel 9).

Richard flattert mit einem Futtersack aus Papier seitlich, vorne und hinten um Seeker herum, um sie an bewegte Objekte in ihrem peripheren Sehfeld zu gewöhnen.

»Kopfkino«

Unsere Pferde fürchten sich vor Dingen hinter oder auf ihnen auch deshalb, weil in ihrem Unterbewusstsein ständig »Filme« laufen. Gespielt wird darin etwa Folgendes: »Als ein Pferd nichts ahnend herumläuft schießt plötzlich ein Raubtier aus dem Nichts, jagt es, beißt es in die Beine und die Flanken, um es zu Fall zu bringen.« Beliebt ist auch dieser Film: »Ein Berglöwe wartet geduldig, bis er im toten Winkel des Pferdes unsichtbar ist und springt dann von einem Felsen oder Baum herab und schlägt die Krallen in seinen Widerrist.« Kein Wunder, dass wir unsere Pferde erst mühsam davon überzeugen müssen, dass es ungefährlich ist, wenn wir seine Beine berühren oder uns mitten in seinen toten Winkel setzen, um es zu reiten.

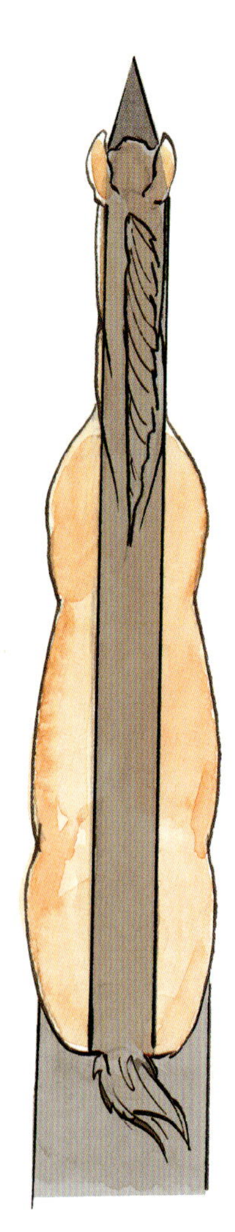

Die toten Winkel eines Pferdes befinden sich unmittelbar hinter, über, unter und vor ihm.

Tote Winkel

Wie ich bereits erwähnte, verfügen Pferde vor allem bei gesenktem Kopf über ein ausgezeichnetes, peripheres Sehvermögen. Bei erhobenem Kopf entstehen allerdings größere tote Winkel, nämlich:

- direkt hinter ihm, um den Schweif herum,
- direkt unterhalb von Kopf und Nase,
- auf seinem Rücken, um den Widerrist herum,
- unmittelbar vor der Stirn.

Nähert man sich einem Pferd von hinten, wird es entweder den Kopf zur Seite wenden oder den ganzen Körper drehen, um Sehen zu können. Wird es von einem Menschen, einem Hund oder einem anderen Pferd überrascht und kann sich nicht bewegen, kann es nach dem Objekt austreten, das es spüren, aber nicht sehen und erkennen kann.

Der blinde Fleck unmittelbar vor seiner Stirn ist der Grund, warum Pferde erschreckt und kopfscheu reagieren können, wenn sie plötzlich im Gesicht angefasst werden. Pferde können versehentlich in die Finger anstatt in ein angebotenes Leckerli beißen, weil sie aufgrund des blinden Flecks unterhalb ihres Mauls dort zwar nichts sehen, das Leckerli aber riechen können.

Unsere Pferde brauchen ihre Beine, um fliehen und sich schützen zu können und sind deshalb skeptisch, wenn sie auf, in, über oder durch Dinge treten sollen, die sie zuvor nicht ausgiebig inspizieren durften. Mit mehr Erfahrung wird ein Pferd bezüglich seiner toten Winkel zunehmend vertrauensvoll reagieren.

Akkommodation wird die Anpassung der Augenlinse durch Veränderung ihrer Krümmung genannt, wodurch Objekte in unterschiedlichen Entfernungen scharf gesehen werden können.

Sehschärfe

Die Sehschärfe, also die Fähigkeit zu fokussieren, scharfe Details und Kontraste zu erkennen hängt vor allem von der Anzahl der Fotorezeptoren in der Netzhaut ab. Fotorezeptoren sind spezielle, lichtempfindliche Netzhautzellen, die uns das Sehen ermöglichen. Die Fotorezeptoren der Säugetiere bezeichnet man als Stäbchen und Zapfen. Die Stäbchen reagieren empfindlich auf Licht, Dunkelheit und Bewegung, die Zapfen nehmen Farben wahr, brauchen dazu aber viel Licht.

Ein waagrechter Streifen im Pferdeauge – Sehstreifen genannt – weist eine hohe Dichte von Fotorezeptoren auf, ähnlich wie der kleine, runde Fleck (Gelber Fleck) im menschlichen Auge. Wenn ein Pferd Kopf und Hals ungehindert bewegen darf, um ein Objekt mit seinem Sehstreifen zu fokussieren, kann es äußerst scharf sehen und Bewegungen besonders gut wahrnehmen. Oberhalb und unterhalb dieses Streifens nimmt die Fähigkeit zum Scharfsehen stark ab. Hindert man ein Pferd daran, seinen Kopf frei zu bewegen, schränkt dies deshalb seine Sehfähigkeit ein.

Auch die Form des Augapfels, die Akkommodationsfähigkeit, die Elastizität der Linse und die Stärke der Ziliarmuskeln beeinflussen die Fähigkeit, scharf zu sehen. Die Linse eines Pferdes ist vermutlich weniger elastisch als eine menschliche Linse und wird im Alter trübe und unelastisch.

Wenn man all diese Eigenschaften berücksichtigt wird deutlich, dass Pferde nur dann entfernt liegende Objekte scharf sehen, wenn sie sich ungehindert bewegen können und dass es ihnen schwerer fällt, näher liegende Objekte gut zu sehen. Im Rahmen der Evolution macht dies durchaus Sinn, denn nur Pferde, die Gefahren schon von weitem erkennen und fliehen, können überleben und für die Erhaltung der Art sorgen.

Ein horizontal verlaufender Bereich der Netzhaut ist dicht mit Photorezeptoren besetzt. Dadurch sieht ein Pferd innerhalb eines waagrechten Bands sehr scharf, oberhalb und unterhalb dessen aber wesentlich schlechter.

Anpassung an Helligkeit und Dunkelheit

Pferde adaptieren langsamer als Menschen, die Umstellung von hell zu dunkel und umgekehrt dauert bei ihnen also länger. Dabei ändert sich die Form der Pupille, die in hellem Licht waagrecht und schmal erscheint und bei schwachem Licht einem größeren Oval oder abgerundetem Rechteck gleicht. Führen Sie Ihr Pferd aus dem dunklen Stall ins grelle Sonnenlicht oder aus der hellen Sonne in einen finsteren Pferdehänger, bleibt es vielleicht zögernd stehen und bittet um eine kurze Pause, um sich an die veränderten Lichtverhältnisse gewöhnen zu können. Ihre eigenen Augen reagieren wesentlich schneller und deshalb würden Sie gerne rasch weitergehen. Wenn Sie sich aber ein paar Sekunden Zeit nehmen, fühlt sich Ihr Pferd sicherer.

Unter Sehschärfe versteht man die Genauigkeit des Seheindrucks, unter Adaptation die Fähigkeit des Auges, sich unterschiedlichen Lichtverhältnissen anzupassen.

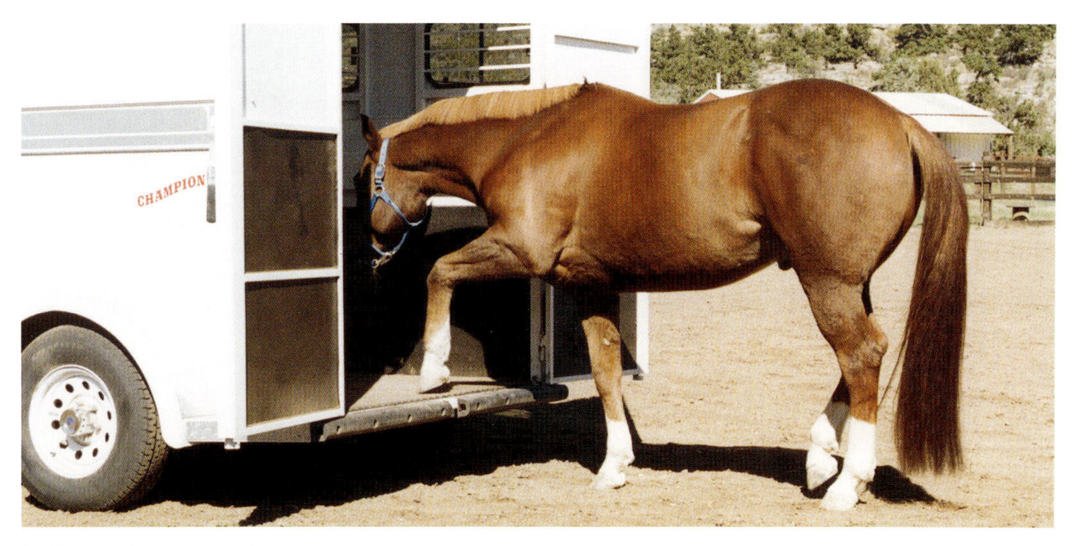

Im Gegensatz zum menschlichen Auge brauchen Pferdeaugen länger, sich von hellen auf dunkle Lichtverhältnisse einzustellen.

Obwohl die Anpassung an veränderte Lichtverhältnisse beim Pferd länger braucht als beim Menschen, ist ihre Adaptationsfähigkeit insgesamt besser, umfasst einen größeren Bereich. Dies liegt sowohl an der Größe des Pferdeauges als auch an seiner lichtempfindlichen Netzhaut. Zudem kann sich die Pupille eines Pferdes sechsmal weiter öffnen als die eines Menschen. Pferde sehen in der Nacht ebenso gut wie Eulen oder Hunde, aber schlechter als Katzen oder Fledermäuse. Ihre gute Nachtsichtfähigkeit verdanken Pferde dem Tapetum Lucidum, einem spiegelähnlichen, bindegewebigem Überzug der unteren Hälfte des Auginneren. Es reflektiert und verdoppelt dadurch das Licht, das auf der Netzhaut ankommt. Durch den metallischen Glanz des Tapetum Lucidum leuchtet das Pferdeauge auf, wenn es im Dunkeln von einem Lichtstrahl getroffen wird. Wenn Sie und Ihr Pferd das nächste Mal in der Dunkelheit unterwegs sind, wissen Sie, dass es aufgrund der besonderen Merkmale seines Auges besser sieht als Sie.

Sollten Sie jemals, wie in dem bekannten Song »been through the desert on an horse with no name« gewesen sein, hat Ihr Ross das grelle Licht vermutlich besser ertragen als Sie, es sein denn, Sie trugen polarisierte Sonnengläser. Pferde besitzen nämlich eine eingebaute Sonnenbrille. Wolkige, pigmentierte Gebilde oberhalb der Iris, Corpora Nigra oder Traubenkörner genannt, fangen das auf die Pupille eintreffende Licht teilweise ab. Durch die bei grellem Licht schmale, waagrechte Form der Pupille wird die von oben (Sonne oder Himmel) oder von unten (durch Reflexion der Sonne) eintreffende Lichtmenge erheblich reduziert. Zudem fungieren die langen, abwärts geschwungenen Pferdewimpern als eine Art Sonnenblende, wie ein Mützenschirm.

Räumliches Sehen

Räumliches Sehen und die Wahrnehmung von Entfernungen sind nur im binokularen Sehfeld möglich und da dieses beim Pferd wesentlich kleiner ist als bei uns Menschen, ist das räumliche Sehvermögen eines Pferdes schwächer ausgeprägt als unseres. Kann ein Pferd seinen Kopf anheben und ein Objekt ins Auge fassen, nutzt es dabei den Bereich seines Auges mit dem besten räumlichen Sehvermögen. Pferde sind von Natur aus nicht gut im Erkennen von Entfernungen, können aber durch bestimmte Trainingsmethoden lernen, etwa im Springparcours Abstände zu schätzen.

Farbsehen

Während wir Menschen über drei verschiedene Typen von Zapfen verfügen, gibt es in der Netzhaut eines Pferdes nur zwei Typen. Es ist immer noch umstritten, inwieweit Pferde ein unserem vergleichbares Farbsehvermögen haben. Die meisten Forscher sind sich einig in der Einschätzung, dass Pferde einerseits mehr sehen als nur Abstufungen der Farbe Grau, aber auch weniger Farben unterscheiden können als wir. Welche Farben genau ein Pferd sehen kann, ist nach wie vor strittig.

Nickhaut

Zusätzlich zum oberen und unteren Augenlid hat ein Pferd ein drittes Lid, Nickhaut genannt. Die Nickhaut liegt im inneren Augenwinkel jedes Auges zwischen Augapfel und unterem Augenlid. Wird das Auge gereizt, wischt die Nickhaut schnell über das Auge, um die Hornhaut zu schützen und zu putzen. Die Nickhaut enthält außerdem eine Tränendrüse, die das Auge säubert und befeuchtet.

Die Augen voll im Blick

Die meisten Rassestandards legen fest, dass große, dunkle, weit auseinander liegende und »ins Auge fallende«, gut seitlich platzierte Augen erwünscht sind. Ebenso gelten helle, kleine oder tief liegende, eng beieinander oder vorne stehende »Schweinsaugen« als unerwünscht. Man vermutet, dass dunkle Augen bei grellem Licht weniger empfindlich reagieren. Weit auseinander liegende Augen gehen meist mit einer ausgeprägten, breiten Stirn einher und gelten als Kennzeichen eines angenehmen Temperaments und ausgeprägter Intelligenz.

Pferdeaugen sind nicht nur schön, sondern auch praktisch. Die dichten, abwärts geschwungenen Wimpern schützen vor Schmutz und Sonnenlicht.

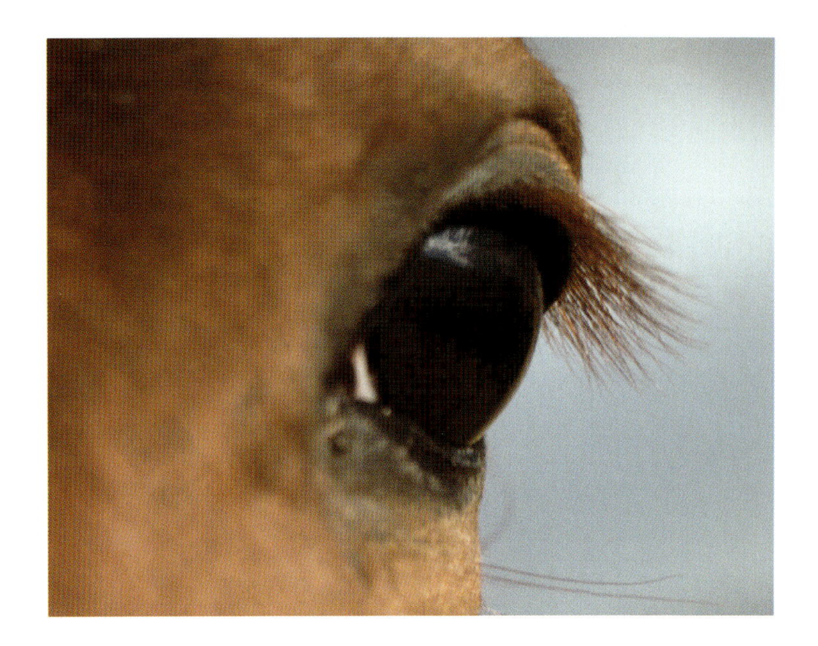

Pferdetränen

Die Flüssigkeiten aus Tränen- und Nickhautdrüse waschen das Auge, sammeln sich im Unterlid und fließen dann durch einen Kanal (den Tränennasengang), dessen Öffnung unten in den Nüstern liegt, ab. Sind diese Gänge verstopft, rinnen die Tränen nicht in die Nüstern, sondern laufen das Gesicht herunter. Bei einer Verstopfung durch Alter, Verletzungen oder Schmutz kann der Tierarzt sie möglicherweise wieder freispülen und in Gang bekommen.

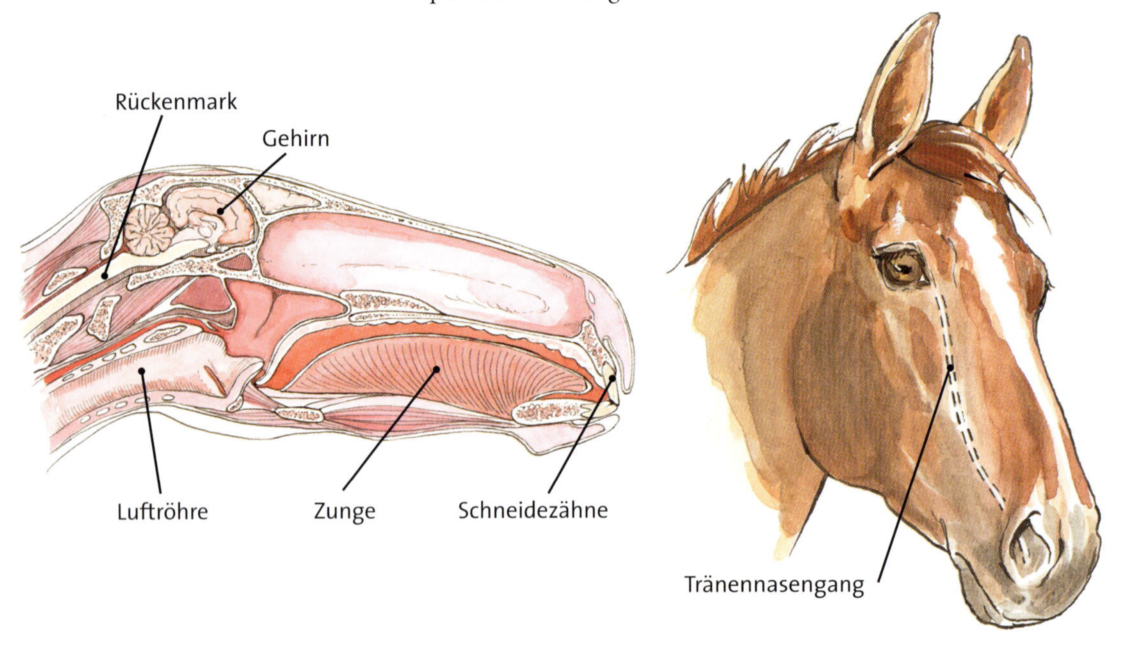

Das Gehör

Hört ein Pferd in der Ferne ein Geräusch, wird es aufhören zu fressen und völlig still stehen, mit erhobenem Kopf und gespitzten Ohren, reglos, als würde es eine Botschaft vom Planeten Equus empfangen. Ebenso plötzlich kann es entweder weiter fressen, als sei nichts geschehen oder aber schlagartig die Flucht ergreifen und sich immer mehr von dem Geräusch entfernen.

Zwar ähnelt das Gehörsystem des Pferdes anatomisch dem anderer Säugetiere, doch haben Pferde die beweglichsten Ohren aller domestizierten Tiere. Diese großen, beweglichen Trichter können um fast 180 Grad von vorne nach hinten gedreht werden, um Geräusche aufzufangen und zu orten. Man ist allgemein davon überzeugt, dass das Gehör eines Pferdes dem menschlichen in verschiedener Hinsicht überlegen ist.

Frequenz ist ein technischer Begriff für die Tonhöhe und bezeichnet die Anzahl von Schwingungen pro Sekunde. Ein Kilohertz entspricht 1.000 Hertz.
Als **Infraschall** wird jedes Geräusch bezeichnet, dessen Frequenz unterhalb des menschlichen Hörvermögens liegt (also weniger als 20 Hertz).
Mit **Ultraschall** dagegen sind Geräusche gemeint, die oberhalb des Bereiches liegen, in dem Menschen Schwingungen wahrnehmen (also mehr als 20 Kilohertz).

Tonhöhen

Pferde nehmen höhere Frequenzen oder Tonhöhen wahr als wir. Sie können tiefe Frequenzen mit den Ohren hören, sehr tiefe sogar über die Hufe oder beim Grasen über die Zähne auffangen.

Die Frequenz wird in Hertz gemessen. Ein Hertz entspricht einer Vibration pro Sekunde. Geräusche wie der menschliche Herzschlag haben eine sehr tiefe Frequenz, Hundepfeifen dagegen arbeiten mit sehr hohen Frequenzen und infolgedessen mit schneller Vibration.

Das menschliche Ohr kann nicht alle Frequenzen wahrnehmen. Gesunde Menschen hören im Bereich von etwa 20 Hertz (Nebelhorn) bis zu 20.000 Hertz oder 20 Kilohertz (Bootsmannspfeife). Am empfindlichsten reagieren wir auf Geräusche im Bereich von 1.000 bis 4.000 Hertz. Die menschliche Stimme arbeitet mit Frequenzen von etwa 500 bis 2.000 Hertz, beim Mann können Vokale allerdings unter 500 Hertz liegen. Allgemein liegen Vokale unterhalb von 1.000 Hertz und Konsonanten im Bereich von 2.000 bis 4.000 Hertz.

Mit dem Alter geht unsere Fähigkeit, hohe Frequenzen wahrzunehmen, allmählich verloren. Im mittleren Alter hören wir Bereich über 12 bis 14 Kilohertz nicht mehr, wobei Männer die Fähigkeit zur Wahrnehmung hoher Frequenzen früher verlieren als Frauen.

Unter allen domestizierten Tieren hat das Pferd die beweglichsten Ohren.

Lautstärke

Abhängig vom Wind können Pferde Geräusche aus wesentlich größerer Entfernung wahrnehmen als wir. Man nimmt außerdem an, dass sie leisere Geräusche besser hören (und fühlen) können als Menschen und dass sie außerdem lärmempfindlicher sind als wir.

Wahrnehmung von Tonhöhen bei Pferden und Menschen

Es können nur ungefähre Werte angeführt werden, da verschiedene Untersuchungsmethoden unterschiedliche Ergebnisse erbringen. Außerdem ist es schwierig, genau festzustellen, ob ein Tier ein Geräusch wahrnimmt oder nicht.

Tonhöhe	Geräusch
1–2 Hertz	Herzschlag des Menschen
261,7 Hertz	mittleres C
500–2000 Hertz	menschliche Stimme
3000 Hertz	weinendes Baby, Klingeln eines Mobiltelefons
12 Kilohertz	Ende des Bereichs wahrgenommener Frequenzen
15 Kilohertz	Hundepfeife *
25 Kilohertz	

Menschliches Hörvermögen 20 Hertz bis 20 Kilohertz

Hörvermögen des Pferdes 55 Hertz bis 25 Kilohertz

* kann für uns unhörbar sein, wird aber von den meisten Hunden, Katzen, Pferden, Delphinen und Walen wahrgenommen

Wer hört wie gut?

- Hörbarer Bereich für Menschen im optimalen Alter (junge Erwachsene) reicht von etwa 20 Hertz bis 20 Kilohertz mit maximaler Wahrnehmung zwischen 1–4 Kilohertz.
- Hörbarer Bereich für Pferde im optimalen Alter (zwischen fünf und neun Jahren) reicht von etwa 55 Hertz bis 25 Kilohertz mit maximaler Wahrnehmung zwischen 1–16 Kilohertz.
- Hörbarer Bereich für Hunde im optimalen Alter reicht von etwa 40 Hertz bis 60 Kilohertz.
- Hörbarer Bereich für Katzen im optimalen Alter reicht von etwa 45 Hertz bis 85 Kilohertz.
- Fledermäuse nehmen Ultraschallgeräusche bis zu einer Frequenz von 120 Kilohertz, Delphine sogar bis zu 200 Kilohertz wahr.
- Elefanten halten den Infraschallrekord mit einem Wahrnehmungsbereich von 5 Hertz bis 10 Kilohertz.

Die Lautstärke (korrekt müsste man sagen: der Schalldruckpegel) wird in Dezibel gemessen, eine logarithmische Messeinheit für die Schallenergie. Dezibel sind logarithmische und deshalb keine »normalen« Zahlen – so bedeuten beispielsweise 20 Dezibel eine Verzehnfachung und 30 Dezibel sogar das Hundertfache an Energie gegenüber 10 Dezibel.

Pferde haben auch deshalb überlebt, weil sie ein empfindliches Gehör entwickelt haben. So ist es eigentlich nicht verwunderlich, dass sie auch heute noch beständig lauschen, misstrauisch reagieren und bei Geräuschen leicht erschrecken.

Laute Geräusche mit hohen Dezibelzahlen wie etwa Gewehrschüsse,

Fehlzündungen oder Bremsgeräusche großer Lastwagen können jedes Pferd erschrecken und zum Scheuen veranlassen.
Diese Angst kann jedoch durch systematische Gewöhnung überwunden werden, was der erfolgreiche Einsatz von Pferden im Militär und bei der Polizei eindrucksvoll belegt.
Leise Stallgeräusche wie sie bei der Pflege, beim Satteln und Auftrensen entstehen, fallen in den als angenehm empfundenen Bereich von 20 bis 35 Dezibel. Laute Geräusche von 85 Dezibel oder mehr – laute Musik, Traktoren oder Lastwagen in der Nähe des Stalles – wirken beunruhigend und können sogar das Gehör schädigen.

Welche Geräusche beunruhigen mein Pferd?

Beim Transport können Pferde durch die von Zugfahrzeug, Anhänger und Straße erzeugte Geräuschkulisse – das Klappern der Abtrennungen und Türen, Motorengeräusche und Verkehrslärm – stark beunruhigt werden. Je häufiger ein Pferd transportiert wird, desto besser wird es sich an diese Geräusche gewöhnen; anfangs kann man ihm dabei helfen, indem man seine Gehörgänge mit Watte verschließt.
Verhält sich ein Pferd ablehnend beim Scheren, kann es auf die dabei er-

Lautstärke verschiedener Geräusche

In dieser Liste sind gewöhnliche Geräusche aufgeführt, wie Ihr Pferd und Sie sie jeden Tag hören können. Jenseits der roten Linie kommt es zu Schmerzen, Hörschäden oder sogar zum Tod.

Geräusch	Lautstärke in Dezibel (Schätzwert)
Hörbarkeitsgrenze des Menschen	0
Atemgeräusch des Menschen	10
Blätterrascheln	20
Flüstern	20–30
Summen von Stechmücken	40
Gespräch	40–60
Vogelgesang	60
Verkehrslärm	65–80
Staubsauger aus der Nähe	70–80
Zug aus der Nähe	65–90
Wählgeräusch eines Telefons	80
Hörschäden bei folgenden Geräuschen bei wiederholtem Aussetzen möglich:	
Starker Verkehr	85
Traktor bei 80 % Gas	100

Geräusch	Lautstärke in Dezibel (Schätzwert)
Rasenmäher, Feuerwerkskörper	100
Donner	100–130
Motorrad, Kettensäge	110
Ohrenschutz notwendig	115
Kitzelndes Gefühl	120
Rockkonzert, Schneemobil	120
Gesundheitsschädlich, schmerzhaft	130
Presslufthammer, Gewehr	130
Explosion	140
Jetflugzeug aus der Nähe	150
Erste körperliche Schäden	150
Gewehrschuss an der Mündung	160
Platzen des Trommelfells	190
Tod	200

Unruhe bei Wind: Manches lässt sich besser hören und manches eben schlechter.

zeugten Vibrationen reagieren, wahrscheinlicher aber ist es das surrende Geräusch, das es stört – es vermutet wohl, ein Insektenschwarm greife aus dem toten Winkel an! Auch in diesem Fall veranlasst sein Überlebenswille das Pferd, das Scheren zu vermeiden. Es ist leicht, ein Pferd davon zu überzeugen, dass ihm beim Scheren keine Gefahr droht, indem man es systematisch daran gewöhnt. Ebenso leicht ist es leider auch, ihm Angst vor der Schermaschine beizubringen, wenn man es körperlich unter Druck setzt und schlägt, sobald es sich rührt.
Wind ist an und für sich sowieso schon mit Geräuschen verbunden. Einerseits trägt er dem Pferd vermehrt Geräusche zu, die es verarbeiten muss, andererseits überdeckt er Geräusche. Kann ein Pferd normalerweise ein Geräusch aus einer Entfernung von 400 Metern wahrnehmen, hört es dieses Geräusch bei einem schwachen Wind von 25 km/h schon aus 800 Metern oder mehr in Windrichtung, aber kaum noch etwas aus der anderen Richtung. Kein Wunder, dass Pferde bei Wind unruhig werden.

Welche Geräusche lösen beim Pferd Erwartungen aus?

Pferde verknüpfen bestimmte Geräusche mit besonderen Aktivitäten, etwa der Fütterung. So, wie die Pavlov'schen Hunde bereits Speichel produzierten, wenn eine Glocke unmittelbar vor der Fütterung läutete, warten die Pferde schon bei der Wahrnehmung der typischen Geräusche, die dem Füttern vorausgehen, auf die Fütterung. Auf unserer Ranch etwa reagieren unsere Pferde mit erhöhter Aktivität oder durch Wiehern nach Futter,

- wenn sie aus dem Haus das erste Wort oder Gähnen hören,
- hören, wie sich die Hintertür des Hauses öffnet oder schließt oder
- hören, wie die Stalltür aufgeschoben oder die Tür zur Futterkammer geöffnet oder geschlossen wird.

Pferde hören auch die subtilen Geräusche, die ihnen ankündigen, dass sich ein Pferd in ihrem Territorium bewegt. Unsere Pferde rufen häufig, wenn sie hören, dass Tore oder Stalltüren geöffnet oder geschlossen werden, weil dies ihnen signalisiert, dass sich dort ein Pferd bewegt. Hören sie das Klappern der Abtrennungen in einem Pferdehänger, werden sie aufmerksam und konzentrieren sich auf die Richtung, aus der das Geräusch kommt. Fährt ein Hänger mit einem Pferd an unserer Ranch vorbei, werden oft wiehernd Grüße ausgetauscht.
Werden noch Meilen entfernt Rinder getrieben, sehen unsere Pferde bereits gedankenverloren in diese Richtung. Und richtig: Ungefähr eine Stunde später marschieren die Rinder dann unsere Straße entlang. Oft sind unsere Pferde bessere Wachhunde als unsere Rottweiler und teilen

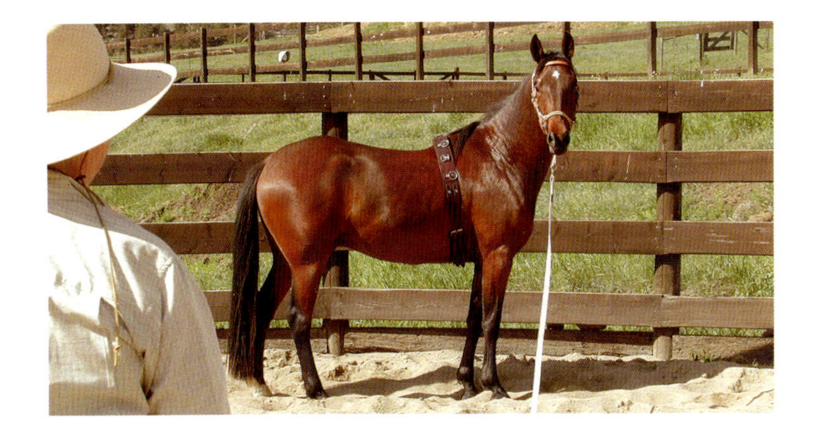

Sherlock stoppt und wartet ab, lauscht und beobachtet mich, um zu erfahren, ob er vorwärts gehen oder wenden soll.

uns durch ihre aufmerksame Haltung und in eine bestimmte Richtung gespitzten Ohren mit, dass in unserem Tal irgendetwas Außergewöhnliches im Gange ist.
Pferde können sowohl die Stimmen verschiedener Menschen unterscheiden als auch zwischen unterschiedlichen Worten differenzieren (mehr dazu in Kapitel acht).

Rede mit Deinem Pferd so, dass es zuhört

Das Gehör eines Pferdes ist so fein, dass lautstarke Kommandos nicht nur überflüssig, sondern auch unnötig grob und kontraproduktiv sind. Pferdekenner erkennt man oft daran, dass sie mit ihrem Pferd in einer Art leisem Gemurmel kommunizieren, wie es vor allem Cowboys beim Training ungerittener Pferde nutzen. Der ruhige Tonfall beruhigt das Pferd. Daher rührt der Ursprung des Begriffs »Pferdeflüsterer« – horse whisperer.
Nach meiner Beobachtung sind Musik und Radio-Talkshows, wie man sie in manchen Ställen hören kann, eher für den Menschen bestimmt als für die Pferde. Manche Pferde gewöhnen sich an die andauernde Geräuschkulisse, blenden sie aus und entspannen sich trotz der Störung. Da ein Stall aber für unsere Pferde ein sicherer Hafen voll himmlischen Friedens sein sollte, wäre es sicher angemessener, das Radio auszuschalten oder höchstens, sanfte, leise Musik zu spielen.

Geschmacks- und Geruchssinn

Der Geschmacks- und Geruchssinn der Pferde ist dem unseren weit überlegen, beide Sinne arbeiten eng zusammen. **Geruchsempfindungen** werden in den feuchten, mit großer Oberfläche ausgestatteten Nüstern der Pferde aufgenommen. Geruchspartikel werden über die Luft herangetragen und von dem feuchten Gewebe aufgefangen, die Informationen werden dann zur Dekodierung an das Gehirn gesandt.

Geschmacksempfindungen werden durch die Papillen der Zunge, des Gaumens und des Rachens ermöglicht. Nimmt das Pferd flüssige oder feste Nahrung auf, passiert diese die Zunge und wird dann entweder akzeptiert oder abgelehnt. Pferde mögen es gerne salzig und lernen schnell, auch Süßes zu mögen, lehnen Bitteres und Saures aber eher ab.

Nimmt ein Pferd den Geschmack eines bitteren Medikaments wahr oder vermutet, dass eine bittere Pille im Futter versteckt sein könnte, wird es sie ausspucken und vermeiden, sie aufzunehmen. Deshalb ist es manchmal notwendig, bestimmte Medikamente mit etwas Süßem zu überdecken oder zu vermischen, etwa mit melassiertem Kraftfutter, Rübenschnitzeln, Honig oder Apfelmus.

Das Pferd nutzt seinen Geruchssinn auch als Werkzeug der Erinnerung. Die Regel dabei lautet: Riechen, ohne berochen zu werden. Treffen zwei Pferde sich versucht jedes, möglichst viel über das andere herauszufinden, ohne es nahe kommen zu lassen. Trifft ein Pferd einen Artgenossen, einen Menschen oder auf ein Objekt, das es noch nicht kennt, wird es ausgiebig und länger daran riechen müssen, bei einem guten Bekannten verläuft die Geruchskontrolle oft rasch und nach einem Ritual ab. Auf ein kurzes Begrüßungsgeschnüffel folgt häufig gegenseitiges Fellkraulen. Nachdem fremde Pferde intensiv den Geruch des anderen aufgenommen haben können Sie einander herausfordern oder bedrohen und werden dabei mit dem Schweif peitschen, ein Hinterbein drohend anheben, die Ohren anlegen, den Kopf senken, quietschen und möglicherweise austreten oder schlagen.

Bei gegenseitiger Fellpflege beknabbern sich zwei Pferde, meist gute Kumpel, an Hals, Widerrist und Kruppe.

Flehmen

Nimmt ein Pferd beim Schnüffelritual Hormone im Urin, Schweiß oder anderen Körperflüssigkeiten wahr, kann der Geruch es zum Flehmen veranlassen. Es klappt die Oberlippe nach hinten, saugt den Geruch tief in die Nüstern ein und schließt ihn in einem Bereich ein, wo die Geruchspartikel vom Vomeronasalorgan (auch unter dem Begriff Jacobsonsches Organ bekannt) am Dach des Nasengangs verarbeitet werden können. Dieser Bereich ist physiologisch so gestaltet, dass eine direkte Verbindung zwischen Geruchswahrnehmung und der Reaktion darauf, dem Flehmen, gibt. Auch andere Gerüche können Flehmen auslösen, etwa Medikamente, Blut, Parfüm, Rauch vom Heißbeschlag oder von Zigaretten oder sogar Zigarettengeruch an Händen. Uns mag das eigenartig erscheinen, für Pferde gehört es zum normalen Verhalten.
Manche Pferde flehmen häufiger als andere. Unser großer Fuchswallach Dickens etwa zeigt ein köstliches, leicht vorhersehbares und durch Entwurmungsmittel, Stutenurin oder unbekanntes Futter auslösbares Flehmen. Hat er erst einmal begonnen, hört er minutenlang nicht auf. Ich

Geruchs-Welten

Das Verhalten unserer Pferde wird häufig durch Gerüche beeinflusst – subtile Gerüche, die wir vielleicht nicht wahrnehmen können oder starke Gerüche, die wir als ekelhaft oder beißend empfinden. Für das Pferd sind Gerüche ein richtiggehendes Informations-Vorratslager. Einige Beispiele:
Unmittelbar nach der Geburt findet zwischen Stute und Fohlen ein wichtiger Prägungsvorgang statt, bei dem der Geruchs- und Geschmackssinn eine entscheidende Rolle spielt. Die Stute leckt das Fohlen ab und das Fohlen trinkt bei seiner Mutter. Diese Prägung dauert ein Leben lang an.
Pferde markieren ihr Territorium mit Urin und Kot. Bei Hengsten ist dieses Verhalten besonders ausgeprägt, indem sie Kotplätze anlegen und nutzen und den Urin oder Kot einer Stute mit dem eigenen Urin überdecken. Jedes Pferd wird darüber hinaus in einem neuen Stall diesen mit den eigenen Körpergerüchen markieren. Vielleicht dient dies dazu, sich dort schneller zuhause zu fühlen. Hengste finden über den Geruch ihres Urins schnell heraus, ob eine Stute rossig ist oder nicht.
Pferde sind besonders geschickt darin, nach Hause zu finden. Man vermutet, dass sie dabei vor allem Geruchsmerkmale nutzen.

Je größer und offener die Nüstern eines Pferdes gebaut sind, desto mehr Sauerstoff und Informationen können sie aufnehmen.

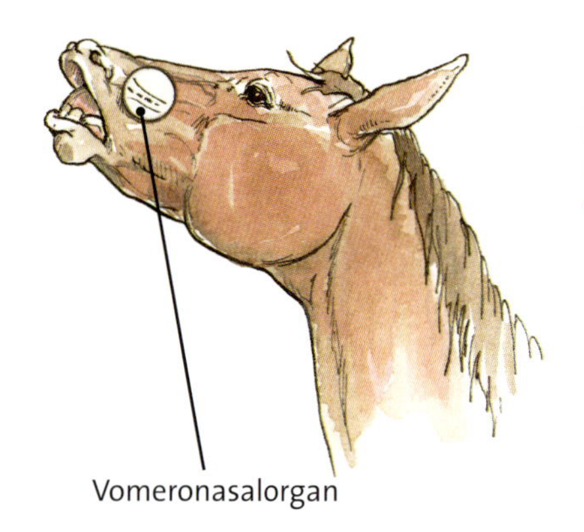

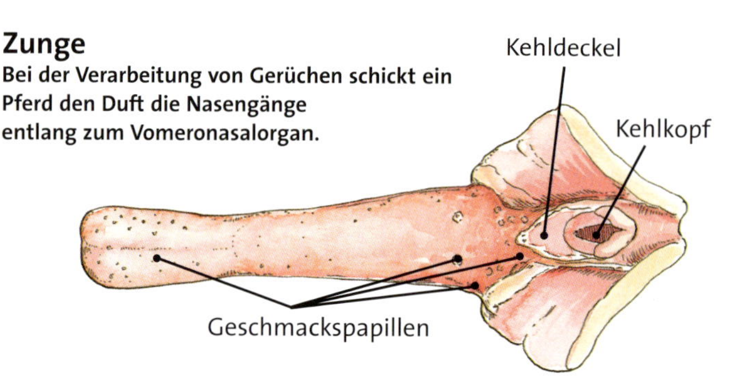

Zunge
Bei der Verarbeitung von Gerüchen schickt ein Pferd den Duft die Nasengänge entlang zum Vomeronasalorgan.

kann mich aber nicht erinnern, unseren Wallach Sherlock oder unsere Stute Seeker jemals flehmen gesehen zu haben. Um herauszufinden, ob auch Ihr Pferd dieses Verhalten zeigt, lassen Sie es an Ihrem mit den wächsernen Rückständen verschmutzen Handschuh riechen, nachdem Sie den Schlauch Ihres Wallachs oder das Euter Ihrer Stute gesäubert haben.

Manche Pferde reagieren mit **Flehmen** auf bestimmte Gerüche: Sie heben den Kopf, stülpen die Oberlippe zurück und schicken den Geruch so zum Vomeronasalorgan. Alle Lebewesen reagieren auf chemische Substanzen, die man **Pheromone** nennt. Sie enthalten Informationen und werden von einem Individuum abgesondert und rufen in einem anderen Individuum derselben Spezies eine spezifische Verhaltens – oder körperliche Antwort hervor.

Auch Wasser riecht

Der Geruchssinn unserer Pferde ist so ausgeprägt, dass sie möglicherweise die Wasseraufnahme verweigern, wenn sie Wasser aus einer unbekannten Quelle angeboten bekommen. Pferde können feinste Veränderungen im Mineralstoffgehalt wahrnehmen und manche Pferde weigern sich sogar, ungewohntes Wasser zu trinken. Bietet man einem solchen Pferd nur dieses Wasser an können Tage vergehen bevor es nachgibt und trinkt, und bis dahin wird es stark ausgetrocknet sein.

Pferde trinken aufgrund ihres feinen Geruchssinnes kein verschmutztes Wasser.

Verreisen Sie mit Ihrem Pferd können Sie sich behelfen, indem Sie den Geschmack seines Wassers verändern.
Eine Woche vor der Abfahrt beginnen Sie damit, das heimische Wasser mit etwas Apfelsaft oder einer anderen Substanz geschmacklich zu verändern. Tun Sie das auch unterwegs, wird Ihr Pferd den Unterschied im Geschmack vermutlich nicht erkennen.

Es riecht nach Gefahr

Zum Glück erkennen Pferde durch ihren feinen Geruchssinn gefährliche Substanzen und meiden sie, denn sie können nicht erbrechen. Nur ihr Geschmacks- und Geruchssinn schützt unsere Pferde vor den zahlreichen giftigen Pflanzen auf und an Weiden. Steht genügend gutes Weidegras zur Verfügung, wird ein Pferd es vermeiden, andere Pflanzen aufzunehmen. Gibt es allerdings nichts anderes zu fressen, wird es irgendwann nachgeben und die weniger schmackhaften Pflanzen fressen, die teilweise auch giftig sein können.
Wenn sie nicht gerade sehr hungrig oder durstig sind, meiden Pferde »gammeliges« Wasser und Futter – von anderen Tieren zertretenes oder beschmutztes, von Nagetieren verdorbenes Heu oder Weidegras, alles, was durch Pilze, Bakterien, Schmutz, Staub, Algen ungenießbar gemacht wurde. Gut so, denn das Verdauungssystem unserer Pferde reagiert sehr empfindlich auf viele dieser Faktoren.
Allerdings: Sie haben sicher schon gesehen, wie ein Fohlen die Äppel seiner Mutter aufgenommen hat. Man vermutet, dass dadurch der Verdauungstrakt des Fohlens die Bakterien erhält, die nun einmal für die Verdauung von Raufutter notwendig sind. Für uns Menschen eklig, für Pferde völlig normal.

Steht hochwertiges Weideland zur Verfügung, meiden Pferde unbekömmliche oder giftige Pflanzen. Fohlen und Jungpferde lernen durch Beobachtung der Mutterstute und anderer Pferde zu grasen und zu erkennen, was sie fressen und trinken können. Hat ein Pferd ein Futtermittel aufgenommen und gemerkt, dass es gut schmeckt und nicht krank macht, nimmt es dieses Futter in die Liste seiner Nahrungsmittel auf.

Was frisst mein Pferd gerne?

Was ein Pferd frisst, wird von vielen Faktoren beeinflusst. Wildlebenden Pferden scheint ihre angeborene Weisheit zu sagen, was ihnen gut tut und was nicht und welche Salze, Mineralien und Kräuter sie benötigen. Nicht alle unserer domestizierten Pferde verfügen über dieses Wissen. Kommt ein ansonsten im Stall lebendes Pferd plötzlich und unerwartet auf eine verkrautete Weide, freut es sich so sehr darüber, etwas Grünes und Frisches aufnehmen zu können, dass es auch schädliche Unkräuter frisst und sich eine Kolik oder Schlimmeres zuzieht.

Haben sie die Wahl, bevorzugen Pferde häufig ganz bestimmte geschmackliche und strukturelle Beschaffenheiten und ihre Vorlieben könnten Sie überraschen. Zwar hat jedes Pferd einen eigenen Geschmack, doch ziehen Pferde im Allgemeinen grobes Heu feinem Heu vor (siehe Kasten) und fressen häufiger breitblättrige Pflanzen – sogar Disteln – als ich angenommen hatte.

Heu-Probe

Meine Pferde testen immer wieder ihr Heu. Beim folgenden Beispiel bot ich ihnen drei Heutypen an:

1 »Beschäftigungsheu«
Sehr grobes, überständiges Heu aus Obstgärten oder von Trockenrasen, das sehr trocken gewonnen und lose gepresst wurde. Ohne Ähren, nur grobe, blassgrüne Stängel.

2 »Grünes Heu«
Intensiv grünes, feines Grasheu/Luzerneheu, das in einem etwas nasseren Zustand fest gepresst wurde. Es fühlt sich ein wenig feucht an, aber war einfach toll anzusehen. Wegen seines höheren Wassergehaltes war es weicher und ließ sich biegen, ohne zu knicken. Sein besonderes Aroma würde ich als leicht säuerlich beschreiben.

3 »Karamelheu«
Stark gepresste, schwere Scheiben reichhaltigen Grasheus/Luzerneheus, das im Inneren der Scheiben regelrecht karamellisiert und dort dunkelbraun, tabakfarben war. Zwar we-der schimmelig noch staubig, war es ein eigenartiges Heu, das eher nach einer Zigarre oder verbrannten Zwiebeln als wie ein Salat roch.

Sieht man sich das Heu genauer an, würde man erwarten, dass die Pferde die Heusorten in der Reihenfolge 2, 1, 3 oder Grünes-, Beschäftigungs- und Karamelheu bevorzugen. Fast alle Pferde aber mochten sie in der Reihenfolge 3,1 und 2 oder Karamel-, Beschäftigungs- und Grünes Heu. Bei unseren Pferden lagen Karamelheu und Beschäftigungsheu auf der Beliebtheitsskala oft fast gleich, wogegen das Grüne Heu bis zum Schluss liegen blieb, manchmal kaum angerührt und größtenteils verstreut wurde. Aufgrund dieser Ergebnisse haben wir die drei Heusorten neu benannt:

1. Basisheu, 2. Sauerheu 3. Gourmetheu, etwa wie geräucherte Gänseleberpastete etwas Besonderes für Genießer.

Tastsinn

Wenn es um den Tastsinn geht, gilt: Pferde sind zwar groß, aber alles andere als gefühllos. Das Gegenteil ist sogar richtig, denn der Tastsinn der Pferde reagiert ausgesprochen sensibel.
Diese Empfindlichkeit ist von Pferd zu Pferd unterschiedlich ausgeprägt und hängt von der Dicke von Haut und Haarkleid und vom Rezeptortyp der jeweiligen Körperregion ab. Manche Kaltblutrassen reagieren langsamer und wenig empfindlich auf Tastreize, die meisten Reitpferderassen – eine Mischung von Kaltblut- und Vollblutpferden – sind dagegen recht empfindsam. Die Haut eines Pferdes und die darunter liegenden Muskeln reagieren ähnlich wie Sie auf leichte Berührungen, starken, anhaltenden Druck, Schmerz, Hitze und Kälte.

Empfindsame Körperregionen

Zusätzlich ist das Pferd mit besonders empfindsamen »Antennen« ausgestattet, die anstelle von Händen zur Untersuchung von Gegenständen benutzt werden. Die »Schnurrhaare« rund um Nase und Maul und an den Augen funktionieren wie Antennen und sagen dem Pferd vor allem im Dunkeln, wohin es gerade seinen Kopf steckt. Da es ja eigentlich nicht auf den Boden eines Eimers oder Trogs sehen kann, schützen ihn diese Antennen vor Verletzungen, wenn es eng oder tief wird. Aus diesem Grund ist es besser, diese Haare nicht für einen Showauftritt zu rasieren, weil es vermeintlich schöner aussieht – in vielen Fällen ist dies sogar verboten. Diese Tasthaare bildet das Pferd aus gutem Grund, nämlich zu seinem Schutz.
Das Pferdemaul ist ein sehr berührungsempfindsames Gebiet voller Nervenenden, Antennenhaaren und Sensoren für die Wahrnehmung von Geruch und Geschmack. Obwohl das Maul so zart ist und geradezu darum bittet, gestreichelt zu werden – wie würde es Ihnen gefallen,

Pferde, die von schweren Kriegspferden und Zugpferden abstammen, bezeichnet man meist als **Kaltblüter**. Typisch für sie sind in der Regel ein schwerer Knochenbau, eine dickere Haut, ein grobes Haarkleid, starker Fesselbehang, und geringere Mengen an roten Blutkörperchen und Hämoglobin. **Englische oder Arabische Vollblüter** zeichnen sich durch ein zarteres Knochengerüst, dünnere Haut, ein feines Haarkleid, das Fehlen eines Fesselbehangs und höhere Werte bezüglich roter Blutkörperchen und Hämoglobin aus.

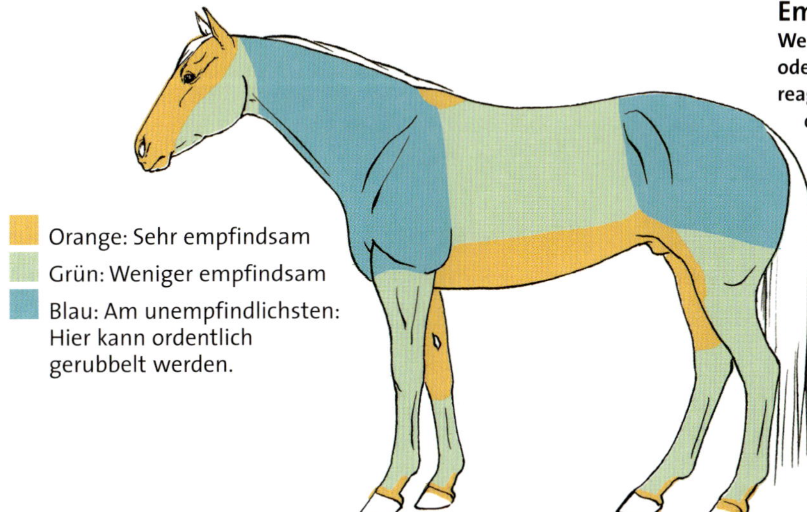

Zonen unterschiedlicher Empfindsamkeit
Wer weiß, wo ein Pferd mehr oder weniger empfindlich reagiert, wählt die passenden Formen der Berührung, angemessenes Putzzeug und abgestimmte Hilfen aus.

wenn jemand einfach so käme und Ihr Gesicht mit der Hand berühren würde? Achten Sie das Pferdemaul als Empfindungszentrum, und bedenken Sie, dass sich direkt darunter ein toter Winkel befindet. Leider habe ich schon häufig gesehen, wie Menschen verletzt wurden oder gar einen Finger einbüßten, als ein Pferd instinktiv zubiss, weil es unterhalb seines Mauls Futter vermutete oder sich bedroht fühlte. Besser, Sie streicheln Ihr Pferd an der Stirn, krabbeln es am Hals oder Widerrist anstatt am Maul und es wird Ihnen sicher mitteilen, was es am liebsten mag.

Pferde benutzen ihre Mäuler, um etwas mit den Lippen zu berühren (um es zu untersuchen), zu belecken (ebenfalls zur Untersuchung), daran zu kauen (zur Untersuchung oder Zerstörung), um zuzubeißen (Zerstörung), Warnungen auszu»sprechen« oder zur Verteidigung. Stricke, Decken, Holz, Zäune, Eimer und Mähne und Schweif anderer Pferde werden besonders häufig benagt. Außerdem nutzen Pferde ihre Mäuler und Zähne, um sich selbst (Beine und Flanken) oder gegenseitig (soziale Fellpflege) zu putzen.

Auch die Hufe können eingesetzt werden, um Dinge zu inspizieren. Pferde verschaffen sich durch Scharren einen Eindruck von der Sicherheit, der Bodenbeschaffenheit oder der Tiefe des Untergrundes. Meist nehmen sie unsicheren, sumpfigen Untergrund wahr, lange, bevor sie darauf treten.

Dieses Fohlen hat einen Ast gefunden, an dem es sich Mähne und Hals wie besessen scheuert. Inzwischen ist sein Hals fast kahl geschubbert.

Berührungen – das mag Ihr Pferd

Grundsätzlich werden Pferde am liebsten kräftig gestreichelt, aber nicht gekitzelt oder beklopft. Sie mögen es, an der Stirn, an Hals, Widerrist, Rücken, Kruppe und Brust »gerubbelt« zu werden. Kaum ein Pferd wird aber darum bitten, an empfindsamen Stellen wie der Flanke, der Gurtlage, am Bauch, an Nase, Ohren oder Beinen gekrabbelt zu werden. Wenn Sie sich mit einem Pferd bekannt machen, beschränken Sie sich zunächst auf die Bereiche, in denen es mit Sicherheit gerne berührt wird, und gewöhnen Sie es nach und nach an Berührungen in seinen eher kitzeligen Zonen. Jedes Pferd hat beim Kraulen eine Lieblingsstelle, experimentieren Sie also mit allen Ihren Pferden.

Pferde lieben es nicht nur, in verschiedenen Körperregionen gekrault zu werden, sie scheuern sich auch selbst an Zäunen, Gebäuden, sogar an anderen Pferden, oft über längere Zeit und mit rhythmischen Bewegungen. Allerdings vernichtet dieses Verhalten eine Mähne oder einen Schweif in nur einer Sitzung, zerstört Decken oder beschädigt Zäune und Gebäude. Putzt man sein Pferd regelmäßig und schafft Gelegenheiten zum Wälzen, kann man damit den zerstörerischeren Varianten des Scheuerns vorbeugen.

Respektieren Sie die Sensibilität Ihres Pferdes

Weil Pferde von Natur aus sensibel auf Berührung reagieren, können und sollten wir im Training mit sehr leichtem Druck arbeiten, nicht mit Gewalt.

Pferde neigen dazu, leichtem, wiederholtem Druck auszuweichen (das nervt) und sich starkem, anhaltendem Druck entgegenzustemmen (das tut gut). Wenn Sie jemals versucht haben, ein rohes Pferd zum Ausweichen zu bewegen und sich ihm dabei mit dem Körper entgegenstemmten, mussten Sie wahrscheinlich feststellen, dass es sich nun Ihnen mit seinem ganzen Gewicht entgegenlehnte und das auch noch toll fand! Bei der Kommunikation mit einem Pferd – egal, ob über das Halfter oder eine Hand – ist ein leichtes Anstupsen wesentlich effektiver als gewaltsames Tauziehen. Es mag seltsam erscheinen, doch wird ein leichter Stups oder ein nervendes Kitzeln an den Rippen ein Pferd mit größerer Wahrscheinlichkeit zum Ausweichen bewegen als anhaltender Druck. Das können wir von den Fliegen lernen!

Pferde weichen leichten, nervenden Berührungen aus, egal, ob von einer Fliege oder der Longierpeitsche.

Der Tastsinn ist ein lebendiger, veränderbarer Sinn. Andauernde oder wiederholte Reize führen über die Gewöhnung zu einer Desensibilisierung. Nur ein Beispiel: Wo wir wohnen, gibt es nicht viele Pferdebremsen. Landet doch einmal eine auf einem Pferd und beißt zu, rastet es völlig aus. Eines Frühlings reiste ein Hengst aus Wyoming mit einer eigenen »Pferdebremsen-Reisebegleitung« auf unserer Ranch an. Wie Dachziegel bedeckten sie teilweise seinen Rücken, doch er reagierte überhaupt nicht. Es war bezüglich der Bremsen desensibilisiert.

Beim Reiten kommunizieren Sie mit dem Pferd durch Kontakt mit seinem Maul oder seiner Nase, mit seinem Rücken und seinen Flanken. Es kann Ihrem Sitz und Ihren Beinen an seinen Seiten genau anfühlen, ob Sie entspannt oder angespannt sind. Zwar müssen Sie ein Pferd zunächst daran gewöhnen, dass es sich überall ohne Angst anfassen lässt (siehe den Abschnitt über Gewöhnung in Kapitel 9), andauernde Reize können es aber auch abstumpfen, zu einem hartmäuligen und schenkelfaulen Pferd machen.

Geben Sie Ihre Zügel- und Schenkelhilfen aber mit geringstmöglicher Intensität, entwickeln und erhalten Sie sich die Sensibilität Ihres Pferdes. Tun Sie dies nicht, stumpfen Sie es gegenüber Ihren Hilfen soweit ab, dass es letztendlich nicht mehr darauf reagiert. Dann ist natürlich die Versuchung groß, dies mit Sporen und einem scharfen Gebiss korrigieren zu wollen. In der Gratwanderung zwischen der notwendigen Gewöhnung eines Pferdes an Berührungsreize und einem Vorgehen, das die Sensibilität des Pferdes den reiterlichen Hilfen gegenüber erhält, liegt die eigentliche Kunst des Reitens.

Pferde rücksichtsvoll putzen

Benutzen sie das passende Putzzeug am richtigen Platz und mit der angemessenen Technik. Die Auflistung führt das gröbste Putzzeug zuerst, das weichste zuletzt auf.

Putzzeug	Körperregion	Putztechnik	Bitte beachten
Metallstriegel	keine	Wird zum Reinigen von Kardätschen benutzt	Nur für das Reinigen von Bürsten, nie am Pferd benutzen. Die scharfen Zähne würden die Haut des Pferdes zerkratzen.
Fellkratzer	Stark bemuskelte Körperregionen wie Hals, Schulter Kruppe	Lange Striche mit geringem bis mittelstarkem Druck	Wird genutzt, um das lange, dicke Winterfell zu entfernen. Die scharfen Zähne können die Haut zerkratzen und Hautinfektionen begünstigen.
Schweißmesser	Stark bemuskelte Körperregionen	Lange Striche mit geringem bis mittelstarkem Druck	Wird benutzt, um nach dem Waschen Wasser aus dem Haarkleid zu streichen oder Schweiß nach anstrengendem Training zu entfernen.
Gummistriegel	Stark bemuskelte Körperregionen	Mittelstarker Druck bei kreisenden Bewegungen, um das Haarkleid aufzurauen und Schmutz zu lösen	Wählen Sie biegsame Gummistriegel, die sich den Konturen des Pferdekörpers anpassen. Meiden Sie harte Plastikstriegel.
Schmutzbürste, harte Borsten	Stark bemuskelte Körperregionen	Kurze, schnelle Striche, um Schmutz aus dem Haarkleid zu entfernen	Sowohl Naturhaarborsten als auch synthetische Borsten sind in Ordnung, solange die Enden abgerundet sind.

Putzzeug	Körperregion	Putztechnik	Bitte beachten
Kardätsche	Rippenregion, Oberbeine	Lange Striche, um den letzten Schmutz zu entfernen und das Haarkleid zu glätten	Auch für Mähne und Schweif benutzen
Weicher Gummistriegel	Gesicht, Unterbeine, Bauch, Flanken	Leichter, anhaltender Druck bei kreisenden Bewegungen	In Körperregionen, in denen die Knochen nur von Haut bedeckt sind, sollten Sie einen weichen Gummistriegel mit kurzen Gummiborsten benutzen
Sehr weiche Kardätsche (»Schmusebürste«)	Gesicht, Unterbeine, Bauch, Flanken	Weiche Striche	Bürste für den letzten Schliff in empfindlichen Bereichen
Tuch, Schwamm	Gesicht, Flanken, Schweifunterseite, Euter, Schlauch	Anfeuchten, kurz ziehen lassen, abwischen. Nicht schrubben.	Warmes Wasser reinigt besser und ist angenehmer fürs Pferd
Hände, mit oder ohne Handschuhe	Gesicht, Ohren, Kiefer, Unterbeine	Massage oder Striche	An den Unterbeinen Wasser mit den Händen aus dem Fell drücken. Putzhandschuhe für Gesicht und Augen benutzen.

Pferde loben – aber richtig!

Richtig

Falsch

Pferde mögen lieber gekrault oder gestreichelt als geklopft oder gekitzelt werden.

Richtig

Sie werden lieber an der Stirn gekrault als an der Nase angetatscht.

Falsch

Reflexe und Instinkte

Automatische Antworten eines Muskels auf einen spezifischen Reiz nennt man **Reflex**. Das Pferd denkt nicht nach, bevor es reagiert, es handelt unbewusst.

Das Pferd überlebte für Jahrmillionen, indem es vermied, von Raubtieren gefressen zu werden und entwickelte dabei eine Anzahl von Reflexen, die bis heute erhalten blieben. Die natürliche Auslese begünstigt selbstverständlich Pferde, die den Raubtieren entkamen. Diese Individuen gaben ihre hoch entwickelten Instinkte an ihre Nachkommen weiter und so weisen unsere Pferde bis heute viele tief verwurzelte Reflexreaktionen auf.

Reflexe sind unbewusste Reaktionen und deshalb potentiell gefährlich. Für den sicheren Umgang mit Pferden müssen diese Reflexe systematisch unterdrückt werden.

Die wichtigste Verteidigungsstrategie eines Pferdes besteht in der Flucht, seine Beine sind also überlebenswichtig. Pferde empfinden alles als Bedrohung, was die Einsatzfähigkeit ihrer Beine einschränkt. Deshalb ist etwa das Aufheben der Pferdebeine für frisch gebackene Pferdebesitzer oft ein Problem, weil viele tief sitzende Schutzmechanismen das Bein betreffen. Ihr Ziel ist es deshalb, Ihr Pferd zunächst an Berührungen des Beines zu gewöhnen, dann das Bein für einen Moment anzuheben und langsam darauf aufzubauen.

Der Saugreflex

Wenn eine Stute ihr Neugeborenes sanft beknabbert, das Fohlen mit dem Kopf nach oben gegen seine Mutter stößt oder ein Mensch das Fohlen entweder oben am Kopf oder am Schweif krault, wird das Fohlen Kopf und Hals anheben, nach dem Euter der Mutter suchen und mit den Lippen saugende Bewegungen machen. Oft reicht es aus, es entlang der Wirbelsäule oder oben am Kopf zu kraulen, etwa wie bei der gegenseitigen Fellpflege zweier Pferde, um Maulbewegungen auszulösen. Weil aber Saugen und Beknabbern oft in Beißen ausartet, müssen wir beim Umgang mit Fohlen und Jungpferden ihr natürliches Bedürfnis unterdrücken, uns zu beknabbern.

Rückzugsreflex

Der Rückzugsreflex veranlasst das Pferd, sein Bein ruckartig anzuheben, wenn es von einem Raubtier, einer Fliege, aber auch einer Hand oder Schermaschine berührt wird. Auf der einen Seite wollen Sie die natürlichen Schutzinstinkte Ihres Pferdes unbedingt erhalten, damit es beim Weidegang gut auf sich aufpasst, auf der anderen Seite wollen Sie rund um die Pferdebeine in Sicherheit arbeiten können. Sie müssen Ihr Pferd systematisch daraufhin trainieren, beim Scheren, Putzen und Bandagie-

Mit seinen **Hilfen** kommuniziert der Reiter mit dem Pferd. Natürliche Hilfen sind Verstand, Stimme, Hände, Beine und Körper (Gewicht, Sitz und Rücken); künstliche Hilfen werden über das Halfter, die Gerte, über Sporen und Führketten vermittelt.

ren das betreffende Bein am Boden zu lassen. Sie möchten ihm außerdem beibringen, auf Ihre Anweisung hin das Bein anzuheben und sind doch immer auf schnelle Reaktionen gefasst, wenn eine Fliege auf dem Röhrbein landet.

Kruppenreflex und Perinealreflex

Diese Reflexe veranlassen Pferde (insbesondere Stuten) dazu, den Schweif einzuklemmen, die Kruppe zu senken (Hocken) und möglicherweise auszuschlagen oder zu buckeln, wenn die Unterseite der Schweifrübe oder der Anus berührt wird, vor allem von etwas Kaltem wie einer Schweifbandage aus Neopren oder einem Wasserstrahl. Diese automatische Antwort erfolgt auf Angriffe, aber auch auf ungewohntes Equipment oder Berührungen im Umgang. Bis heute reagiert meine liebe 31-jährige Stute Zinger beim Waschen mindestens einmal, indem sie sich schüttelt und niederhockt.

Aufgrund derselben Reflexe klemmt ein Pferd auch den Schweif ein und zieht den Schließmuskel zusammen, wenn sie ein Thermometer einführen möchten oder wenn das Pferd durch Palpieren gynäkologisch untersucht werden soll. Meine 29-jährige Zuchtstute Sassy hat einen Perinealreflex, für den sie den Spitznamen »Stahlschweif« bekam. Obwohl sie ihn schnell überwindet und sich entspannt, wenn sie sanft und rücksichtsvoll berührt wird, ist ihr Instinkt zum Schutz von Anus und Vulva besonders ausgeprägt. Sassy ist eine ausgezeichnete Zuchtstute gewesen, fruchtbar und ohne Neigung zu Infektionen und hat bis Mitte zwanzig immer problemlos abgefohlt. Ihre Schutzreflexe haben ihr sicher dabei geholfen, eine so zuverlässige und langlebige Zuchtstute zu sein.

Sherlock beantwortet leichten Druck auf seine rechte Seite mit einer so starken Drehung des Halses, dass er seine eigene Hüfte berührt.

Hautreflex

Der Hautreflex (Musculus cutaneus trunci, Rumpfhautmuskel) löst das schnelle, wiederholte Zucken der Haut am Pferderumpf aus, wenn etwa eine Fliege auf dem Rippenbogen landet. Derselbe Reflex kann aber auch bewirken, dass ein Pferd überempfindlich auf Schenkelhilfen reagiert.

Rückgratreflex

Infolge dieses Reflexes (Spina prominens, Reflexbogen) drückt ein Pferd den Rücken weg, wenn Sie mit dem Fingernagel sein Rückgrat entlangfahren. Durch unvollständige Gewöhnung oder unpassende Ausrüstung kann dieser Reflex ausgelöst werden und dazu führen, dass ein Pferd den Rücken hohl macht oder buckelt, wenn es gesattelt oder geritten wird.

Andere Reflexe

Andere, beim Pferd häufig zu beobachtende Reflexe sind Ohrschütteln, Lidschlag, Tränenfluss, Pupillenerweiterung, Kopfschütteln, Speichelproduktion, Niesen und Husten. Mit Wissen über die Ursache und Art seiner Reflexe können Sie Ihr Training so gestalten, dass sich die Ängste

Durch seinen propriozeptiven Sinn weiß das Pferd, wo sich alle Teile seines Körpers (etwa die Beine) im Verhältnis zu den anderen Teilen oder in Relation zu Objekten befinden, selbst wenn es sie nicht sehen kann.
Zipper beweist hier seinen guten propriozeptiven Sinn.

Der propriozeptive Sinn

Rezeptoren in Muskeln und Sehnen senden andauernd Signale an das Gehirn und helfen dem Pferd dabei, seine Bewegungen zu koordinieren. Der propriozeptive Sinn unserer Pferde ist allgemein gut entwickelt, bei manchen aber besonders ausgeprägt.

Die Fähigkeit zur Koordination ist eng an den propriozeptiven Sinn gekoppelt. Ein Pferd ist dann gut koordiniert, wenn sein Körper bei der Durchführung komplizierter Bewegungen – etwa galoppieren, anhalten und wenden – harmonisch arbeitet.

Alle Sinne auf einen Blick

SEHSINN

Das Sehfeld eines Pferdes im peripheren Bereich sowie seine Fähigkeit, sich unterschiedlichen Lichtverhältnissen anzupassen, sind größer als die des Menschen.

Bei großen Entfernungen sind in einem bestimmten Bereich Sehschärfe und das Können Bewegung zu erkennen, besser ausgeprägt. Menschen sehen insgesamt schärfer und passen sich schneller an unterschiedliche Lichtverhältnisse an als Pferde.

GEHÖR

Die Ohren eines Pferdes sind beweglicher als die des Menschen, was ihnen erlaubt, Geräusche ohne Kopfbewegung genau zu orten.

Sie hören höhere und tiefere Töne und sind gegenüber leisen und lauten Geräuschen empfindlicher als wir.

Obwohl Pferdeohren in erster Linie zum Empfang von Kommunikation gedacht sind, werden sie auch als Kommunikationsmittel genutzt (siehe Kapitel 8).

GERUCHSSINN UND GESCHMACKSSINN

Geruchssinn und Geschmackssinn der Pferde sind besser entwickelt als beim Menschen. Mit diesen Sinnen sammelt das Pferd Informationen über seine Umwelt und über andere Pferde und schützt sich; sein Verhalten hängt stark von diesen Sinnen ab.

TASTSINN

Pferde sind empfindliche Lebewesen, deshalb beginnen wir stets mit Hilfen in kleinstmöglicher Intensität. Damit stellen wir sicher, dass wir unsere Signale notfalls verstärken können und dass wir unsere Pferde fair und freundlich behandeln.

Reflexreaktionen des Pferdes – Übersicht

Automatische Reaktionen auf Druck oder Bewegung bestimmter Körperregionen nennt man Reflex. Die Stärke dieser Antwort hängt von individuellen körperlichen Eigenschaften des Pferdes (dünne Haut, feines Haarkleid, Vollblüter oder Kaltblüter usw.) ab, aber auch von seinem Temperament, seiner Erfahrung, Ausbildung, von körperlichen Einschränkungen, dem Grad der Anspannung oder Entspannung und davon, mit wie viel Druck und durch welche Mittel der Reflex ausgelöst wird. Ein eigensinniges, störrisches oder mürrisches Pferd unterdrückt seine Reflexe und ignoriert Ihre Hilfen, um sich zu schützen oder zu verteidigen und Sie können nichts dagegen tun.

Normale Reflexe werden durch Druck in verschiedenen Regionen ausgelöst. Wildpferde oder ungezähmte Hauspferde zeigen besonders ausgeprägte Reflexe. Die Reaktionen erfahrener, gut trainierter Reitpferde sind geringer ausgeprägt oder ganz verschwunden, da sie durch Gewöhnung und Ausbildung unterdrückt wurden.

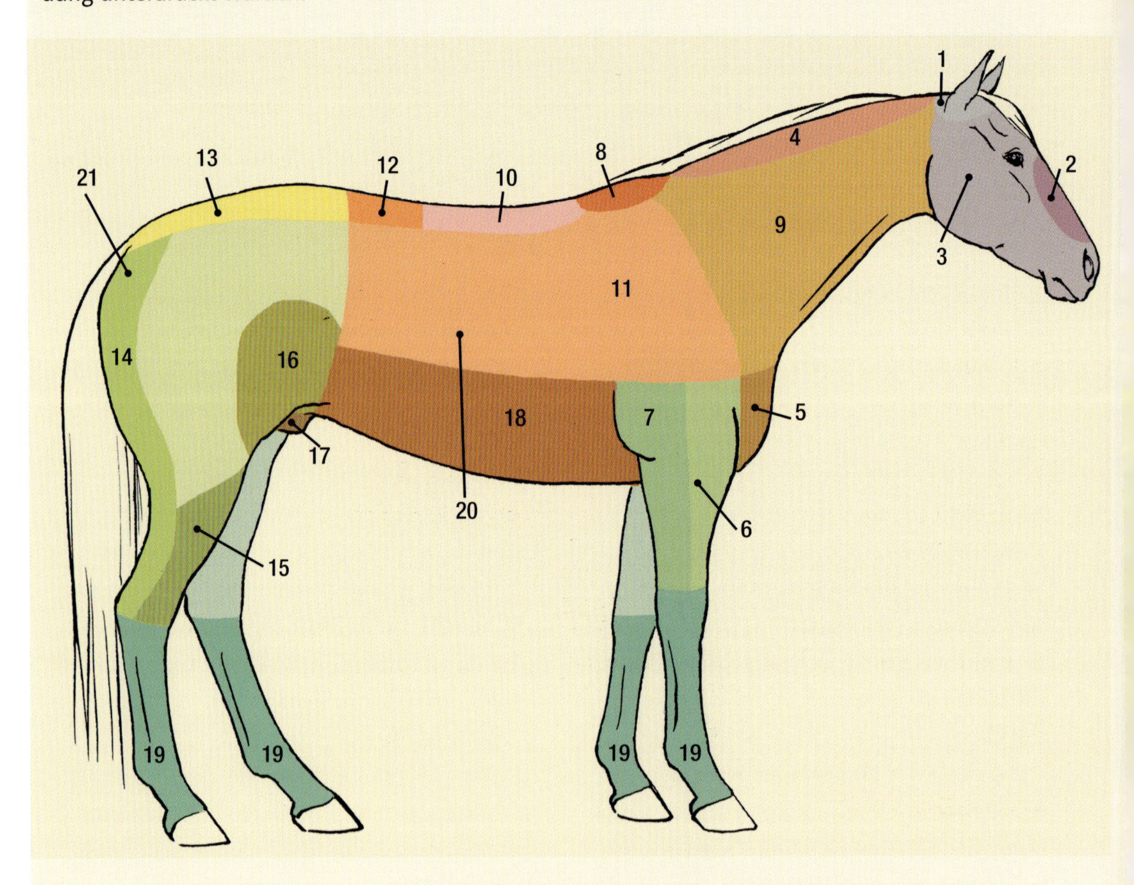

Benutzen Sie Ihren Finger, einen Kugelschreiber oder den Griff einer Bürste und üben Sie in jeder Region unterschiedlich starken Druck aus. Beobachten Sie die Reaktion Ihres Pferdes.

1.) Genick: Hebt Kopf und Hals; versucht möglicherweise, auszuweichen. Kann zum Senken des Kopfes modifiziert werden.
2.) Nasenrücken: Hebt den Kopf, drückt den Hals durch, schnickt mit dem Kopf. Kann zum Senken des Kopfes modifiziert werden.
3.) Genickbiegung: Ohne Veränderung der normalen Haltung des Halses führt eine Aufwärtsrotation des Kopfes durch Streckung des Genicks oder ein Heben des Kopfes zur Biegung der Vorderbeine und Streckung der Hinterbeine; eine Abwärtsrotation des Kopfes oder Biegung des Genicks führt dagegen zur Biegung der Hinterbeine und Streckung der Vorderbeine.
4.) Mähnenkamm: Absenken des Halses.
5.) Brust: Rückwärtsrichten bei gesenktem Kopf. Heben des Kopfes blockiert die Reaktion.
6.) Streckmuskeln des Vorderbeines: Bewegen Röhrbeine und Hufe nach vorne.
7.) Biegemuskeln des Vorderbeines: Bewirken eine Biegung des Vorderbeins im Vorderfußwurzelgelenk.
8.) Widerrist: Leichter Druck bewirkt Absenken und Ausstrecken des Kopfes. Krabbeln wird mit Knabberbewegungen beantwortet. Bei starkem Druck weicht das Pferd dem Schmerz aus, macht Drohbewegungen mit Kopf und Hals.
9.) Tonischer Halsreflex: Einseitige Kontraktion bei Berührung. Ohne Veränderung der normalen Haltung des Kopfes verursacht der seitlich hohl gebogene Hals eine Biegung der Hinterbeine und Streckung der Vorderbeine auf der berührten Seite. Der seitlich konvexe Hals bewirkt eine Biegung der Vorderbeine und Streckung der Hinterbeine.
10.) Rücken (Dornfortsätze): Leichter Druck auf das Rückgrat zwischen Widerrist und Lende bewirkt Durchbiegen. Einseitiger seitlicher Druck links veranlasst ein Ausweichen des Rückgrats weg vom Druck nach rechts, ein Vorführen des linken Hinterbeins und möglicherweise eine Drehbewegung von Hals und Kopf nach rechts.
11.) Rippen: Kopf bewegt sich hin zum Druck, Rippen weichen dem Druck aus, entsprechendes Hinterbein biegt sich, gegenseitiges Hinterbein streckt sich, bewirkt schaukelnden, schwankenden Gang oder Überkreuzen.
12.) Lende: Flacht Rücken ab oder wölbt ihn auf.
13,) Kruppe: Klemmt Schweif ein, setzt Hinterhand unter, wölbt Rücken auf.
14.) Hosenmuskeln (Muskulus semitendinosus): Hebt Bein oder schlägt nach hinten aus.
15.) Hinterschenkel: Biegt Sprunggelenk.
16.) Flanke: Bewegt Hinterbein nach vorne oder schlägt nach vorne aus.
17.) Schlauch: Bewegt beide Hinterbeine nach vorne. Senkt Kruppe ab.
18.) Bauchmuskulatur: Zieht Bauch ein, wölbt Rücken auf, wölbt Hals, senkt Kruppe ab.
19.) Unterbeine: Zieht Beine weg.
20.) Hautmuskulatur des Rumpfes: Leichte Berührungen verursachen schnelles, wiederholtes Zucken. Fester, gleichmäßiger Druck führt zu isometrischer Kontraktion.
21.) Perineum: Berührung des Anus führt zum Schluss des Schließmuskels und Einklemmen des Schweifs.

KAPITEL 3

Der Organismus des Pferdes

NICHT NUR SEINE SINNESORGANE, sondern auch seine einzigartige Physiologie unterscheidet das Pferd vom Menschen und anderen Säugetieren. Wer diese Eigenschaften versteht, wird angemessen mit seinem Pferd umgehen können und es besser versorgen.

»Stark wie ein Pferd« ist eigentlich ein Paradoxon. Obwohl viele seiner körperlichen Eigenschaften das wilde Pferd zäh und widerstandsfähig machten, es Millionen von Jahren überleben ließen, kann das domestizierte Pferd sehr empfindlich und verletzlich erscheinen. Sein Wohlbefinden ist in hohem Maße von der Fütterung, der medizinischen Versorgung, Hufpflege und dem Trainingsalltag abhängig. Wenn Sie mehr über die Zähne Ihres Pferdes, seine Organe, seinen Rücken, sein Skelett und seine Hufe wissen, werden Sie zu einem besseren Pferdehalter, Trainer und Reiter.

Im Wechsel der Jahreszeiten

Der moderne Mensch hat seine natürlichen Verbindungen zum Rhythmus der Jahreszeiten schon fast verloren, das Pferd allerdings nicht. Ein angeborener Kalender mit biologischer Weckfunktion leitet es automatisch durch Fortpflanzungszeiten und Kleiderwechsel.

Zingers dickes Winterfell und ihre langen Schutzhaare halten ihre Haut trocken und wärmen ihren Körper.

Fortpflanzungssaison

Pferde sind saisonal polyöstrische Lebewesen: Jedes Jahr durchlaufen sie eine Reihe von Fortpflanzungsperioden während einer begrenzten, durch die Tageslichtlänge angestoßenen Saison. In der nördlichen Hemisphäre sind die Monate zwischen dem Frühling (April) und dem Herbst (September) die wichtigste Zeit für die Fortpflanzung.

Der Zyklus der Stute dauert im Durchschnitt 21 bis 23 Tage und während dieser Zeit ist die Stute fünf bis sieben Tage hoch rossig und damit bereit für den Hengst. Die Tragezeit dauert elf Monate. In der Wildnis fallen die Fohlen meist während des Sommers und profitieren damit vom warmen Wetter und guter Weide. Weidepferde – wilde und domestizierte – neigen dazu, im Sommer und Herbst an Gewicht zuzulegen und sich so auf den Winter vorzubereiten, wenn das Futter magerer wird und viele Pflanzen absterben.

Fellwechsel

Werden die Tage im Frühjahr wieder länger, werfen unsere Pferde ihr Winterfell ab und bilden ihr kurzes Sommerfell. Im Herbst liefern die kürzeren Tage das Signal, das Sommerfell abzuwerfen und einen langen Winterpelz wachsen zu lassen. Das Haarkleid wird im Winter dicker und länger, um den Körper vor Kälte und Nässe zu schützen. An Kinn, Bauch und Beinen wird es besonders struppig.

Die Pferdehaut sondert ein Sekret ab, Sebum genannt, ein natürliches Imprägniermittel. Ist genügend Sebum vorhanden, werden Regen oder Schnee abgestoßen, selbst wenn er durch das lange Haarkleid dringt. Während Fellpflege im Sommer dem Pferd gut tut und die natürlichen Öle besser verteilt, nimmt allzu intensive Pflege oder gar ein Bad im Winter der Pferdehaut ihren natürlichen, eingebauten Schutz und muss unterlassen werden, es sei denn, das Pferd wird eingedeckt. Allerdings brauchen Pferde eigentlich keine Decke außer sie sind krank, untergewichtig, alt oder werden ohne Unterstand gehalten.

Rings um ihre Augen und Nasen sitzen die Schutzhaare des Pferdes. Die Haare in den Ohren verhindern das Eindringen von Insekten. Diese Haare dürfen nicht geschoren werden.

Das Verdauungssystem

Pferde gedeihen bei Wasser und Gras, da ihr Verdauungssystem sich über Jahrmillionen ihrem Leben als nomadisierende, grasende Tiere angepasst hat. Sie sollten über einige Besonderheiten Bescheid wissen, damit Sie ein besserer Pferdehalter werden.

Zähne

Mit fünf Jahren hat ein Pferd seine Zähne gewechselt und alle bleibenden Zähne gebildet, mit viel Reserve unterhalb des Zahnfleischs. Seine Zähne wachsen nach, bis es etwa zwanzig Jahre als ist. Durch den Kauvorgang – auf und ab, von einer Seite zur anderen – werden die Zähne auf eine Art abgenützt, die regelmäßige Besuche beim »Zahnarzt« notwendig macht (mehr über Zähne in Kapitel 7).

Darm

Der Blinddarm des Pferdes, ein Teil seines Dickdarms, liegt in der rechten Flanke und dient als Gärkammer. Hier wird mit Hilfe von Mikroorganismen die Zellulose in kleine Bestandteile gespalten. Bei einer Verstopfung des Blinddarms droht Kolik. Als »Beckenflexur« wird eine scharfe Kurve im Dickdarm links hinten im Pferdebauch bezeichnet. Hier kommt es ebenfalls schnell zu Verstopfungen und Kolik. Bei einer Kolik dreht sich ein Pferd nach seiner Flanke um, beißt sich in die Seite, scharrt, legt sich häufig hin und steht wieder auf, wälzt sich im Liegen, schwitzt und nimmt weder Futter noch Wasser auf.

Milz

Die Milz bevorratet rote Blutkörperchen und stellt sie bei Anstrengung zur Verfügung. Wird Adrenalin gebildet, ist dies das Signal für die Freisetzung der roten Blutkörperchen, die Sauerstoff transportieren.

Kein Weg zurück

Die Muskulatur der Speiseröhre eines Pferdes ist so stark ausgebildet, dass ein Pferd nicht erbrechen kann. Was es einmal gefressen hat, muss durch das Verdauungssystem weitertransportiert werden, auch wenn es zur Ruptur oder zu einer Verstopfung führt. Ist das Verdauungssystem an beiden Enden blockiert und kommt es zur Bildung von Blähungen, zu einer Verstopfung oder zur Entwicklung von Giften, führt dies zu einer Kolik – einer der häufigsten Todesursachen beim Pferd.

Verdauungssystem des Pferdes

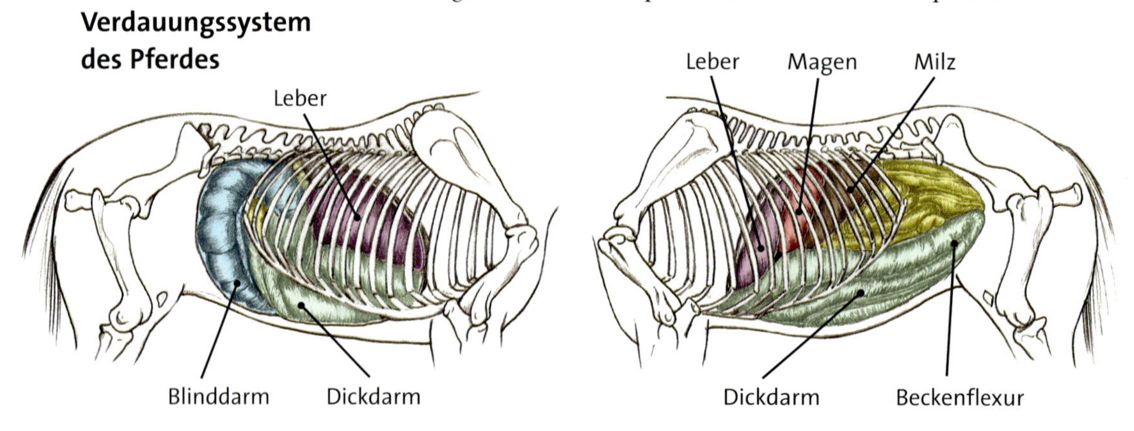

Das Skelett

Das Skelett eines Pferdes enthält ungefähr 205 einzelne Knochen, denn:

- mit zunehmendem Alter verwachsen manche Knochen wie etwa die fünf Kreuzbeinwirbel miteinander,
- Rasseunterschiede spielen eine Rolle, weil etwa manche Araber zwar 38 Rippen, aber weniger Lendenwirbel haben und
- die Anzahl der Schweifwirbel von Pferd zu Pferd zwischen 15 bis 21 schwankt.

Lastaufnahmevermögen

Eigentlich ist der Körper eines Pferdes nicht dafür geschaffen, zusätzliches Gewicht aufzunehmen, er schafft dies allein aufgrund seiner Hängebrückenkonstruktion. Wie viel Gewicht kann ein Pferd tragen? Das hängt von verschiedenen Faktoren ab, etwa vom Eigengewicht des Pferdes, seinem Knochenbau, der Rassezugehörigkeit, seiner Kondition, dem Reitstil, von reiterlichen Fertigkeiten und dem eingesetzten Satteltyp. Nach einer Faustregel kann ein Pferd zwanzig Prozent seines Eigenge-

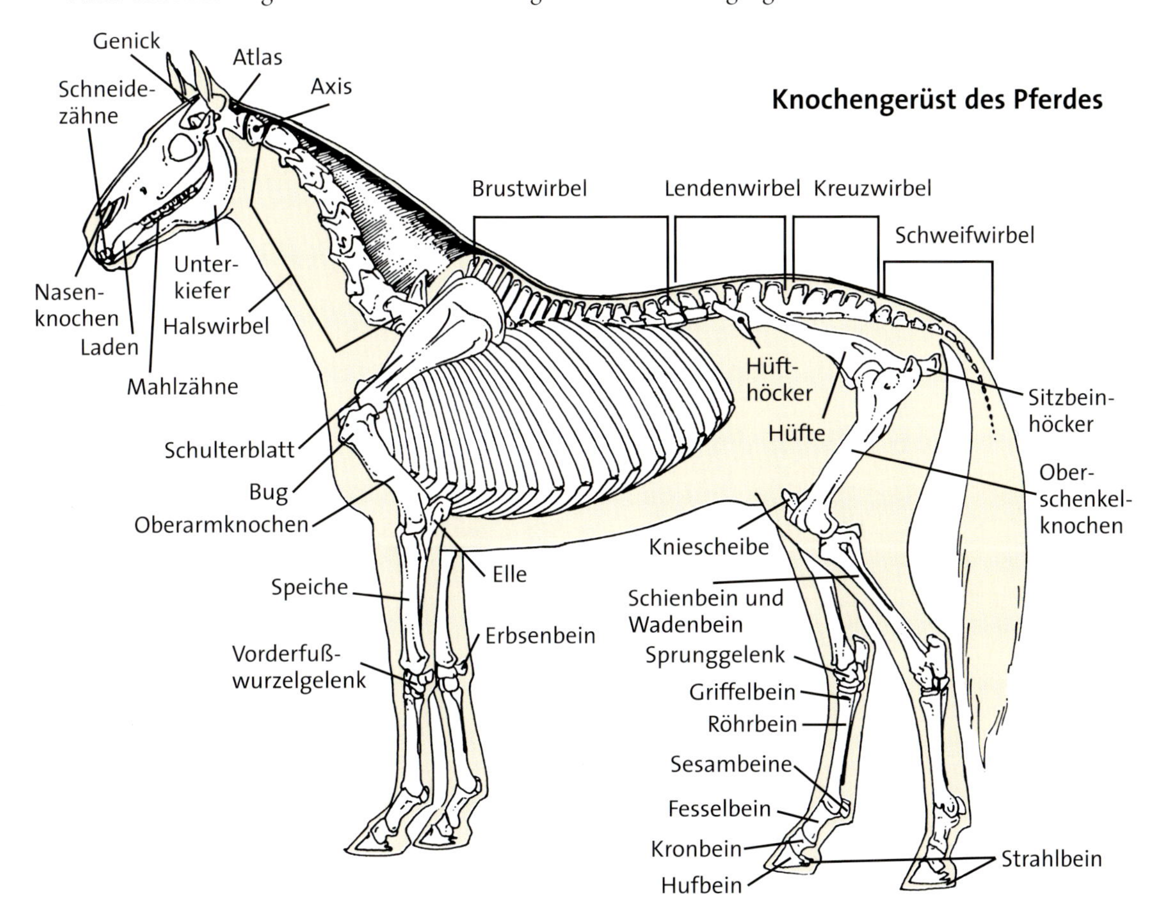

Knochengerüst des Pferdes

wichtes tragen. Ein 600 Kilo schweres Pferd kann also 120 Kilo an Reitergewicht plus das Gewicht der Ausrüstung tragen. Pferde mit dichterer, schwerer Knochenstruktur können möglicherweise sogar mehr als die zwanzig Prozent aufnehmen. Der Knochenbau kann bestimmt werden, indem man den Umfang des Röhrbeins unterhalb des Vorderfußwurzelgelenks misst. Bei einem 600 Kilo schweren Reitpferd beträgt dieser Umfang durchschnittlich 21–22 cm. Bei leichterem Knochenbau (geringerem Umfang) wird das Pferd vermutlich weniger als zwanzig Prozent tragen können, bei schwererem Knochenbau auch mehr.

Pferde mit einem starken Rücken, kurzer und kräftiger Lende und trockenen, festen Gelenken können mehr als das übliche Gewicht aufneh-

Die Knochen des Pferdes

Schädel	34	
Gliedmaßen	80	jeweils 20 pro Gliedmaße
Rippen	36–38	18 bis 19 paar Rippen
Rückenwirbel	51–57	7 Halswirbel, 18 Brustwirbel, 16 Lendenwirbel, 5 miteinander verwachsene Kreuzwirbel und 15–21 Schweifwirbel
Insgesamt	201–209	

Gliedmaßen von Pferd und Mensch im Vergleich

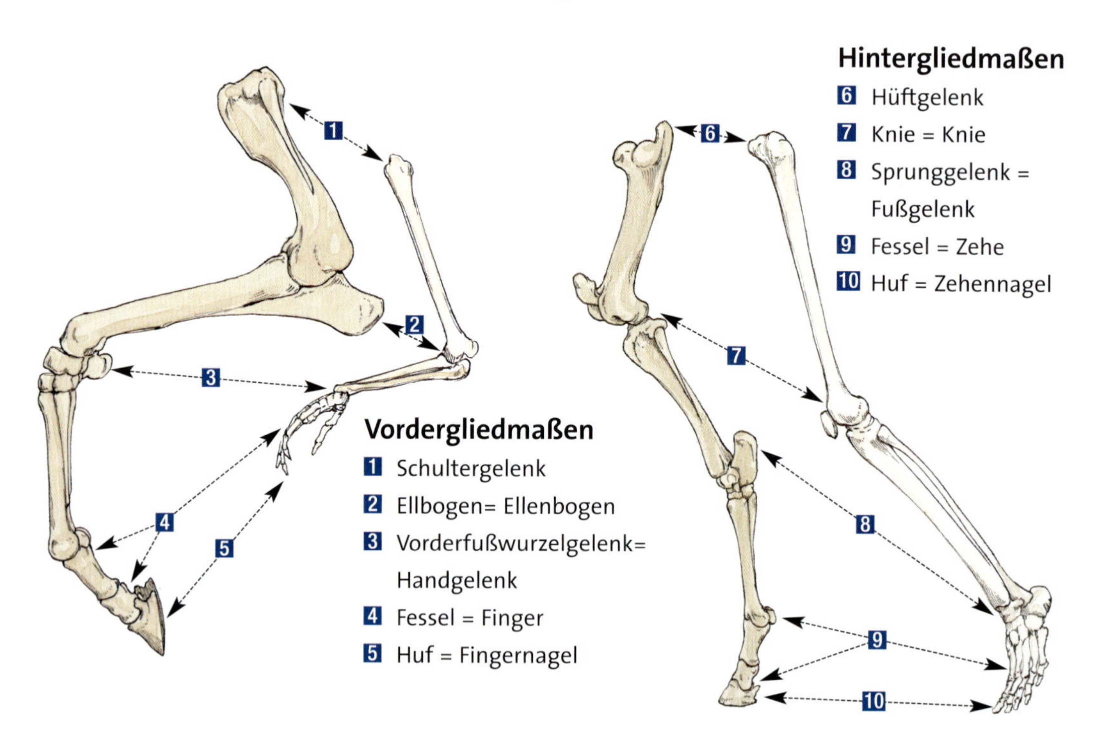

men. Aus diesen Gründen sind etwa Islandpferde, Arabische Vollblüter und manche Quarter Horses in der Lage, mehr Gewicht zu tragen. Ein optimal konditioniertes Pferd verträgt mehr Belastung als ein dünnes, wenig trainiertes Pferd. Ein überwiegend im Schritt und Leichttraben arbeitendes Pferd kann möglicherweise ebenfalls mehr Gewicht tragen als ein überwiegend im Galopp oder fürs Springreiten verwendeter Kollege. Doch all dies hängt immer auch von den Fähigkeiten seines Reiters ab!

Ein geübter, guter Reiter sitzt ausbalanciert und bewegt sich in Übereinstimmung mit dem Pferd. Ein wackeliger, schief sitzender, nicht ausbalancierter Reiter bringt sein Pferd ständig aus dem Gleichgewicht und macht ihm die Arbeit schwer. Ein geübter Reiter kann deshalb ein leichteres Pferd reiten, während der Anfänger ein größeres, kräftigeres Pferd braucht, um seine unharmonischen Bewegungen auszugleichen.

Auch der eingesetzte Satteltyp kann die Fähigkeit des Pferdes zur Lastaufnahme beeinflussen. Das Gewicht von Reiter und Sattel wird über die Auflagefläche des Sattels auf dem Rücken des Pferdes verteilt. Ein Englischer Sattel hat eine Auflagefläche von durchschnittlich etwas mehr als 750 Quadratzentimetern, ein durchschnittlicher Westernsattel dagegen von fast 1200 Quadratzentimetern. Nutzt der Reiter einen Westernsattel, wird sein Gewicht auf eine 1 ½ mal größere Fläche verteilt als bei einem Englischen Sattel. Allerdings muss man in den Vergleich auch die Tatsache mit einbeziehen, dass ein Westernsattel sieben bis 20 Kilo wiegt, ein Englischer Sattel dagegen nur fünf bis zehn Kilo.

Da die Bänder des Rückens mit dem Alter schwächer werden, müssen

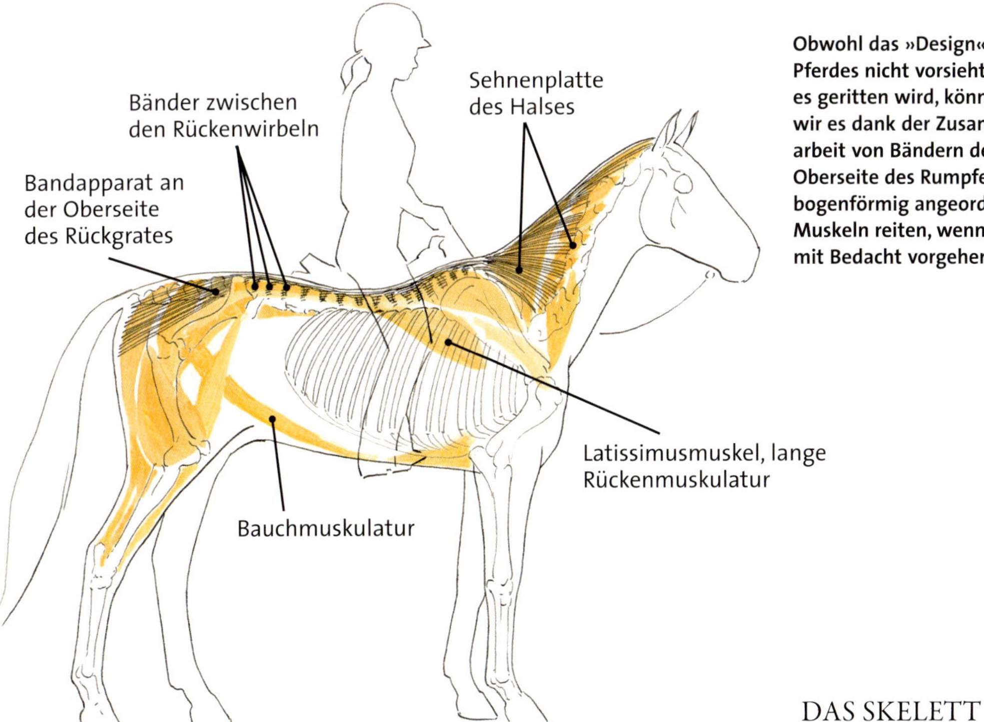

Obwohl das »Design« eines Pferdes nicht vorsieht, dass es geritten wird, können wir es dank der Zusammenarbeit von Bändern der Oberseite des Rumpfes mit bogenförmig angeordneten Muskeln reiten, wenn wir mit Bedacht vorgehen.

Die unermüdliche Steheinrichtung

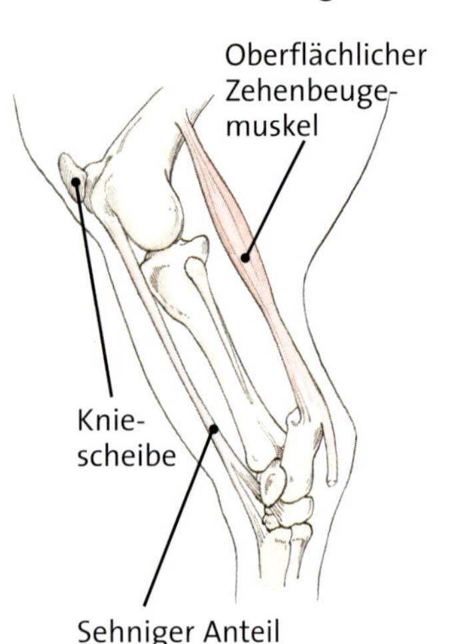

Die unermüdliche Steheinrichtung blockiert die Hintergliedmaße beim Dösen. Die Muskulatur in der Illustration ist überwiegend bandartig.

wir Sättel gut anpassen und lernen, effektiv zu reiten, um Wohlbefinden und Leistungsfähigkeit unserer Pferde zu erhalten.

Unermüdliche Steheinrichtung

Besondere anatomische Strukturen erlauben es dem Pferd, im Schlaf mit minimalem Energieaufwand zu stehen. Verschiedene Faktoren machen das Schlafen im Stehen möglich: Der Trageapparat der Gliedmaßen, ein System wechselseitig arbeitender Muskeln und die so genannte unermüdliche Steheinrichtung.

Die Bänder und Sehnen des Trageapparates stabilisieren alle Gelenke der Vordergliedmaßen und die Fesselgelenke der Hintergliedmaßen so, dass das Gewicht des Pferdes beim Dösen im Stehen von geraden Gliedmaßen getragen wird. Die Muskulatur zwischen Knie und Sprung-

Biostatistik eines 500 Kilo schweren Pferdes

Blutvolumen	35 Liter
Magenvolumen	7,5–15 Liter
Futteraufnahme	8 Kilo Heu täglich
Wasseraufnahme	20–40 Liter täglich
Mistabgabe	20 Kilo täglich
Urinabgabe	knapp 6 Liter täglich
Milchabgabe bei der Stute	8,5–10,5 Liter einer fettarmen (1,5 %), zuckerreichen (6,5 %) Milch täglich

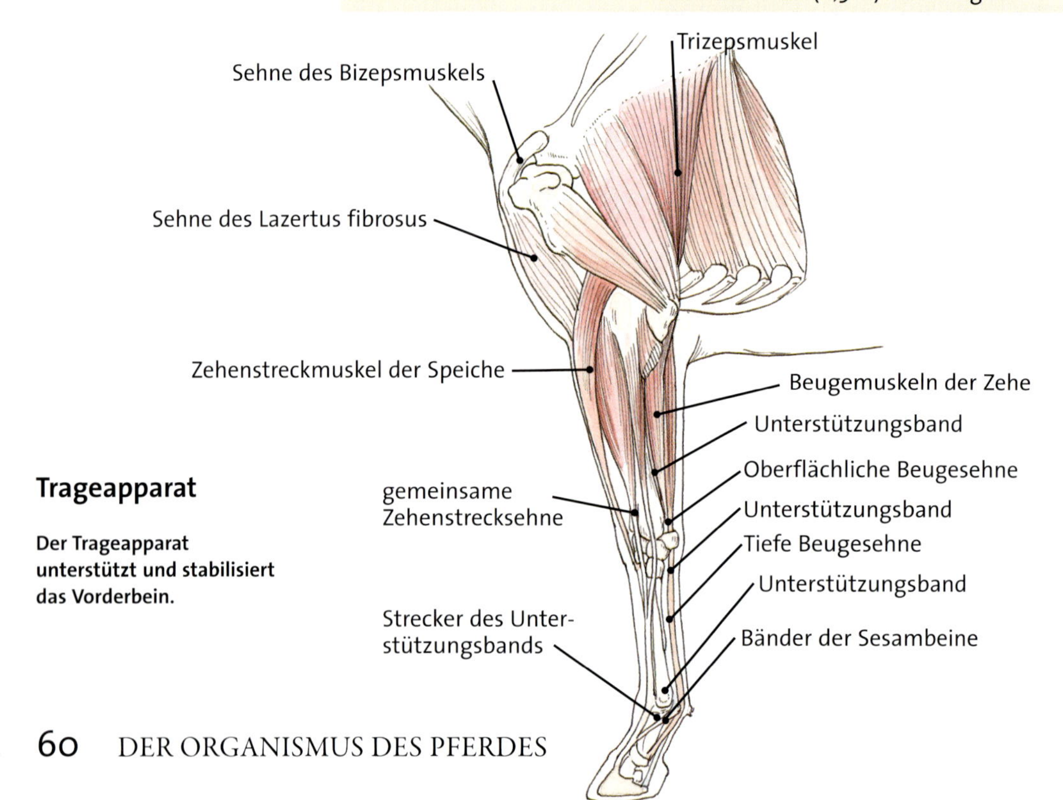

Trageapparat

Der Trageapparat unterstützt und stabilisiert das Vorderbein.

gelenk arbeitet als System zusammen, mit wechselseitiger Aktivität. Wird das Sprunggelenk gestreckt, streckt sich auch das Kniegelenk. Wird es gebeugt, beugt sich auch das Kniegelenk. Wird umgekehrt das Kniegelenk blockiert, blockiert auch das Sprunggelenk. Nimmt das Pferd einen Großteil seines Gewichts mit einem Hinterbein auf, kann es das Kniegelenk – das anatomisch weitgehend unserem Kniegelenk entspricht – blockieren. Die andere Hintergliedmaße ruht, indem das Bein nur mit der Zehenspitze aufgestellt wird. Alle paar Minuten verschiebt das Pferd sein Gewicht von einem auf das andere Bein und ruht so beide Hinterbeine gleichmäßig aus (mehr über den Schlaf in Kapitel 5).

Hufwachstum

Jeden Monat wächst der Huf etwa einen halben bis einen Zentimeter. Wilde Pferde bewegen sich frei über rauen Untergrund, ihre Hufe werden so schnell abgenutzt, wie sie wachsen können. Hauspferde können sich nicht nach Gutdünken bewegen und werden oft auf weichem Untergrund gehalten. Bei den meisten Hauspferden ist etwa alle sechs Wochen ein Hufpflegetermin nötig, bei dem überflüssiges Horn entfernt und der Huf wieder in Form gebracht wird. Der Teil des Hufes, an dem der Hufschmied raspelt oder nagelt, entspricht unserem Fingernagel, deshalb tut einem Pferd das Beschlagen oder Kürzen nicht weh.
Pferde mit wohlgeformten, gesunden Hufen, die auf weichem Boden leben und arbeiten, können barfuß bleiben. Pferde mit niedrigen Trachten, schwachem Tragrand, dünner Sohle, mit Rissen oder anderen Problemen sollten beschlagen werden. Auch Pferde mit gesunden Hufen brauchen einen Beschlag, wenn sie auf Untergrund arbeiten, der den Huf schneller abreibt, als er nachwachsen kann. Meine gute Stute Aria hat die besten Hufe, die ich je gesehen habe. Trotzdem lasse ich sie beschlagen, weil ich in den Ausläufern der Colorado Rockies reite.

PAT-Werte

Lebensalter	Temperatur	Puls/min	Atmung/min
Neugeborenes Fohlen	38,3 Grad Celsius	70–100	65
Fohlen	37,7 Grad Celsius	70	35
Jungpferd	37,7 Grad Celsius	40–60	12–20
Erwachsenes Pferd	37,5–38,6 Grad Celsius	30–50	10–14
Senior	37,2–38,6 Grad Celsius	30–44	10–15

Pferdeverhalten

PFERDE SIND HERDENTIERE, sie lieben Gesellschaft. Unter ihresgleichen finden sie Schutz und Beistand, die Herde ist für sie ein Synonym für Sicherheit. Pferde sind dann am zufriedensten, wenn sie mit anderen Pferden Körperkontakt halten können, zumindest aber brauchen sie die Nähe der Artgenossen, müssen sie sehen können. Allerdings beanspruchen die meisten Pferde eine Privatsphäre, eine persönliche Schutzzone von etwa vier bis fünf Metern um sie herum, in die sie nur bevorzugte Artgenossen zu engeren Interaktionen einladen.

Die meisten Menschen halten es ebenso. Ich bin gerne mit meiner Familie und meinen Freunden zusammen, ich brauche dennoch auch meine Privatsphäre. Unterschiede gibt es zudem darin, wie Pferde ihre sozialen Bedürfnisse ausagieren und es ist wichtig für uns, das zu verstehen.

Beziehungen

Die erste Beziehung im Leben eines Pferdes ist die enge Bindung zwischen einer Stute und ihrem neugeborenen Fohlen. Sie nimmt mit der Geburt ihren Anfang, während der so genannten Prägephase, wenn die Stute ihr Fohlen beleckt, ihm zuwiehert und das Fohlen saugt. Während der ersten Wochen bleibt das Fohlen dicht bei der Mutter und die Stute zeigt starke Beschützerinstinkte.

Während das Fohlen heranreift, wird das Band zur Mutter natürlich immer schwächer. Mit etwa sechs Monaten ist das Fohlen ziemlich unabhängig und die Stute ist bereit, es abzusetzen. Bei Hauspferden geschieht dies, indem das Fohlen außer Sicht- und Hörweite der Stute mit Gleichaltrigen oder Jungpferden zur Gesellschaft aufgestallt wird. Bei wildlebenden Pferden dagegen wird ein Fohlen abgesetzt, um für das nächste Platz zu machen, kann aber – vor allem, wenn es ein Stutfohlen ist – bei der Mutter bleiben und eine noch engere Beziehung knüpfen.

Ein Absetzer – egal, ob wild lebendes oder Hauspferd – kann allerdings auch die Gesellschaft eines anderen Pferdes suchen, um eine Zweierbeziehung einzugehen. Diese beiden werden füreinander nun zu besten Freunden, zum bevorzugten Partner. Durch diese Beziehung fühlen sie sich in Gesellschaft des anderen zuversichtlich und sicher, bei einer Trennung aber kommt es zu extremen Furchtgefühlen. Bei Hauspferden nennt man diesen Zustand Trennungsangst, sie ist teilweise die Ursache für das Kleben an der Herde, am Partner oder am Stall.

Ein Kleber leidet unter Trennungsangst und versucht verzweifelt, den Kontakt zu seinem Kumpel oder zum Stall beizubehalten, da er darin Sicherheit sucht. Das an der Herde klebende Pferd versucht, über oder durch Zäune oder andere Hindernisse zu gehen, um zurück zu seiner Herde zu gelangen. Selbst ein leichter Fall von Kleben am Kumpel nervt, weil beide Pferde ständig versuchen, den anderen im Blick zu behalten. Bei einem Geländeritt etwa gerät das hintere Pferd in Panik, wenn das vordere um eine Ecke geht und er es aus dem Blick verliert.

Unsichere Pferde versuchen, mit ihrem Partner stimmlich Kontakt zu halten, indem sie laut wiehern. Mit diesem Verhalten bittet das Pferd um Aufmerksamkeit und Fürsorge. Der Schlüssel zur »Kleber-Prophylaxe« liegt darin, dass Sie Ihrem Pferd bestimmte Erfahrungen ermöglichen: Es lernt, zeitweise auch alleine auszukommen oder mit verschiedenen, nicht immer mit ein und demselben Pferd zu leben. Außerdem sollte Ihr Pferd lernen, sich auch Ihnen als Partner anzuschließen und aus diesem Zusammenhalt ein vergleichbares Gefühl von Sicherheit zu ziehen.

Das Bedürfnis nach Gesellschaft

Als **Zweierbeziehung** oder Paarbindung bezeichnet man die Beziehung zwischen zwei Pferden, die deutlich die Gesellschaft des anderen vorziehen; manchmal ist diese Bindung so stark, dass sie die Ursache von Problemen werden kann.

Trennungsangst ist die Folge, wenn Pferde, zwischen denen eine Bindung besteht, einander nicht berühren oder sehen können. Dies kann zu Verhaltensweisen führen, die als »Kleben« bezeichnet werden.

Als **Kleben am Partner** wird die enge Bindung zwischen zwei Pferden bezeichnet, die bei Trennung zu Trennungsangst führt.

Ist ein Pferd so unsicher, dass es sich nicht vom Stall wegreiten oder -führen lässt oder zurück zum Stall durchgeht, nennt man dies **Kleben am Stall**. Lässt sich ein Pferd aufgrund seiner Unsicherheit nicht von der Herde trennen oder versucht es andauernd, zurück zur Herde zu gelangen, bezeichnet man dies als **Kleben an der Herde**.

Beziehungsstress

Da unsere Pferde daheim aufgezogen werden, existieren natürliche Bindungen zwischen unseren Stuten und ihren Nachkommen. Diese Beziehungen können zu Problemen führen, wenn Pferde andauernd nahe beieinander aufgestallt werden.
Wenn wir etwa Zipper neben seiner Mutter Zinger aufstellen, herrscht zwar Ruhe im Stall, es gibt aber unerwünschte Nebenwirkungen, wenn Zipper gearbeitet wird. Dann nämlich sind ein Ohr und ein Teil seiner Konzentration immer dahin gerichtet, wo seine Mutter sich aufhält. Es scheint so, als tauche plötzlich eine unsichtbare Nabelschnur zwischen der 31-jährigen Mutter und dem 20-jährigen Wallach, ihrem Sohn, auf.
Als sie ganz einfach in großer Entfernung voneinander aufgestallt wurden, nahm das Problem um 99 % ab. Letztes Jahr erst, als Zipper ein Jahr Weideurlaub bekommen hatte, hat er Zingers Anwesenheit überhaupt nicht zur Kenntnis genommen, als sie auf die Weide neben ihm geführt wurde.
Der Wallach eines Freundes (siehe Bild) leidet unter extremer Trennungsangst und steigert sich oft in ungesunde Schweißausbrüche, wenn man ihn von seinen Kumpels trennt.

Wenn wir einmal als gegeben annehmen, dass auch zwischen Pferd und Mensch eine enge Beziehung besteht – vermissen uns unsere Pferde dann nicht? Ich denke, vor allem vermissen Sie das Futter und die Fürsorge, die wir ihnen angedeihen lassen, sie halten es aber wohl eher wie Katzen bezüglich des Ausmaßes, wie sie ihre Zuneigung zeigen. Manche Pferde und auch manche Katzen sind sehr ausdrucksvoll, andere benehmen sich uns gegenüber eher zurückhaltend – anders als Hunde, die dazu neigen, eine sehr enge emotionale Bindung zum Menschen einzugehen.

Epimeletisches Verhalten bedeutet, einem anderen Fürsorge oder Aufmerksamkeit zu schenken. Mit **etepimeletischem Verhalten** wird um Fürsorge oder Aufmerksamkeit gebeten.

Soziale Fellpflege

Die gegenseitige Fellpflege ist ein Beispiel für altruistisches (auch epimeletisches) Verhalten, mit dem Pferde einander Fürsorge und Aufmerksamkeit schenken. Die erste Erfahrung mit epimeletischem Verhalten macht das neugeborene Fohlen, wenn es von der Mutterstute beleckt wird. Die gegenseitige Fellpflege kommt später und läuft nach dem Motto »Wie Du mir, so ich Dir« ab. Meist findet sie zwischen Freunden statt, denn das Pferd muss dem anderen vertrauen, den es an Hals, Widerrist und Rücken knabbern lässt!

Pferde alleine halten

Pferde können sich daran gewöhnen, alleine, also ohne die Gesellschaft anderer Pferde gehalten zu werden. Sie können ihr Bedürfnis nach Interaktion ersatzweise durch andere soziale Handlungen teilweise befriedigen. An die Stelle sozialer Fellpflege mit anderen Pferden treten regelmäßige Putzstunden.

Tägliche Arbeit am Boden oder unter dem Sattel hilft mit, ihr Bedürfnis nach sozialen Beziehungen zu befriedigen.
Ein besonders einsames Pferd halten Sie zusammen mit einem Kumpan, etwa einem Pony, einer Ziege oder einem anderen Tier, das am besten zu Ihnen und Ihrem Pferd passt.

Wenn Sie Ihr junges Pferd das erste Mal am Widerrist putzen, ist es eine normale Reaktion, dass es sich Ihnen zuwendet und die Aufmerksamkeit erwidern will, es wäre aber eher schmerzhaft für Sie, von seinen Schneidezähnen beknabbert zu werden. Sagen Sie »Danke, aber nein danke«, indem Sie es so anbinden, dass es sich nicht zu Ihnen umdrehen und Sie anknabbern kann, während Sie es putzen. Mit der Zeit wird sein Bedürfnis, sich zu revanchieren, nachlassen.
Pferde, die soziale Fellpflege betreiben, stehen auch häufig Kopf und Schweif und wedeln sich gegenseitig die Fliegen aus dem Gesicht.

Die meisten Pferde lieben intensive soziale Fellpflege mit ihrem bevorzugten Partner.

Rangordnung

Als Rangordnung wird die von Dominanz geprägte Hierarchie in Gruppen sozial lebender Tiere wie Hühnern, Hunden oder Elefanten bezeichnet. Pferde, ob sie zu zweit oder in einer großen Herde leben, ordnen sich je nach Autorität in eine Rangfolge ein. Verschiedene Faktoren beeinflussen die individuelle Position eines Pferdes: Alter, Größe, Kraft, Leistungsfähigkeit, Geschlecht, Temperament und die Zeitdauer, die es in einer bestimmten Herde verbracht hat. Während über die Rangordnung entschieden wird, geht es oft ziemlich heftig zu, es wird getreten, gebissen und gejagt. Bei Weidegruppen kann es ganz schön heftig werden, doch auch bei aufgestallten Pferden lässt sich Rangordnungsverhalten beobachten. Steht die Rangordnung aber erst einmal fest, werden Aggressionen überflüssig, da nun jedes Pferd seinen Platz kennt.
Wir Menschen nehmen ebenfalls eine Position in der Rangordnung unserer Pferde ein und müssen sie deshalb davon überzeugen, dass wir im Rang ganz oben stehen und weise, faire Anführer sind. Der Mensch

Während Rangordnung und Positionen festgelegt werden, kann es in einer Gruppe aggressiv zugehen. Nachdem die Rangordnung geklärt ist, entsteht ein wohl geordnetes System.

muss der Herdenboss sein, aus Gründen der Sicherheit und um einen reibungslosen Umgang zu ermöglichen.

Die Rangordnung wird während der Fütterung am deutlichsten. Sie können den Rang eines Menschen bezüglich seiner Pferde am besten dann feststellen, wenn Sie die Person beim Füttern beobachten. Düst ein Pferd heran und dringt in die persönliche Schutzzone ein, worauf der Mensch das Futter fallen lässt und die Flucht ergreift, ist definitiv eines der Pferde der Boss.

Jedes Mal, wenn ein neues Pferd in eine Herde, eine Gruppe oder in den Stall integriert wird, werden die Karten neu gemischt. Deshalb ist es wichtig, fremde Pferde allmählich zu integrieren, um Verletzungen vorzubeugen.

Stallen Sie das neue Pferd für mehrere Tage in der Nähe, aber nicht direkt neben der Herde auf, damit sie einander sehen und sich gegenseitig riechen können. Bringen Sie das neue Pferd dann mit einigen besonders verträglichen Mitgliedern der Herde zusammen und fügen Sie die anderen nach und nach dazu.

Kampf der Geschlechter

Stuten an die Macht! Eine Pferdeherde ist nichts anderes als eine Clique, eine Bande oder Gruppe von Freunden, in der die Frauen das Sagen haben. Wildpferde leben in einem Matriarchat und unsere Hauspferde haben dieses System im Grundsatz übernommen. Die Matriarchinnen werden oft auch Leitstuten, Stutenchefinnen oder Alphastuten genannt. Untereinander bestehen zwischen Stuten häufig Paarbindungen für die gegenseitige Fellpflege oder Laufspiele.

Meine 31-jährige Stute Zinger ist die unbestrittene Chefin unserer Ranch. Alle behandeln sie mit Respekt und weisen ihr eine Sonderrolle zu. Alle Pferde nehmen Notiz, wenn sie sich innerhalb unserer Anlage bewegt. In Weidegruppen ist sie die von allen anerkannte Anführerin

PMS bei Stuten

Die meisten Stuten sind rund ums Jahr gleich bleibend kooperativ, einige aber verhalten sich anders, sobald sie rossig sind. Sie werden reizbar, unruhig oder richtig dämlich, als litten sie unter einem Prämenstruellem Syndrom (PMS). Fällt diese Zeit mit einer Schau, einem Rennen oder anderen Aufgaben zusammen, kann das ganz schön nerven.
Bei wertvollen, aber nicht in der Zucht eingesetzten Stuten mit ausgeprägter PMS kann die Sterilisation oder Kastration eine Alternative sein. Die Rosse der Stute kann durch Medikamente, die Ihr Tierarzt verschreibt, unterdrückt werden, doch will diese Option aufgrund des nicht unerheblichen Risikos gut bedacht werden. Meist fährt man am besten damit, die Stute gleichmäßig zu arbeiten, ob rossig oder nicht, um so zu mehr Harmonie zu gelangen. Da die Symptome nur wenige Tage so stark ausgeprägt sind, können Sie Ihrer hormongebeutelten Stute auch einfach einmal frei geben.

und muss nie um ihre Position kämpfen. Sie bestimmt, wann der Aufbruch an den Bach zur Wasseraufnahme beginnt. Hört sie auf zu Grasen und sucht sich ein Plätzchen zum Ausruhen, ruht der Rest der Herde in ihrer Nähe. Von unartigen Jungpferden, rossigen Stuten oder Wallachen, die sich nicht ihrer Position gemäß zu benehmen wissen, lässt sie sich nicht auf der Nase herumtanzen.
Wallachherden entsprechen den Junggesellenherden wildlebender Pferde. Hier wird mächtig angegeben, werden Kampfspiele und Wettrennen ausgetragen. Viele Wallache lassen sich nicht gut mit Stuten zusammen halten, es gibt aber auch Ausnahmen. Zipper ist so ein »neutraler« Wallach; nur selten dringt er in die persönliche Zone eines anderen Pferdes ein, unterschreitet den Sicherheitsabstand zu einer Stute und beschnüffelt sie, er kann also problemlos mit Stuten und anderen Wallachen gehalten werden. Dickens ist dagegen eine Katastrophe in Warteposition. Lässt man ihn zusammen mit Stuten auf die Weide, wird garantiert andauernd gequietscht, gerannt, getreten und gebissen, weshalb Dickens meist alleine oder mit anderen Wallachen gehalten wird. Gerade weil er aber so gerne Stuten berührt, beschnüffelt und beknabbert, ist er ein hervorragendes »Probierpferd«, das uns wissen lässt, wenn eine Stute rossig und bereit zur Fortpflanzung ist.
Die Rolle eines wildlebenden Hengstes unterscheidet sich sehr stark von der unserer domestizierten Hengste. In der Wildnis ist es Aufgabe des Hengstes, die Stutengruppe zusammenzuhalten und zu bedecken. Domestizierte Hengste dagegen werden überwiegend genutzt, um Stuten an der Hand zu bedecken, aber auch für künstliche Besamungen; sie

Kampfspiel oder Ernstfall, Spiel oder eine Schlacht um die Rangordnung? Ein Pferd geht dem anderen an die Gurgel, das angegriffene verteidigt sich mit den Vorderbeinen. (Hoffentlich ist es wirklich nur Spaß!)

leben deshalb häufig in Einzelhaft, dürfen nie von natürlichen sozialen Interaktionen mit Herdenmitgliedern profitieren oder sie einfach nur genießen. Obwohl Wallache sexuell gesehen für Hengste keine Bedrohung darstellen, kann die gemeinsame Haltung von Wallachen und Hengsten zu Kämpfen und Verletzungen führen. Ausnahmen findet man häufig auf den großen Ranches im Westen. Es ist schon erstaunlich, wie ruhig diese sozial intelligenten Hengste sind. Von ihrer offensichtlichen Hengststatur einmal abgesehen könnte man sie für Wallache halten.

Kastration

90 % aller männlichen Hauspferde werden kastriert. Wallache sind im Allgemeinen zuverlässiger und berechenbarer als Hengste oder Stuten und vielseitig einsetzbar. Schon einjährige Hengste dagegen fallen durch dauerndes Wiehern, reizbares Verhalten und sexuelles Interesse an Stutfohlen und Stuten auf. Obwohl die Kastration einmal etabliertes Verhalten wie Beknabbern und »Anmachen« nicht löscht, nimmt die Häufigkeit ab.
Es ist üblich, die Kastration bei Einjährigen durchzuführen. Wartet man länger, nimmt zwar die Muskelbildung zu, es festigt aber auch das typische Hengstverhalten stärker. Obwohl ein Wallach keine Stute mehr erfolgreich bedecken wird, kann er für eine Zeit noch Hengstverhalten zeigen.

Alles nur Spaß!

Bei Pferdespielen kann es ein wenig grob zugehen, doch ist dieses Verhalten wichtig für die körperliche und soziale Entwicklung von Fohlen und jungen Pferden. Spielerisch wird gerannt (alleine, mit einem Partner oder in der Gruppe), gejagt, gebuckelt, gestiegen, gehüpft, ausgetreten und geschlagen. Als Erstes lernt ein Fohlen zu rennen, später das Steigen, dann lernt es das Lieblingsspiel aller Altersgruppen: annähern, zurückziehen, drehen und ausschlagen.
Stuten tolerieren das Spiel der Fohlen, nehmen aber kaum daran teil. Für junge Pferde ist es sowieso am besten, wenn sie mit Gleichaltrigen spielen können. Ältere Pferde interessieren sich nicht für dieselben Spiele und fühlen sich vom Eifer der Kleinen schnell überfordert. Sind die Zeiten stressig, etwa bei extremen Wetterlagen, Trockenheit oder Futterknappheit, wird deutlich seltener gespielt.
Im Spiel übt das Fohlen Kampfverhalten ein, findet sich in seiner ge-

Fohlen, insbesondere Hengstfohlen, steigen häufig und boxen spielerisch. Dieses Foto ist ein wunderbarer Beleg dafür, wie gefährlich es ist, Pferde mit Halfter auf die Weide zu entlassen. Man kann sich richtig gut vorstellen, wie sich ein Vorderbein im Halfter des Spielkameraden verhängt, finden Sie nicht?

schlechtlichen Rolle zurecht, schärft seine Reflexe, entwickelt Kampfgeist und Kondition. Vom ersten Tag an testen Fohlen ihre Grenzen aus und hören nicht auf damit, solange sie einen Spielpartner zum Mitmachen haben. Hengstfohlen fordern zum Spiel auf, indem sie ein anderes Pferd ins Bein beißen oder es schubsen, dann gehen beide Pferde in die Knie und beginnen zu boxen und zu beißen. Sie erheben sich auf die Hinterbeine, boxen, beißen und schlagen mit den Vorderbeinen aus. Stutfohlen spielen weniger wild. Sie rennen gerne, schlagen aus oder beteiligen sich an sozialer Fellpflege.

Viele Pferde nehmen Objekte – das können Äste, Ausrüstungsgegenstände, Kleidungsstücke, Futtersäcke oder Seile sein – mit den Zähnen auf und spielen damit. Sie werden mit dem Gebiss erfasst und dann geschüttelt und herumgeschlenkert.

Junge Pferde können während des »Unterrichts« versuchen, mit Ihnen zu spielen, wenn sie nicht genug Bewegung und Gesellschaft haben. Weil Pferde doch recht grob spielen, ist es besser für Sie, sie davon abzuhalten und ihnen Gelegenheit zu geben, mit ihresgleichen zu spielen.

Viele Pferde nehmen gerne Gegenstände mit den Zähnen auf und schleudern sie herum.

Neugierde und Erkundungsverhalten

Eine der reizendsten und am meisten geschätzten Eigenschaften unserer Pferde ist ihre Neugierde. Schon das Überleben des Fohlens hängt von seinem Erkundungsverhalten ab, mit dessen Hilfe es den ersten Schluck Muttermilch findet.

Die ausgesprochene Neugierde unserer Pferde ist eine wertvolle Eigenschaft, die es zu bewahren gilt. Saugfohlen Drifter und seine Mama haben entschieden, dass der Mäher nicht sehr gefährlich aussieht, riecht und sich anhört und so kommen sie näher, um ihn genauer unter die Lupe zu nehmen. Wenn Sie Ihrem Pferd gestatten, seine Neugierde zu befriedigen, wird es an Selbstsicherheit gewinnen.

Achten Sie darauf, die natürliche Neugierde Ihres Pferdes nicht zu hemmen, denn sie ist der Schlüssel zur Entwicklung seines Verhaltens und unterstützt es beim Lernen. Damit wird sie auch zu Ihrem Helfer beim Training Ihres Pferdes. Neugierde beweist Interesse und ist ein wertvolles Geschenk.

Sobald ein Pferd etwas Unbekanntes oder Ungewöhnliches bemerkt, zeigt es eine Reihe von Reaktionen, etwa so:

1. Zunächst reagiert es misstrauisch, es bleibt in angespannter Haltung in sicherer Entfernung stehen.
2. Während es über seine Sinne – Sehsinn, Geruchssinn, Hörsinn – beginnt, Informationen über das Objekt zu sammeln, nähert es sich ihm langsam, oft durch Umkreisen.
3. Ist es nahe genug herangekommen, um das Objekt zu berühren, kann es feststellen, ob es harmlos oder sogar nützlich ist – wie etwa Futter oder Wasser – oder es entscheidet, dass es gefährlich ist und vergrößert die Entfernung wieder.

Machen Sie einmal ein interessantes Experiment: Gehen Sie auf eine Pferdeweide, hocken sich hin und bleiben still sitzen. Die Pferde werden unterschiedlich reagieren, doch meist wird, nach einigem Geschnorchel und Herumgeeiere, ein tapferer Held herbeikommen und Sie beschnüffeln. Sollten Sie sich während der kritischen Phase allerdings bewegen, wird auch er die Flucht ergreifen.

Neugierde kann einem Pferd aber auch zum Verhängnis werden, wenn es etwa lernt, Schlösser, Riegel, Wasserhähne, Lichtschalter und Ähnliches zu bedienen.

Nomadenleben

Pferde sind zum Wandern geboren. Wildlebende Pferde müssen große Entfernungen zwischen Futterplätzen und Wasserstellen zurücklegen, weshalb sie meist ständig unterwegs sind und dabei viele kleine Mahlzeiten zu sich nehmen. Mit gelockerter und aufgewärmter Muskulatur, einem Nervenkostüm in dauernder Bereitschaft und mit allen Sinnen auf Empfang konnte das wandernde Pferd Beutegreifer erfolgreich erkennen und ihnen entkommen.

Die meisten Pferde sind im Grunde Mitläufer. Die Entscheidung, wann und wohin man gehen sollte, wird meist von wenigen Individuen getroffen, am häufigsten von der Leitstute. Bei domestizierten Pferden ist dieser Instinkt erhalten geblieben. Sie wollen sich frei bewegen, aber auch einem vertrauenswürdigen Anführer folgen können.

Immer dem Chef nach

Findet ein Pferd einen starken und gerechten Anführer, ist es zufrieden damit, diesem zu folgen. Diesen Umstand können Sie sich im Training zunutze machen. Vor allen Dingen bedeutet dies, dass Ihr Pferd auch Ihnen folgt, wenn Sie eine auf Vertrauen und Respekt basierende Beziehung zu ihm aufbauen. Wollen Sie ein junges Pferd mit einem unbekannten Hindernis bekannt machen, bitten Sie einfach einen Freund, mit einem erfahrenen Pferd voranzugehen. Dieser Trick ist besonders nützlich beim Überqueren unbekannter Bäche und Flüsse. Wenn Ihr Pferd Ihnen vertraut und Sie als Anführer anerkennt, können Sie auch absitzen und es durch das Hindernis führen.

Pferdetrainer nützen den natürlichen Folgeinstinkt des Pferdes für eindrucksvolle Demonstrationen, indem sie fremde Pferde dazu bringen, zu ihnen eine Beziehung aufzubauen und ihnen ohne Halfter und Führstrick zu folgen.

Die meisten Pferde sind Mitläufer und ziehen es vor, dass ein vertrauenswürdiger Anführer für sie die Entscheidungen trifft.

KAPITEL 5

Mein Pferd, ein Gewohnheitstier

PFERDE SIND GEWOHNHEITSTIERE und dann am zufriedensten, wenn sie ihren Tagesablauf gemäß ihren Instinkten und Bedürfnissen regeln können.
Bei der Beobachtung wildlebender Pferde hat man festgestellt, dass sie sich zwar eng an geregelte Tagesabläufe halten, es aber durchaus zu jahreszeitlich bedingten Abweichungen kommt. Ebenso sind von Tag zu Tag Änderungen in Anhängigkeit von Wetter, Temperatur, Wind, Luftfeuchte oder Luftdruck zu beobachten. Wind macht Pferde tendenziell unruhig, Schwüle macht sie eher lustlos und Änderungen des Luftdrucks können unberechenbares Verhalten hervorrufen. Trotz dieser Variablen besteht ein Pferdeleben aus vielen Routinen.

Die biologische Uhr unserer Pferde

Pferde machen unser Leben schöner. Ihre ausgeprägte biologische Uhr samt jahreszeitlicher Veränderungen und ihre geregelten Tagesabläufe bringen Ordnung in den oft chaotischen menschlichen Kalender.

Ganz wichtig für alle Pferde ist die Aufnahme von ausreichend Futter. Damit kann es bis zu 16 Stunden täglich verbringen.

Futteraufnahme

Das wichtigste Element der täglichen Routine aus Sicht des Pferdes ist mit Sicherheit die Futteraufnahme. Im Laufe der Evolution entwickelten Pferde sich zu nomadisierenden Grasfressern, aus diesem Grund ist ihr Verdauungssystem auf die Aufnahme zahlreicher, kleiner Mahlzeiten angewiesen. Weidepferde grasen im Allgemeinen etwa 16 Stunden täglich. Aufgestallte Pferde freuen sich über pünktliche Mahlzeiten und regen sich lautstark über Verspätungen und Versäumnisse auf.
Stellt man Pferden Futter zur freien Verfügung, funktioniert dies weniger gut als bei Hühnern oder manchen Katzen und Hunden. Pferde neigen nämlich dazu, sich zu überfressen. Heu zur freien Aufnahme zur Verfügung zu stellen mag funktionieren, im Ergebnis aber wird viel Heu verschwendet, weil es zertrampelt und verschmutzt wird.

Wasseraufnahme

Es ist schon richtig, dass man ein Pferd zum Wasser führen, aber nicht zum Trinken zwingen kann. Pferde trinken eben nur, wenn ihnen danach ist, und das ist meist kurz nach der Aufnahme von größeren Mengen Raufutter der Fall.
Haben Pferde keinen Zugang zu Wasser, können Austrocknung und Verstopfungskoliken die Folge sein. Stellen Sie ständig frisches Wasser zur Verfügung, können Sie sicher sein, dass Ihr Pferd seinen Durst nach Belieben löschen kann.

Abgabe von Kot und Urin

Ob auf der Weide oder im Stall, die meisten Pferde geben Kot und Urin an ausgewählten Orten ab. Bei Hengsten ist der Absatz von Kot und Urin Teil eines Geruchs- und Markierungsrituals. Bei anderen, besonders ordentlichen Pferden ist das wohl eher Zufall, aber seien Sie dankbar dafür, denn es erleichtert Ihnen die Arbeit des Abäppelns. Auf sehr großen Weiden teilen Pferde von selbst Gebiete zur Futteraufnahme und zur Verrichtung ihrer Notdurft ein, eine natürliche Form der Parasitenbekämpfung.

Wat mutt, dat mutt. Kaum ein Pferd würde mitten auf der harten Straße stallen, aber dieses Polizeipferd hat sich an sein berufliches Umfeld angepasst und spreizt die Beine einfach ein bisschen weiter, damit es nicht so spritzt.

Pferde äppeln etwa alle zwei bis drei Stunden, ungefähr fünf- bis zwölfmal täglich – bei Krankheit oder Stress auch häufiger. Jeder Stuhlgang besteht aus fünf bis zwanzig Pferdeäppeln. Jeder Pferdeapfel kann bis zu 30000 Parasiteneier enthalten! Sind die Pferde gezwungen, ihr Futter auf einem kotverschmutzten Bereich aufzunehmen, infizieren sie sich täglich neu mit Parasiten. Aus diesem Grund sollten Sie dafür sorgen, dass Ihre Pferde das Futter sauber aufnehmen können.

Während die meisten Pferde (aber nicht alle Ponys) in der Bewegung äppeln können, wird das Ritual des Stallens aufwändiger inszeniert. Erst einmal muss ein Platz gesucht werden der das Urinieren ohne Gespritze erlaubt, denn Pferde hassen es, wenn etwas an die Beine spritzt. Die dann einzunehmende Haltung ist bei Stuten und männlichen Tieren unterschiedlich. Stuten senken den Kopf, wölben den Rücken auf, stellen die Hinterbeine weit auseinander und nach hinten heraus und heben den Schweif an. Männliche Pferde strecken sich, vergrößern dabei die Entfernung zwischen Hinterbeinen und Vorderbeinen mehr als Stuten es tun und halten den Rücken gerade oder sogar leicht gesenkt.

Pferde müssen so alle vier bis sechs Stunden. Auf langen Geländeritten oder längeren Fahrten im Pferdehänger müssen Sie Ihrem Pferd Gelegenheit geben, sich regelmäßig zu erleichtern. An Bord eines nicht eingestreuten Hängers wird Ihr Pferd vielleicht nicht stallen wollen, also müssen Sie es immer wieder ausladen, damit es auf Gras urinieren kann. Nimmt Ihr Pferd die typische Haltung ein, während Sie im Sattel sitzen, sollten Sie das Gesäß aus dem Sattel nehmen.

Achtung: Verhält Ihr normalerweise artiges Pferd sich beim Putzen oder Hufbeschlag ungewöhnlich unruhig, muss es vielleicht einfach mal, will aber nicht auf dem harten Stallboden austreten. Erzieherische Maßnahmen helfen hier natürlich nicht weiter, entlassen Sie Ihr Pferd lieber für ein paar Minuten in den Paddock oder in den eingestreuten Stall, das dürfte das Problem lösen.

Jedes Pferd scheint in einen frisch eingestreuten Stall pinkeln zu wollen, fast so, als sollte er »parfümiert« werden, damit er wie zu Hause riecht. Wenn nach einem Galopprennen der Sieger eine Urinprobe abgeben soll, wird er einfach in eine Box mit viel frischem Stroh gestellt – dem kann keiner widerstehen!

Typisch Stuten

Rossige Stuten müssen öfter: Sie geben häufig kleine Mengen Urin ab. Pferde können übrigens lernen, fast auf Befehl zu müssen. Meine Stute Aria etwa geht immer noch schnell mal auf den Paddock austreten, wenn sie mich zur Fütterungszeit auf dem Weg zum Stall erblickt. Danach geht es mit entleerter Blase gemütlich zur Futterraufe.

Pflege

Pferde führen regelmäßig bestimmte Pflegerituale durch. Wälzen, Scheuern, Kratzen und Beknabbern sind Elemente der solitären Fellpflege; während der Zeit des Fellwechsels oder bei feuchter Witterung nehmen diese Aktivitäten zu.

Auch mit Decke wollen Pferde sich wälzen. Bitte beachten: Alle Halfter oder Decken, die ein Pferd auf der Weide trägt, müssen aus Sicherheitsgründen über Sollbruchstellen verfügen.

Pferde wälzen sich, um lose Haare zu entfernen, das vom Regen glatt anliegende, nasse Haarkleid aufzurichten, schweißfeuchte Haare zu reinigen oder sich eine Schlammkruste zum Schutz vor Insekten zu verpassen. Vor dem Wälzen kann das Pferd den Untergrund lockern, indem es kratzt. Nach dem Wälzen steht es auf und schüttelt sich. Man sollte einem Pferd gestatten, diesem natürlichen Bedürfnis nachzugehen. Kann man darüber bestimmen, wo und wann ein Pferd sich wälzt, erleichtert dies die Pflege. Wenn Sie Ihr Pferd nach der Trainingseinheit für eine halbe Stunde in einen Sandauslauf stellen, kann es dort sein Wälz-Ritual vollziehen, während es nach der Arbeit gleichzeitig abkühlt und trocknet.

Ein weiterer beliebter Zeitvertreib unserer Pferde ist das Scheuern. Sie scheuern sich, wenn es irgendwo juckt, ein Insekt sie gestochen hat, aber auch, um Haare, Schmutz und Schweiß zu entfernen oder um sich bei abheilenden Wunden Erleichterung zu verschaffen. Pferde scheuern sich mit Hilfe ihrer Zähne (mit denen sie ihre Vorderbeine, Flanken oder eine Decke bearbeiten) und ihrer Hinterbeine (mit einem Hinterhuf kratzen sie sich an Kopf und Hals). Jeder beliebige Körperteil kann aber auch an einem Gegenstand gewetzt werden, am Stall, am Zaun, an Bäumen. So zerlegen sie Decken, machen Hackfleisch aus einfachen Wunden oder verpassen sich eine kahle Stelle an der Schweifrübe – das alles gehört für ein Pferd zur Körperpflege dazu.

Aus Sicherheitsgründen dürfen wir Pferde nicht mit Halftern, Decken oder anderen Ausrüstungsgegenständen auf die Weide oder in den Offenstall entlassen, mit denen es an einem Zaun, Baum oder einem Bein hängen bleiben kann. Es gibt spezielle Halfter mit Sollbruchstelle, die auch auf der Weide getragen werden können.

Hinlegen und Aufstehen à la Pferd

Legt sich ein Pferd ab, um sich zu wälzen oder zu schlafen, tut es dies auf immer dieselbe Weise. Zunächst bringt es die Hinterbeine weiter nach vorne und tritt mit den Vorderbeinen zurück, sodass alle vier Beine eng beieinander stehen, ganz so, als wolle es ein Zirkuskunststück einüben. Dann dreht es sich solange, bis es einen guten Platz zum Niederlegen gefunden hat. Wenn es dann soweit ist, hebt es den Kopf an, beugt die Vorderbeine, kniet sich auf Röhrbeine und Vorderfußwurzelgelenke, zieht dann die Hinterbeine unter den Körper und legt sich ab, bis sein Bauch auf dem Untergrund ruht.
Zum Aufstehen streckt das Pferd seine Vorderbeine aus, stemmt sich auf die Vorhand und streckt dann die Hinterbeine, um die Hinterhand zu heben.
Steht einem aufgestallten Pferd nur harter, rauer Untergrund als Liegeplatz zur Verfügung, können sich blutende Liegeschwielen an seinen Beinen bilden. Deshalb braucht jedes Pferd einen weichen Liegeplatz.

Hinlegen

Beobachten Sie die Vorderbeine Ihres Pferdes beim Hinlegen oder Aufstehen. Legt es sich hin, (1) beugt es die Vorderbeine, (2) kniet sich hin und (3) senkt seine Hinterhand.

Aufstehen

Zum Aufstehen (4) streckt es die Vorderbeine, (5) hebt die Vorhand an und (6) hebt dann die Hinterhand.

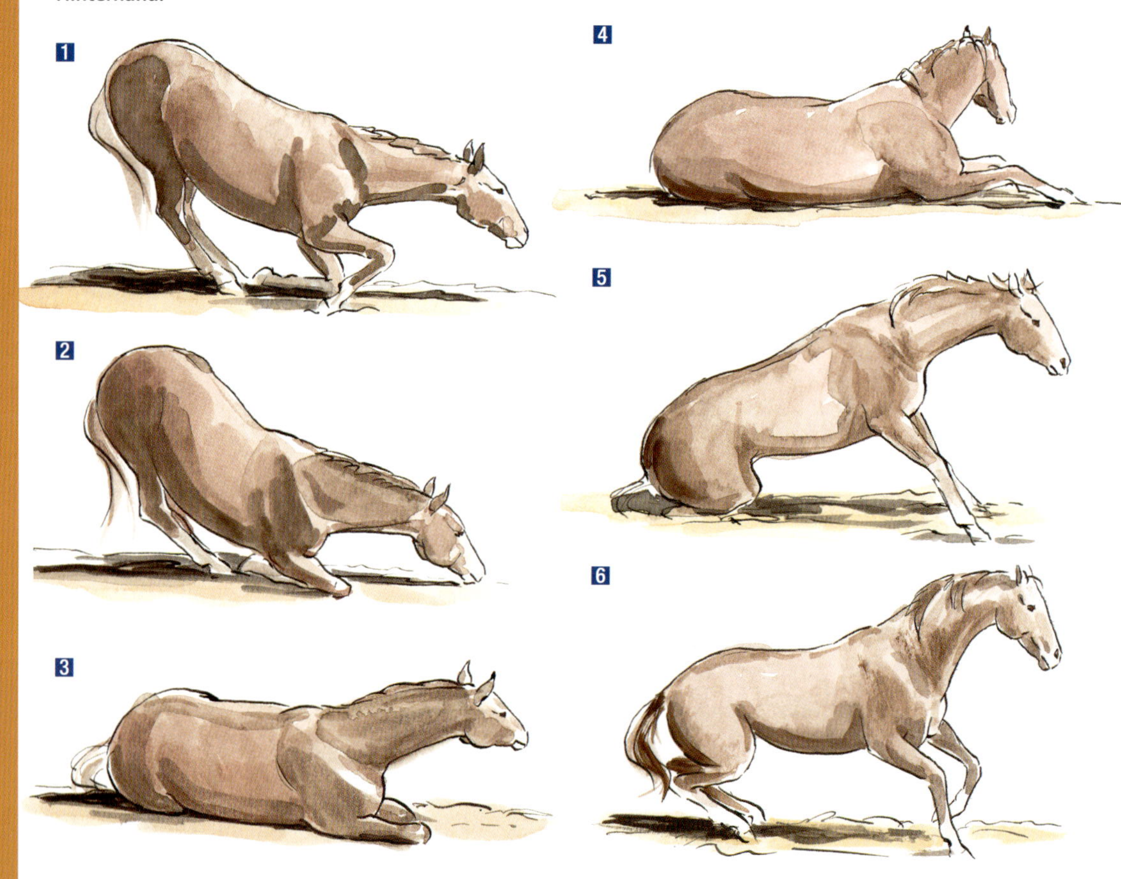

Ruheformen

Pferde nutzen eine von drei möglichen Ruheformen, um sich für jeweils etwa fünf bis sieben Stunden pro Tag auszuruhen. Fühlt sich ein Pferd sicher und ist entspannt, nutzt es vor allem die Möglichkeiten zwei oder drei.

1 Dösen

Pferde dösen stehend mit gesenktem Kopf und verbrauchen dabei nur wenig Energie. Ihre unermüdliche Steheinrichtung stellt die Vorderbeine fest und ermöglicht es ihnen, beim Dösen jeweils ein Hinterbein auszuruhen. Die Augen sind dabei halb bis ganz geschlossen. Jährlinge und ältere Pferde verbringen bis zu vier Stunden täglich in dieser Haltung. Bei dieser slow-wave-sleep genannten Ruheform sinken Muskeltonus, Herzfrequenz und Atemfrequenz.

Ruheform 1: Dösen im Stehen

Ruheform 2: Brust-Bauch-Lage

2 Brust-Buch-Lage

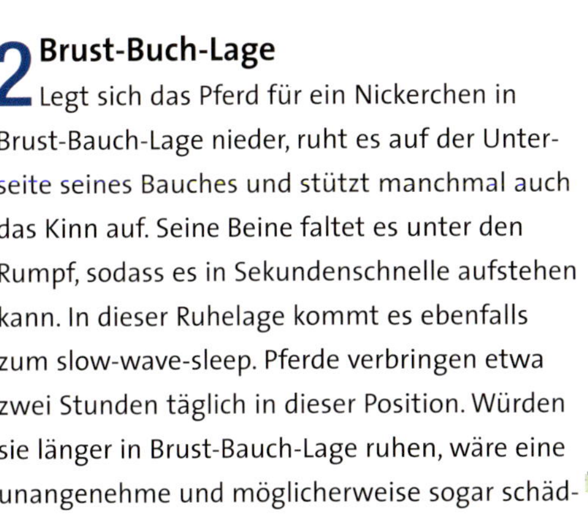

Legt sich das Pferd für ein Nickerchen in Brust-Bauch-Lage nieder, ruht es auf der Unterseite seines Bauches und stützt manchmal auch das Kinn auf. Seine Beine faltet es unter den Rumpf, sodass es in Sekundenschnelle aufstehen kann. In dieser Ruhelage kommt es ebenfalls zum slow-wave-sleep. Pferde verbringen etwa zwei Stunden täglich in dieser Position. Würden sie länger in Brust-Bauch-Lage ruhen, wäre eine unangenehme und möglicherweise sogar schädliche Kompression der inneren Organe die Folge.

Ruheform 3: Seitenlage

3 Seitenlage

Aus der Brust-Bauch-Lage kann sich ein entspanntes Pferd in Seitenlage rollen, Kopf und Hals flach auf den Boden legen und die Beine ausstrecken. Die Augen hält es dabei geschlossen. In Seitenlage kommt es nun zum REM-Schlaf. Bei Ihrem Pferd können Sie beobachten, wie seine Beine zucken oder zu rennen scheinen, wie es grunzt, schnarcht oder wiehert. Atemfrequenz und Herzfrequenz sind leicht erhöht. Bei günstigen Lebensbedingungen schläft ein Pferd bis etwa eine Stunde täglich in Seitenlage. Nestflüchter wie das Pferd neigen dazu, mit weniger REM-Schlaf auszukommen als Nesthocker wie etwa der Mensch. Im REM-Schlaf braucht das Pferd länger, um völlig wach zu werden, es wird sich deshalb nur bei völliger Sicherheit in Seitenlage begeben.

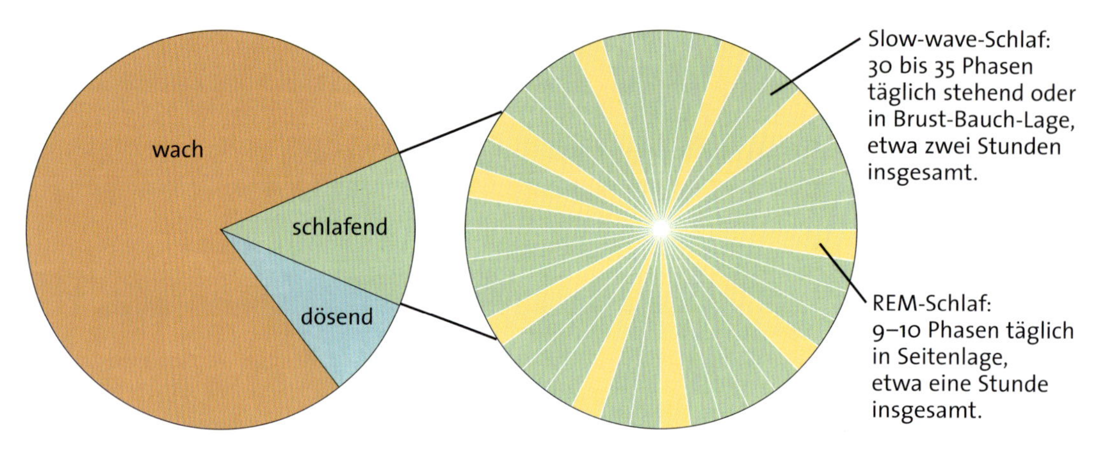

Typisch für den **Slow-wave-Schlaf** sind langsame, regelmäßige Hirnwellen. Der Geist ist zwar ausgeschaltet, die Muskulatur aber nicht völlig entspannt.
Der **REM-Schlaf** (rapid eye movement) ist tiefer. Die Muskulatur ist völlig entspannt, die Hirnwellen zeigen aber größere Aktivität, fast wie im Wachzustand.

Dösen und Schlafen

Während wir Mensch unser tägliches Schlafpensum meist auf einmal während des Nachtschlafs ableisten, halten Pferde zwanzig bis fünfzig Mal täglich ein Nickerchen. Wildpferde schlafen grundsätzlich am Tag, in sehr kurzen Schlafperioden und halten nachts Ausschau nach Beutegreifern. Zwar schlafen unsere Hauspferde nun nachts ebenso wie tagsüber, ihr Instinkt rät ihnen aber weiterhin, wachsam zu sein und immer nur kurz zu schlafen.
Während der ersten Wochen verbringt ein Fohlen mehr als die Hälfte seiner Zeit schlafend und den Rest mit der Aufnahme von Muttermilch. Gesunde Fohlen schlafen meist in Brust-Bauch-Lage oder Seitenlage (siehe Seite 77). Mit etwa zwei Jahren ähnelt der Schlafrhythmus des Jungpferdes bereits weitgehend dem eines Erwachsenen.

Schutzsuche

Pferde sind überraschend robust. Obwohl ich dazu rate, Pferden immer natürliche oder künstliche Schutzräume anzubieten, steht so manches Pferd mitten in einem Schneesturm vor dem Stall statt darin. Ich denke, im Stall fühlt sich ein Pferd immer ein wenig eingesperrt und gefangen und zieht es deshalb vor, sich auch bei schlechtem Wetter in Freiheit draußen aufzuhalten, wo es bei Gefahr sofort fliehen kann. Suchen Hauspferde bei Unwettern nicht ihren Stall auf, liegt das vielleicht daran, dass ihnen das Geräusch von Regen oder Hagel auf dem Dach missfällt oder sie sich an den Schrecken erinnern, den vom Dach abgleitender Schnee einmal verursacht hat. Das Leben draußen erscheint ihnen einfacher und sicherer. Dank seines Fells wird ein Pferd es bei vielen Wetterlagen warm und gemütlich haben.

Selbsterhaltungstrieb

Nestflüchter sind Tiere, die bereits kurz nach der Geburt relativ unabhängig und mobil sind.

Ich bewundere Pferde mit ausgeprägtem Selbsterhaltungstrieb, der sie davor schützt, verletzt oder in die Ecke gedrängt zu werden. Solche Pferde sind aufmerksam und passen gut auf sich auf, ihre Haltung ist deshalb oft auch weniger kostenaufwändig. Einige Pferde wie etwa meine Stute Zinger, die in ihrem 31-jährigen Leben genau einmal verletzt war, vermeiden grundsätzlich riskante Situationen. Andere Pferde wie etwa Dickens sind eher desinteressiert und ein wenig dümmlich veranlagt und deshalb andauernd voller Kratzer und Abschürfungen.
Bemerkt ein Pferd in seiner gewohnten Umgebung ein unbekanntes Objekt, wird es stutzen, erschrecken oder scheuen. Wenn ich etwa eine Pferdedecke auf den Stallboden lege, was ich sonst nie tue, und dann ein Pferd in den Stall führe, wird es vermutlich erst einmal anhalten, um festzustellen, ob diese Decke eine Gefahr darstellt – selbst wenn es mit Decken eigentlich vertraut ist. Es wird sich fragen: »Was zum Teufel ist das denn?«.

Hunde

Stuten fohlen bevorzugt während der Nacht ab, weil dann die Wahrscheinlichkeit, dass sie oder das Fohlen von einem Beutegreifer getötet werden, geringer ist. So hat das Fohlen auch ein paar Stunden Zeit, Kraft zu sammeln und herauszufinden, wie seine Beine eigentlich funktionieren. Es ist verständlich, dass viele Pferde keine Hunde mögen. Manche fliehen vor ihnen, rennen sogar panisch durch Zäune, andere verfolgen sie mit gefletschten Zähnen.

Eine Form des Schutzes, den Pferde aufsuchen, ist Schatten. Im Schatten eines Baumes oder Gebäudes entkommen sie der heißen Sommersonne und den Insekten, die sich lieber im Hellen aufhalten.

Diese beiden guten Kumpels haben das Handbuch für Beutegreifer und Beute nicht gelesen und verstehen sich bestens.

Sogar meine 29-jährige Stute Sassy, die ich bereits als Fohlen aufgezogen habe und die ihr ganzes Leben mit Hunden verbracht hat, kann sich ihnen gegenüber richtig aggressiv verhalten. Sie meint das meist ernst – aber immerhin hat sie auch schon aufsässige Kühe ebenso wie das eine oder andere Lama oder Emu zur Ordnung gerufen.
Normalerweise haben bei mir Hunde im Trainingsbereich nichts zu suchen, es sei denn, Pferd und Hund kennen sich gut oder mögen sich sogar. Manchmal können zwischen Hunden und Pferden echte Freundschaften entstehen – keine Regel ohne Ausnahme.

Flucht – Überleben – Scheuen

Erschreckt sich ein Pferd und findet es eine Fluchtmöglichkeit, geht es nach dem Motto »Erst wegrennen, dann Fragen stellen«. Es wird zunächst zwischen sich und der Ursache des Erschreckens eine gewisse Entfernung – Fluchtdistanz genannt – herstellen, dann anhalten und sich die Angelegenheit näher betrachten. Bei einem flatternden T-Shirt auf der Wäscheleine reichen ihm ein paar Meter, bei einem Bären wird es auch nach einem halben Kilometer weiter rennen. Hält das Pferd schließlich an und stellt fest, dass das Angst erregende Objekt nicht mehr da ist, wird es sich sogar noch mehr fürchten, als wenn es das Objekt noch sehen könnte.
Man könnte sagen, dass Pferde sich fantasievoll fürchten. Ob echte oder scheinbare Gefahr – das ist ihnen egal. Selbst mutige Pferde brauchen ringsherum eine Schutzzone, in die nur vertraute Lebewesen (Menschen oder Tiere) oder Gegenstände eindringen dürfen.

Scheuen oder Durchgehen?

Ein erfahrenes Pferd ist wahrscheinlich mutiger und hat in seiner Erinnerung viele Erfahrungen gespeichert, sodass es vermutlich nur erstaunt reagiert, wenn ihm etwas Seltsames begegnet. Dieses Erstaunen äußert sich darin, dass es zwar erschrickt, aber nicht wegrennt. Sein Herz macht einen Hüpfer, sein Körper auch, aber die Beine bleiben an ihrem Platz. Damit können wir gut leben …
Aus der Schrecksekunde kann aber auch ein Scheuen oder Durchgehen werden und das ist gefährlich, wenn das Pferd geritten wird.

Schrecksekunden

Obwohl plötzlich auffliegende Gänse oder Enten oder davonspringende Rehe natürlich eigentlich keine Gefahr darstellen, wird ein Pferd von der plötzlichen Bewegung und den damit verbundenen Geräuschen überrascht und kann blitzschnell beiseite springen. Dabei können sich

auch erfahrene Reiter und Pferde unerwartet trennen.
An einem schönen Frühlingstag bummelten Zipper (mein Wallach, der damals 17 Jahre alt war) und ich am langen Zügel über eine Weide, die wir schon oft durchritten hatten. An diesem Tag aber lag ein Kitz verborgen im hohen Gras. Als wir uns ihm näherten, wollte Zipper es natürlich vermeiden, auf das Kitz zu treten und machte einen gewaltigen Satz von fünf Metern zur Seite, blieb stehen und sah sich erstaunt um. Ich schwebte derweil für einen Moment in der Luft und plumpste dann unsanft zu Boden.
Alles, was irgendwie nicht an seinem gewohnten Platz ist, sich plötzlich oder irgendwie seltsam bewegt oder ungewöhnliche Geräusche von sich gibt, erschreckt Ihr Pferd: sich öffnende Regenschirme, Motorräder und Fahrräder, Plastiktüten und Planen, Fesselballone, Pfützen, Bäche und Flüsse.

Schweine-Angst
Obwohl Hausschweine eigentlich keine Bedrohung für unsere Pferde darstellen (allerdings wurden Wildschweine dem Eohippus sicher gefährlich), ängstigen ihr eigenartiges Aussehen, der seltsame Geruch, das plötzliche Quiecken und ihre raschen Bewegungen viele Pferde.

Zipper hebt ab

Als die Telefongesellschaft entlang unserer Straße Sprengungen durchführte, um Untergrundkabel zu verlegen, haben sich unsere Pferde nie an die lauten, unvorhersehbaren Geräusche gewöhnt, obwohl das Sprengteam mehrere Wochen in unserer Nähe arbeitete. Die unregelmäßigen Sprengungen machten mir auch zu schaffen, aber ich konnte vernünftig damit umgehen. Es knallte, mein Herz machte einen Hüpfer, und dann war es wieder gut.
Eines Tages überquerte ich gerade den Long Tail Quellfluss im Sattel von Zipper, als es genau hinter uns knallte. Vor der Explosion war Zipper entspannt und latschte mit gesenktem Kopf und ausgestrecktem Hals so dahin, während wir durchs Wasser ritten. Als das Dynamit zündete, verkürzte sich sein Körper in Sekundenschnelle. Er klemmte den Schweif ein, senkte die Kruppe und hob den Kopf. Sein Körper spannte sich an und er schoss mit allen Vieren senkrecht in die Luft. Als er mit allen Hufen gleichzeitig wieder im Bach landete, bespritzte er uns beide über und über mit Wasser und Schlamm. Zipper stand ungläubig da und schien sich zu fragen: »Was zum Teufel war das denn?«. Ich trieb ihn wieder weiter und er ging zwar gleichmäßig, aber sehr wachsam voran. Seine starke Reaktion war verständlich, doch können ähnliche Situationen auch dazu führen, dass ein Pferd aus Angst buckelt und durchgeht.

KAPITEL 6

»Gute« und »schlechte« Manieren

WAS IMMER EIN PFERD AUCH TUT, für den Pferdekenner wie auch für das Pferd selbst fällt alles einfach in die Kategorie »Verhalten«. Wenn wir ein Verhalten unseres Pferdes mit dem Attribut »schlecht« belegen, sagen wir damit im Prinzip nur: »Ich mag das nicht, ich verstehe das nicht und ich kann es auch nicht ändern.«.

Je mehr wir über das Wesen unserer Pferde wissen und verstehen, wie Haltung und Training es beeinflussen, desto mehr Chancen haben wir, aus ihnen allen Einserschüler zu machen.

Lernen, beobachten und handeln – das braucht Zeit. Doch der Aufwand lohnt sich, denn Ihr Ziel heißt: zufriedenes Pferd, glücklicher und sicherer Reiter.

Vom Wesen der Pferde

Bislang ging es um typische körperliche Eigenschaften oder pferdetypisches Verhalten. Es ist jedoch das Wesen, der Geist des Pferdes, der uns menschlichen Glückspilzen einen tollen Partner beschert, den wir sogar ausbilden können.

Einige meiner Beobachtungen zum Thema:

- **Pferde sind kooperative und willige Wesen.** Sie sind großzügige, nachsichtige und geduldige Lehrer. Sie sind von Natur aus neugierig, eine Eigenschaft, die es unter allen Umständen zu bewahren gilt. Sie sind vertrauensselig; haben wir einmal ihr Vertrauen gewonnen, müssen wir es uns bewahren.
- **Pferde sind anpassungsfähig** in vielen Situationen, sie sind lernfähig und haben ein hervorragendes Gedächtnis.
- **Pferde sind von Natur aus nicht aggressiv** und lernen schnell, sich unterzuordnen – was andere dazu verführen kann, sie auszunutzen.
- **Pferde haben eine Art »siebten Sinn«.** Sie fühlen, wie es uns geht oder nehmen Wetterumschwünge lange im Voraus wahr. Sie scheinen irgendwie zu wissen, wenn etwas in der Luft liegt, egal, ob ein erfreuliches Ereignis oder der Weltuntergang. Ohne Körperkontakt lesen sie feinste Signale des Menschen und interpretieren sie. Das macht sie zu wertvollen Helfern von Menschen, die körperlich, emotional oder geistig Schaden erlitten haben.

Pferde sind ebenso starke wie sensible Wesen.

Charakter und Einstellung

Der Charakter eines Pferdes, die Summe seiner Neigungen, bestimmt ganz allgemein über die Art und Weise, wie es sich verhält. Seine Charaktereigenschaften sind Teil seiner bleibenden Merkmale. Wir Menschen können, wenn überhaupt, den Charakter eines Pferdes nur wenig beeinflussen.

Die Einstellung eines Pferdes dagegen ist Veränderungen unterworfen. Darunter versteht man seinen Standpunkt zu einer bestimmten Zeit; Faktoren wie Hormone, Witterung, kürzliche Ereignisse, gute oder schlechte Erinnerungen oder Krankheiten beeinflussen die Einstellung. Auch ein gutes Pferd kann zeitweise eine schlechte Einstellung zeigen, ein verwöhntes Pferd mag ab und an einen guten Tag haben. Die Einstellung oder Haltung eines Pferdes kann vom Menschen beeinflusst werden.

Bei der Beschreibung des Charakters eines Pferdes benutzt der Pferdekenner bestimmte Begriffe. **Ein stumpfes** Pferd etwa zeigt wenig Laufwillen, keine feine Reaktionen und hat wenig Ausstrahlung.

Pferde sind Persönlichkeiten

Obwohl allen Pferden bestimmte Charakteristika gemein sind, ist jedes Pferd ein Individuum mit einer individuellen charakterlichen Aufmachung. Viele Faktoren nehmen darauf Einfluss, manche sind ererbt, andere das Resultat früher Erfahrungen und des Lebensumfelds. Bei der Vererbung spielen Typus, Rasse und Linie eine Rolle.

Charakterköpfe

Je nach seiner Abstammung kann ein Pferd eher kaltblütig (Kaltblutpferderassen) oder heißblütig (Englische und Arabische Vollblüter) veranlagt sein. Die Vorfahren eines Pferdes bestimmen über Charakterzüge wie Sensibilität, Leistungspotential, Nervenstärke, aber auch über Ei-

Charaktertypen

Jedes Pferd ist ein Individuum mit eigenen Charakterzügen. Es lassen sich aber bestimmte Gemeinsamkeiten feststellen, die uns die Einteilung in Kategorien erlaubt. Obwohl das natürlich mit einer Verallgemeinerung verbunden ist, kann es praktisch sein, weil man sich dann in groben Zügen über die Eigenschaften eines Pferdes austauschen kann. Die meisten Pferde weisen Eigenschaften von zwei oder mehr Kategorien auf. Körperliche Merkmale wie etwa die Größe und Lagerung der Augen, Haarwirbel oder Hautdicke können, müssen aber nicht zuverlässig Auskunft über Charaktereigenschaften geben. Alle Pferde lassen sich ausbilden, bei manchen fällt dies aufgrund ihrer Eigenschaften leichter als bei anderen.

Aufmerksam. Interessiert, freundlich und kooperativ. Hört gut zu und mag es, mit Menschen umzugehen und zu lernen. Allgemein ruhig und selbstsicher, aber mit guten Reaktionen ausgestattet. Nach meinen Erfahrungen sind dies Eigenschaften der meisten Pferde.

Dickköpfig. Kann sich stumpf oder faul verhalten; es ist oft nicht leicht, mit diesen Pferden zu arbeiten, denn wenn sie etwas nicht verstehen oder müde sind, schalten sie einfach ab und werden widerborstig. Sie brauchen mehr Zeit und Geduld im Training als aufmerksame Pferde und müssen möglicherweise immer wieder korrigiert werden.

Nervös. Hysterisch, regt sich schnell auf und braucht lange, um sich wieder zu beruhigen. Neigt zum Scheuen. Wenig Selbstvertrauen, was aber gestärkt werden kann. Zeigt möglicherweise vorauseilenden Gehorsam. Reagiert auf Zwänge mit Widersetzlichkeit oder Aggression. Sollte von einem erfahrenen Pferdekenner ausgebildet werden. Manche überwinden ihre Nervosität und geben später aufmerksame, tolle Pferde ab.

Aggressiv. Fällt durch explosives Verhalten auf, indem es angreift, beißt, ausschlägt oder tritt. Kann meist nur von wenigen, erfahrenen Pferdekennern trainiert oder geritten werden.

genschaften des Exterieurs wie Fellstruktur, Körperbau, Dicke der Haut, Hufqualität oder die Größe von Augen oder Nüstern. Manche dieser ererbten Eigenschaften können Einfluss auf den Charakter nehmen. Die Sinnesorgane etwa beeinflussen die Selbstsicherheit eines Pferdes. Pferde mit großen, etwas vorstehenden Augen haben ein größeres Sehfeld als Pferde mit kleinen »Schweinsäuglein«. Viele Züchter bevorzugen Linien mit vererbbaren körperlichen und charakterlichen Eigenschaften, die ein besser auszubildendes Pferd hervorbringen.
Das Geschlecht eines Pferdes und sein hormoneller Status beeinflussen seine Verhaltensmuster. Hengste agieren häufiger aggressiv und können sich besser durchsetzen. Änderungen im Hormonstatus machen Stuten manchmal etwas unberechenbar oder ebenfalls aggressiv.
Weitere Faktoren, die Einfluss auf den Charakter nehmen, sind das Alter, die gesundheitliche Verfassung, Kondition und Ernährung. Alle außer dem Alter sind vom Lebensumfeld des wilden oder domestizierten Pferdes abhängig.
Frühzeitige Erfahrungen mit Menschen und mit anderen Pferden beeinflussen die Persönlichkeit eines jungen Pferdes nachhaltig. Pferde müssen lernen, wie man sich innerhalb der hierarchisch strukturierten Herde korrekt benimmt. Zieht man sie isoliert auf, wissen sie sich später nicht richtig zu verhalten, wenn sie gemeinsam mit anderen Pferden gehalten werden. Für die Entwicklung seiner sozialen Intelligenz muss ein Pferd einfach Pferd sein dürfen.

Die meisten Pferde sind aufmerksam, freundlich und kooperativ.

Artgerechte Pferdehaltung

Eigentlich ist es unnatürlich, Pferde als Haustiere zu halten, wir können ihre Lebensbedingungen aber so gestalten, dass ihre natürlichen Bedürfnisse weitestgehend befriedigt werden. Artgerechte Pferdehaltung ist auch die beste Vorbeugung vor Unarten und unerwünschtem Verhalten.
Zu den Prinzipien einer artgerechten Pferdehaltung gehören:

- So viel freie Bewegung wie möglich auf einer Fläche, die freies Galoppieren erlaubt;
- gemeinsame Aufstallung mit oder nahe bei Artgenossen;
- ein Offenstall mit geschütztem Ruhe- und Futteraufnahmebereich;
- Heu zur freien Verfügung oder mindestens dreimal täglich Fütterung von Raufutter;
- wenig Kraftfutter und
- Salze, Mineralstoffe und Frischwasser zur freien Verfügung.

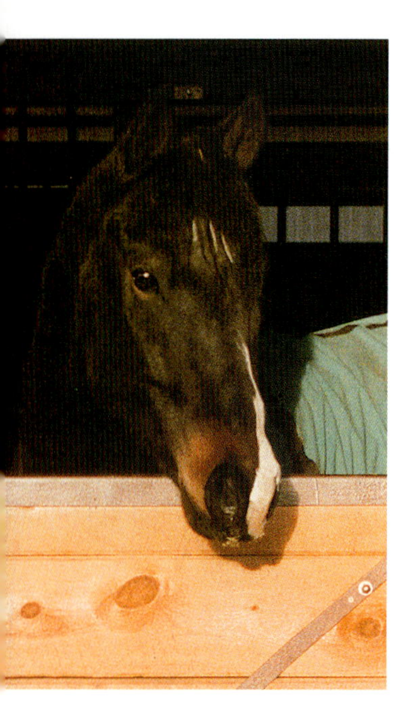

Ein Stall muss gemütlich sein und Ruhe bieten, er darf dem Pferd nicht wie ein Gefängnis erscheinen. Halbtüren ermöglichen dem Pferd, andere Pferde zu sehen und am Leben auf der Anlage teilzunehmen.

Nachteile der Domestikation

Viele Pferde werden langfristig in beengten Verhältnissen gehalten. Es wird von ihnen erwartet, dass sie sich dem Zeitplan der Menschen anpassen. Sie erhalten zu viel Kraftfutter, zu wenig Raufutter, sie werden zu wenig bewegt, werden eingesperrt und isoliert.

Wer Pferde nicht wirklich kennt und ihr Wesen begreift, wird sie mit großer Wahrscheinlichkeit unter Bedingungen halten, die eher für Menschen geeignet sind als für Pferde. So sind Pferde im Grunde ihres Herzens klaustrophobisch veranlagt, das Leben im Stall kann deshalb so viel Stress für ein Pferd mit sich bringen, dass es sich körperlich und seelisch nie so richtig wohl fühlen wird. Was Ihnen wie ein gemütlicher Stall erscheint, ähnelt für das Pferd eher einer Gefängniszelle. Was Sie für ordentliche, gesunde Pflege halten – eine Vollwäsche pro Woche, Scheren und Eindecken – raubt Ihrem Pferd seinen natürlichen Witterungsschutz, nimmt ihm seine Tasthaare und die Chance, sich einfach mal gründlich zu wälzen und schlicht Pferd zu sein. Die Tatsache, dass so viele Pferde trotzdem lernen, ihren Stall und unsere Pflege zu lieben, ist ein eindrucksvoller Beweis ihrer Anpassungsfähigkeit.

Stereotypien sind Verhaltensstörungen, bei denen ein Pferd ein abweichendes Verhalten regelmäßig auf immer dieselbe Weise zeigt. Zu den Stereotypien zählen Koppen, Weben und Selbstverstümmelung.

Ein Pferd **liegt fest**, wenn es in Seitenlage an einer Stallwand oder unter einem Zaun eingeklemmt ist.

Stereotypien

Pferde, die sich nicht an ihre Haltungsbedingungen anpassen können, entwickeln häufig Verhaltensstörungen wie etwa Stereotypien. Manche Pferde neigen aufgrund ihres Charakters oder ihrer Rassezugehörigkeit eher dazu, Stereotypien zu entwickeln als andere. Stereotypien sind häufig ein Anzeichen dafür, dass ein Pferd versucht, mit Konflikten, Verunsicherung oder beengten Verhältnissen fertig zu werden.

Konflikte entstehen, wenn ein Pferd zwei entgegengesetzte, gleich starke Bedürfnisse verspürt. Ein neues Pferd möchte gerne Futter aufnehmen, fürchtet sich aber davor, dazu in den Stall zu gehen. Es hat Angst vor den Menschen darin und fürchtet sich vor der Enge. Vielleicht rennt er in den Stall, nimmt eine Handvoll Futter ins Maul und düst wieder raus, haut sich allerdings schmerzhaft die Hüfte am Eingang an. Seine Schmerzen verstärken seine Angst, doch auch sein Hunger wird größer. Rastlos wird er vor der Stalltür auf und ab rennen und scharren.

Ein weiteres Beispiel ist ein Pferd, das beim Trinken einen elektrischen Schlag von einem automatischen Pumpsystem bekommen hat. Der Besitzer repariert die Tränke vor den Augen des Pferdes und erklärt ihm, dass nun alles wieder in Ordnung ist. Das versteht das Pferd natürlich nicht, es weiß einfach nicht, dass es jetzt ungestört und in Sicherheit

Blue hat den Blues

Blue wuchs wie ihre Vorfahren in der Freiheit auf. Ich erwarb sie direkt aus der Wildnis Wyomings. Obwohl Blue ein hervorragendes Exterieur aufwies und eine begabte Schülerin war, gab es Probleme mit ihr, weil sie sich nicht an das Leben in Gefangenschaft gewöhnen konnte. Ich besaß sie zwei Jahre lang und ermöglichte ihr mehr Weidegang als jedem anderen meiner Pferde. Trotzdem gab es natürlich Zeiten, zu denen die Weiden ruhen mussten und ich sie, wie die anderen Pferde auch, in großen Paddocks unterbrachte.

Blue bekam den allergrößten Paddock. Trotzdem und obwohl mit ihr täglich gearbeitet wurde, entwickelte sie zwei Verhaltensweisen, die mich letztendlich dazu bewogen, sie zu verkaufen, damit sie zurück in die Wildnis und ein Leben als Zuchtstute führen konnte.

Blues Verhaltensstörungen waren außergewöhnlich und verstärkten sich, je länger sie im Paddock leben musste. Eine ihrer Stereotypien war zwar seltsam und machte Krach, war aber nicht besonders schädlich. Sie hing ihren Kopf einfach über die oberste Stange der Paddockeinzäunung und nickte stundenlang mit großem Nachdruck mit dem Kopf. Weil die Paneele des Paddocks dabei klapperten, machte sie damit einen Höllenlärm. Ihre Kehle scheuerte sie dabei ganz kahl. Obwohl ich sie in einem Paddock unterbrachte, der mit den größten Paneelen eingezäunt war, die es für Geld zu kaufen gab, konnte ich sie von diesem Verhalten nicht abbringen.

Wäre das ihre einzige Macke gewesen, hätten wir uns mit einem speziell für sie konstruierten Paddock behelfen können. Macke Nummer zwei machte mir aber große Sorgen.

Jeden Morgen, bevor wir mit der Stallarbeit begannen, fragten wir uns, in welcher Lage wir Blue wohl vorfinden würden. Zuerst legte sie sich direkt neben den Paneelen nieder und streckte ihre Beine hindurch. Wir verhinderten dies, indem wir die Panellen unten mit Bahnschwellen und Granitblöcken blockierten, sodass sie ihre Beine nicht mehr hindurchstrecken konnte. Dann aber schaffte sie es, ihre Beine über den Schwellen und den Felsen durch die Gitter zu strecken, sodass ihr Rumpf wesentlich tiefer lag als ihre Beine. Selbst, nachdem wir alle Gitter blockierten und sie ihre Beine nicht mehr hindurchstecken konnte, legte sie sich immer noch direkt neben den Paneelen hin und legte sich fest. Später schaffte sie es sogar irgendwie, sich mitten im Paddock festzulegen. Oft befanden sich zwei oder drei Äppelhaufen unter ihrem Schweif, ein Anblick, der uns jedes Mal einen großen Schrecken einjagte.

Wie auch immer wir sie unterbrachten, Blue legte sich früher oder später wieder fest, sodass wir oft genug alles auseinander nehmen mussten, um sie zu befreien. Obwohl dies natürlich auf Dauer lästig war, machte ich mir doch am meisten Sorgen um ihre Gesundheit. Es kann für Pferde gefährlich sein, mehrere Stunden am Stück zu liegen. Allein aus diesem Grund entschloss ich mich schweren Herzens, sie zu verkaufen. Ich stellte sicher, dass sie an jemanden ging, der sie in einer Zuchtstutenherde unterbrachte, die auf einem großen Stück Land gehalten wurde.

trinken kann. Es sieht das Wasser und möchte trinken, hat aber Angst vor einem Stromschlag. Es wird scharren – dabei vielleicht die Tränke wieder kaputt machen – und wiehern, damit man auf es aufmerksam wird.

Konfrontiert man ein Pferd mit Problemen, die es überfordern, wird es verunsichert. Ein junges Pferd, das durch seine Grundausbildung gehetzt wird und dem man Übungen abverlangt, die es einfach nicht versteht, reagiert unsicher und unschlüssig. Es versucht, mit der Situation fertig zu werden und wird dabei möglicherweise buckeln, durchgehen, sich aufs Gebiss legen oder einfach unwillig werden und sich innerlich entziehen. Verlangt man einem Pferd beispielsweise fliegende Wechsel ab, obwohl es noch nicht gelernt hat, flüssig auf beiden Händen anzugaloppieren, weiß es einfach nicht, was es tun soll und wie sein Trainer reagieren wird.

Geht man im Training allerdings Schritt für Schritt vor, wird es dagegen mit jedem Fortschritt selbstsicherer werden. Es weiß, was von ihm verlangt und was auf seine Reaktionen hin passieren wird. Kann es dagegen die Hilfen und Befehle nicht verarbeiten, reagiert es unsicher und rastet unter Umständen sogar völlig aus.

Einschränkung und Zwang sind verwandte Begriffe mit jedoch völlig unterschiedlicher Bedeutung. Zwänge entstehen etwa, indem man die freie Bewegung eines Pferdes mit Hilfe bestimmter Ausrüstungsgegenstände einschränkt. Schlechte Angewohnheiten wie Steigen, Durchgehen und Buckeln können das Resultat eines unsachgemäßen Einsatzes solcher Ausrüstungen und des dabei entstehenden Drucks sein. Einschränkungen erfährt das Pferd im Zusammenhang mit seiner Unterbringung, wenn seine Bewegungsmöglichkeit durch die Aufstallung beschränkt wird. Ein Pferd, das sechs Tage die Woche in einer 3 x 3 Meter großen Box untergebracht und nur am Wochenende geritten wird, kann im Stall wandern, weben, scharren, austreten und sich unter dem Sattel völlig unkontrollierbar verhalten. Eine ganze Woche hat sich seine Energie aufgestaut, und die will jetzt raus! Also wird das Pferd ebenfalls buckeln, durchgehen oder steigen.

Untugenden sind unerwünschte Verhaltensmuster, die als Folge der Domestikation durch unsachgemäße Haltung und nicht fachgerechtes Management entstehen. **Schlechte Angewohnheiten** sind unerwünschte Verhaltensmuster, die sich aufgrund von Fehlern im Umgang und Training entwickeln.

Untugenden und schlechte Angewohnheiten

Entwickelt ein Pferd eine Verhaltenstörung, handelt es sich dabei meist entweder um eine Untugend oder eine schlechte Angewohnheit.

Zu den Untugenden, die im Allgemeinen Reaktionen eines Pferdes auf beengte Lebensbedingungen sind, gehören das exzessive Benagen von Holz, Scharren, Schweifscheuern, Weben, Manegebewegungen und Schlagen gegen die Boxenabgrenzung. Untugenden sind meistens im

Auf die Einschränkung seiner Bewegungsmöglichkeiten kann ein Pferd mit Scharren reagieren.

Grunde Anpassungsstrategien. Prophylaxe und Therapie bestehen in sorgfältiger Fütterung, sachgerechter Bewegung und einer Aufstallung im Kontakt mit Artgenossen. Langeweile und die dadurch verursachten Untugenden sind immer ein Anzeichen schlechten Managements.
Schlechte Angewohnheiten entstehen infolge unsachgemäßen Umgangs und Trainings. Steigen, Pullen, Beißen und Ausschlagen sind unerwünschte Verhaltensweisen, die ein Pferd dann zeigt, wenn es sich durch sein Training unter Druck gesetzt, gefährdet oder verwirrt fühlt.

Umgang mit Verhaltensstörungen

Beim Auftreten von Untugenden und schlechten Angewohnheiten müssen zunächst Management und Umgang kritisch hinterfragt werden. Optimieren Sie Aspekte der Haltung entsprechend der in diesem Buch gegebenen Anregungen. Sollte dies nicht zum gewünschten Erfolg führen, müssen alternative Maßnahmen in Betracht gezogen werden, darunter auch Medikamente, Operationen oder bestimmte Ausrüstungsgegenstände.
Auch dann, wenn ein Pferd aufgrund einer Untugend oder einer schlechten Angewohnheit gefährlich oder unbrauchbar wird, müssen diese weiteren Maßnahmen als lebensrettend zumindest erwogen werden.

Auf einen Blick

Verhalten	Beschreibung
Festliegen (eigentlich keine Untugend, sondern ein unerwünschtes Verhalten im Stall)	Häufiges Wälzen gegen eine Stallwand oder Abtrennung, wodurch das Pferd an der Wand oder unter einer Abtrennung eingeklemmt wird
Einstreu fressen	Fressen von Stroh oder Sägemehl
Decken fressen	Decken zerkauen und zerreißen
Fressgier	Fressen und Abschlucken, ohne zu kauen.
Koppen	Aufsetzen der Schneidezähne auf die Kante eines Objekts (Pfosten, Krippe), Aufwölben des Halses, Luft abschlucken. Kann Koliken verursachen, verschlechtert Futteraufnahme (Pferd zieht seine »Droge« echtem Futter vor). Kann von anderen Pferden nachgeahmt werden.
Ausschlagen nach anderen Pferden (nicht im Zusammenhang mit Spiel)	Tritt häufig oder grundlos nach anderen Pferden
Selbstbefriedigung	Verschiedene Methoden zur Selbstbefriedigung und Ejakulation bei Hengsten
Scharren	Scharrt Löcher, kippt Raufen und Wasserbehälter um, verfängt sich mit Huf im Zaun, nutzt Hufe übermäßig ab, verliert Eisen schneller. Häufig eine Unart junger Pferde.
Automutilation	Beißt in eigene Flanken, Brust, Vorderbeine, Schlauchgegend mit gleichzeitigem Quietschen, Scharren und Ausschlagen. Beginnt meist mit etwa zwei Jahren. Überwiegend Hengste, wenige Wallache.
Schlagen gegen die Boxenwand	Schlagen mit den Hinterbeinen gegen Wände und Türen, Beschädigung des Stalls sowie Verletzungen an Hufen und Beinen.
Schweifscheuern	Scheuert Kehrseite rhythmisch an Zaun, Stallwand, Begrenzungsstange im Hänger oder Gebäude
Weben/Kreislaufen/ andere Manegebewegungen	Rhythmisches Schwingen nach rechts und links, häufig an Tür oder Tor. Andauerndes Ablaufen einer Strecke hin und her oder im Kreis

Ursachen	Behandlung
Folge normalen Wälzens aufgrund von Fellwechsel, Kolik oder Eindecken	**Lässt sich behandeln.** Schwerwiegend, wenn das Pferd über lange Zeit unentdeckt bleibt, da es dann eine gefährliche Kolik entwickeln kann. Einstreu der Wand entlang aufschichten; »Überrollbügel« (ähnlich einem Deckengurt) beim Eindecken verwenden. Pferd die Möglichkeit geben, sich regelmäßig außerhalb des Stalls zu wälzen.
Fressgier	**Lässt sich behandeln.** Pferd mit ausreichend Raufutter in Form langhalmigen Heus versorgen. Ungenießbare Einstreu verwenden.
Schmutziges oder verschwitztes Haarkleid, Fellwechsel, Langeweile, schlechte Passform der Decke	**Lässt sich behandeln.** Pferd regelmäßig sorgfältig putzen und gut passende Decken verwenden. Bleibt dies erfolglos, nicht Eindecken oder Maulkorb verwenden.
Gier oder Aufstallung mit anderen, fressneidischen Pferden	**Lässt sich behandeln.** Zuerst Heu füttern. Kraftfutter aus flachem, großem Behälter statt tiefer Krippe füttern. Große Steine in die Futterschüssel legen. Grobe Pellets sind besser als fein gemahlenes Kraftfutter.
Stress, Nachahmung, Abhängigkeit. Theorie: Koppen führt zur Abgabe von Endorphinen, die das Glückszentrum im Hirn stimulieren	**Lässt sich behandeln,** aber nicht heilen. Koppriemen verhindern die Anspannung der Halsmuskulatur. In Zukunft möglicherweise mit Medikamenten zu behandeln. Operation möglich. In manchen Situationen kann ein Maulkorb verwendet werden.
Hormonstörung, negative Einstellung, Unsicherheit, typisches Stutenverhalten	**Möglicherweise nicht zu heilen,** da schlecht zu beeinflussen. Andere Weidegenossen wählen oder nur alleine auf Weide oder Paddock entlassen.
Sexuelle Frustration	**Lässt sich behandeln.** Hengste ausreichend arbeiten.
Beengte Haltung, Langeweile, zu viel Kraftfutter	**Heilbar.** Genügend arbeiten, ablenken. Keine Bodenraufen und -tränken. Gummimatten verwenden. Nicht durch Leckerli verstärken.
Möglicherweise endorphingesteuert wie Koppen; ausgelöst durch beengte Lebensbedingungen, zu wenig Bewegung oder sexuelle Frustration	**Lässt sich behandeln, möglicherweise auch heilen.** Nicht gekörte Hengste kastrieren, mehr arbeiten, mehr Platz zur Verfügung stellen. Nicht alleine halten, Spielzeug anbieten. Halskragen oder Maulkorb verwenden. In der Zukunft möglicherweise medikamentöse Behandlung. Professionelle Haltung und Training.
Beengte Haltung, Ungeduld, Reizarmut, Abneigung gegen Boxennachbarn, Aufmerksamkeit heischendes Verhalten	**Teilweise heilbar** in Abhängigkeit davon, wie lange die Störung schon besteht. Mehr arbeiten, Gummimatten im Stall anbringen; nicht durch Fütterung verstärken/belohnen;
Ursprünglich ausgelöst durch Schmutz an Euter, Schlauch oder Schweif, Fellwechsel, Parasitenbefall; später aus Gewohnheit	**Lässt sich behandeln** durch Pflege, Säuberung von Euter und Schlauch, Entwurmung, medikamentöse Behandlung. Bei Scheuern aus Gewohnheit Elektrozäune verwenden; Schweif zum Transport bandagieren
Beengte Aufstallung, Langeweile, zu viel Kraftfutter, hochblütiges Pferd, Stress; kann von anderen Pferden nachgeahmt werden	**Lässt sich behandeln.** Weniger Kraftfutter, mehr Arbeit. In Gesellschaft oder Sichtweite anderer Pferde auf Weide oder Paddock verbringen. Speziellen Türeinsatz für Weber verwenden. Stallgenossen oder Spielzeug anbieten.

Auf einen Blick

Verhalten	Beschreibung
Benagen von Holz	Benagt Holzzäune, Raufen, Stallwände. Nimmt bis zu 3 Pfund Holz täglich auf.
Stehen bleiben	Weigerung, weiter zu gehen; regelrechte Wutausbrüche, wenn der Reiter darauf besteht.
Kleben	Stehen bleiben, umdrehen, häufiges Rufen, zurückrennen zum Stall, zur Herde oder zum Freund.
Beißen	Beknabbern mit den Lippen oder zupacken mit den Zähnen, vor allem bei jungen Pferden.
Losreißen beim Verbringen auf Weide oder Paddock	Plötzliches Umdrehen und Wegrennen, bevor das Halfter völlig abgenommen wurde.
Buckeln	Wölbt Rücken auf, senkt Kopf, schlägt mit Hinterbeinen aus oder springt mit allen Vieren in die Luft.
Lässt sich nicht einfangen	Weicht Menschen mit Halfter und Führstrick aus.
Lässt Hufe nicht aufnehmen/pflegen/ beschlagen	Schwankt, lehnt sich an, steigt, reißt Huf weg, schlägt aus.
Drängeln	Bedrängt Menschen im Stall oder beim Führen.
Anbindeprobleme	Steigt oder setzt sich beim Anbinden, bis das Halfter zerreißt oder das Pferd sich darin aufgehängt hat.

Ursachen	Behandlung
Zu kleine Raufutterration, Langeweile, Zahnwechsel, Stress, Gewohnheit	**Lässt sich behandeln.** Mehr Raufutter füttern. Holz mit Verbiss-Schutz behandeln oder Metall- bzw. Elektrozaun einsetzen. Mehr Arbeit, andere Bewegungsmöglichkeiten, Weidegang.
Angst, harte Zügelhände, Starrsinn, völlige Erschöpfung, Überarbeitung	**Heilbar.** Zurück zu Arbeit, die den Laufwillen fördert (Longieren, Handpferdreiten). Nicht überarbeiten. Pferd durch Ablenken des Kopfes nach rechts oder links in Bewegung bringen. Deutliche treibende Hilfen, ohne verhaltende Hilfen (kein Druck aufs Gebiss). Nicht versuchen, Pferd vorwärts zu ziehen – das schaffen Sie nicht!
Trennung vom Stall (Futter, Komfort) oder von Artgenossen	**Heilbar,** hartnäckige Fälle gehören in Profihände. Ein selbstsicherer, erfahrener Trainer bringt das Pferd dazu, sich langsam immer weiter vom Stall (von der Herde) zu entfernen und belohnt dieses Verhalten, damit das Pferd Sicherheit gewinnt. Übungen zum Anhalten und Antreten wiederholen.
Gier (Leckerli), Spieltrieb (Neugierde) oder Unwille (gereizt oder sauer). Untersucht Objekte mit dem Maul. Oft die Folge des Fütterns von Leckerli oder Streicheln der Nase.	**Heilbar.** Lippen, Schnauze und Nüstern regelmäßig ohne Aufhebens anfassen. Beißt das Pferd zu, kräftig am Halfter rucken, dann weitermachen, als sei nichts geschehen.
Fehler im Umgang. Großes Verlangen nach Bewegung oder die Gesellschaft der Artgenossen.	**Heilbar, aber gefährlich,** da Pferde beim Losreißen häufig auch ausschlagen. Vor dem Abhalftern Leckerli auf den Boden legen, Seil um den Hals legen.
Gut aufgelegt; will Reiter oder Ausrüstung loswerden, empfindlicher oder schmerzhafter Rücken, Reaktion auf Beine oder Sporen des Reiters.	**Im Allgemeinen heilbar.** Futter und Arbeit überwachen; im Training angemessen schrittweise vorgehen; Passform der Ausrüstung überprüfen.
Angst, Unwille, mangelnder Respekt, schlechte Angewohnheit.	**Heilbar.** Zeit für korrektes Training nehmen. In kleinem Paddock bis zum Einfangen ruhig verfolgen, dann dasselbe in größeren Einfriedungen üben. Andere Pferde von der Weide entfernen. Leckerli auf den Boden legen. Nie gefangenes Pferd nachträglich strafen.
Ungenügend oder falsch erzogen. Pferd hat nicht gelernt zu kooperieren, sich auf drei Beinen auszubalancieren oder die Arbeit des Hufschmieds zu tolerieren.	**Heilbar,** hartnäckige Fälle gehören in professionelle Hände. Gründliche, systematische Gewöhnung auch an Zwänge: Huf aufnehmen, in sowohl gebeugter als auch gestreckter Haltung minutenlang fixieren, dabei säubern, auskratzen, Beine und Huf berühren.
Schlechte Manieren aufgrund falscher Erziehung.	**Heilbar** durch korrekte Übungen zum Thema Abstand
Überstürztes oder falsches Halftertraining, Nutzung instabiler Ausrüstung oder Anbindevorrichtungen, wodurch das Pferd lernt, dass es leicht freikommen kann. Anbinden am Zügel.	**Möglicherweise heilbar, aber sehr gefährlich,** in manchen Fällen unheilbar oder nur mit Hilfe eines Profis heilbar. Langen Führstrick durch Anbindevorrichtung ziehen und in der Hand behalten oder speziellen Anbindering verwenden. Strick um Widerrist einsetzen.

Auf einen Blick

Verhalten	Beschreibung
Kopfscheu	Weicht mit dem Kopf beim Putzen, Auftrensen, Scheren oder bei Tierarztbehandlung aus.
Zackeln	Geht im Schritt oder Trab mit kurzen, steifen Schritten, durchgedrücktem Rücken, erhobenem Kopf.
Ausschlagen	Ausschlagen nach einem Menschen mit einem oder beiden Hinterbeinen, auch seitwärts oder nach vorne gerichtet.
Steigen	Aufrichten auf die Hinterbeine beim Führen oder Reiten, manchmal Überschlagen.
Probleme beim Verladen	Stehen bleiben, Steigen oder rückwärts gehen beim Verladen.
Durchgehen	Unkontrollierter Galopp
Scheuen	Scheuen als Reaktion auf reale oder eingebildete Gefahren durch Anblicke, Geräusche, Gerüche oder Situationen.
Treten	Tritt mit dem Vorderbein nach einem Menschen.
Stolpern	Verliert Gleichgewicht oder stolpert über eigene Füße, gerät aus dem Takt oder fällt.
Schweifschlagen	Schlägt mit dem Schweif oder rotiert ihn auf gereizte oder ärgerliche Weise.

Ursachen	Behandlung
Ursprünglich meist grober Umgang und ungenügende Gewöhnung; Schmerzen an Ohren oder im Maul.	**Heilbar.** Medizinische Ursachen (Probleme an Ohren, Zunge, Lippen, Zähnen) ausschließen. Übungen zum Umgang wiederholen; lässt sich das Pferd anfassen, sollte man mit ihm üben, dabei den Kopf zu senken.
Unsachgemäßes Training in Richtung Versammlung; Pferd nicht an Hilfen gewöhnt, zu starke Zügelhilfen, schmerzhafter Rücken	**Heilbar.** Passform der Ausrüstung überprüfen, Hilfen korrekt einsetzen, durch halbe Paraden mit Kombination von Annehmen und Nachgeben zum Schritt gehen bringen bzw. vorwärts treibende Hilfen für den aktiven Trab nutzen.
Ursprünglich reflexartige Reaktion auf Berührung der Beine, dann Angst (Abwehr) bei grober Behandlung oder zur Abwehr einer Bedrohung oder eines Ärgernises	**Heilbar,** da der natürliche Reflex durch allmähliches Training überwunden werden kann. Schwere Fälle sind gefährlich und gehören in die Hand eines Profis, der mit Zwangsmitteln Abhilfe schaffen kann.
Angst, grober Umgang; will nicht vorwärts gehen oder scheut den Kontakt mit dem Gebiss beim vorwärts gehen; eng verwandt mit stehen bleiben; Reaktion auf versammelnde Arbeit	**Kann heilbar sein,** ist aber eine gefährliche Angewohnheit, die auch Profis überfordern kann. Maul- und Rückenprobleme ausschließen. Führarbeit und Longenarbeit wiederholen.
Schlechte Erziehung	**Heilbar** durch schrittweise Übungen im Führen, Anhalten und Antreten, Gewöhnung an beengte Verhältnisse
Angst, Panik (Fluchtreflex), steht nicht an den Hilfen, zu viel Kraftfutter, zu wenig Bewegung/Arbeit, Schmerzen durch unpassende Ausrüstung	**Kann heilbar sein, ist aber sehr gefährlich,** da ein panisches Pferd in den laufenden Verkehr, über Abhänge, durch Zäune usw. rennt. Abhilfe schafft Ablenken auf einen großen Zirkel durch einseitige Zügelhilfen (Anspannen und nachgeben), Zirkel allmählich bis zum Anhalten verkleinern.
Angst (vor dem Objekt selbst oder vor der Reaktion des Trainers auf das Verhalten des Pferdes), Sehprobleme, eingeschränktes Sehfeld durch starre Fixierung des Kopfes durch den Reiter; auch spielerisch	**Allgemein heilbar.** Pferd besser an die Hilfen stellen und seine Bewegung durch vorwärts treibende und durchhaltende Hilfen kontrollieren; gründliches Aussacken.
Reaktion auf Scheren, erstmaliger Gebrauch von Führkette oder Nasenbremse, auf den Kopf ausgeübter Zwang, Arbeit an den Zähnen	**Heilbar, aber sehr gefährlich.** Vor allem, wenn mit Steigen kombiniert, da dann der Mensch am Kopf getroffen werden kann. Hobbeln durch Profi.
Schwäche, Koordinationsstörungen; junges, faules Pferd; lange Zehe, kurze Trachten, fehlende Zehenrichtung; Reiten auf der Vorhand; schlechter Untergrund	**Heilbar.** Huf besser richten, Zehenrichtung einstellen; Pferd mehr auf die Hinterhand setzen (versammeln), Pferd besser konditionieren
Schmerzender Rücken durch unpassende Ausrüstung, Reiter nicht im Gleichgewicht, Verletzungen, überhastetes Training, launische Stute, Gewohnheit	Einmal angewöhnt, schlecht zu heilen. Gut passender Sattel, Reitunterricht, Massagen und andere Behandlungen, sorgfältiges Aufwärmen; schrittweise, realistische Trainingsziele

Ein Pferdeleben

WENN SIE WISSEN, WIE EIN PFERD PHYSISCH UND PSYCHISCH HERANREIFT und wie dieser Prozess sich mit unseren menschlichen Entwicklungsschritten vergleichen lässt, können Sie Ihr Management und Ihr Trainingsprogramm besser darauf abstimmen.

Unsere Hauspferde reifen innerhalb der ersten beiden Lebensjahre sehr schnell heran, danach schwächt sich die Entwicklungsgeschwindigkeit bis ins Seniorenalter ab. Dann aber kann es auch schnell bergab gehen, sofern die Haltungsbedingungen nicht optimal sind. Es lässt sich nicht genau sagen, ab wann ein Pferd »alt« ist, da dies von ererbten Faktoren und von den Haltungsbedingungen während seines ganzen Lebens abhängt.

Obwohl sich Parallelen zwischen der Entwicklung von Fohlen und Kindern aufzeigen lassen, hat ein Pferd im besten Alter nicht einmal die geistigen Fähigkeiten eines Kleinkindes. Die folgenden Ausführungen zur geistigen Entwicklung zeigen auf, wie sich Denkprozesse und Denkfähigkeit eines Pferdes im Verlauf des Reifungsprozesses entwickeln.

Lebensabschnitte

Pferde zeigen während ihres gesamten Lebens Verhaltensweisen und körperliche Merkmale, die für den jeweiligen Lebensabschnitt typisch sind. Wenn Sie wissen, was in einem bestimmten Alter normal oder durchschnittlich ist, bekommen Sie eine bessere Vorstellung davon, was Ihr Pferd braucht und welches Verhalten es vermutlich zeigen wird.

Damals und Heute

Als Zinger aus der Wildnis Washingtons zu mir kam, war sie gerade mal knapp zwölf Monate alt. Ihre Reflexe und ihr Selbsterhaltungstrieb waren stark entwickelt, dabei war sie aber auch neugierig und freundlich.

In ihren besten Jahren erwies sich Zinger als kraftvolles, vertrauenswürdiges und vielseitig einsetzbares Pferd. Sie war immer für mich da, ob als Westernpferd, im Gelände, als Arbeitspferd, in der Dressur oder als Zuchtstute.

Mit 31 Jahren ist Zinger auch als Senior gesund, willig und weise. Obwohl ich sie am liebsten immer noch reiten würde, möchte ich doch, dass sie ihre Rente bei guter Gesundheit genießen kann. Dieses Foto entstand deshalb auf unserem letzten gemeinsamen Ritt.

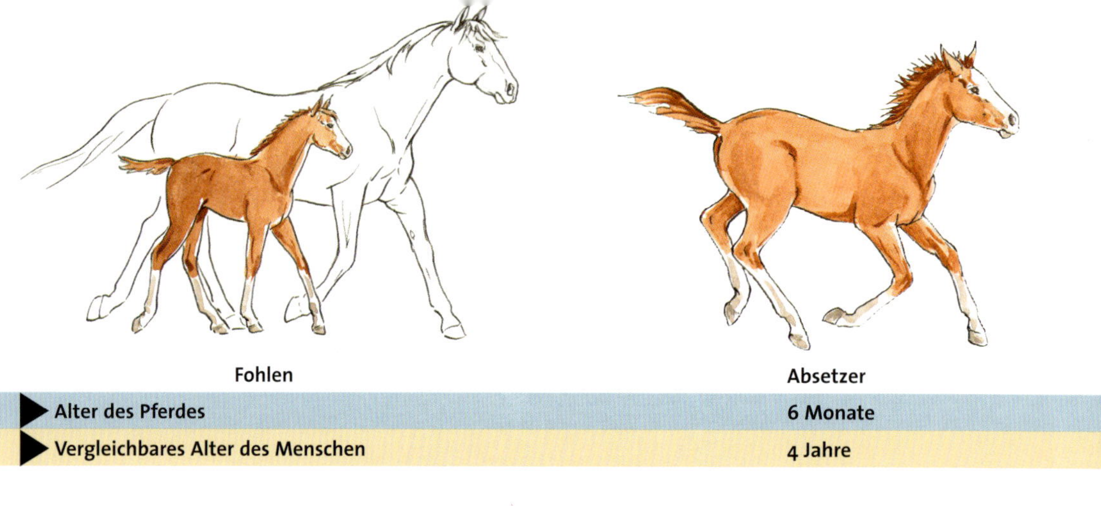

	Fohlen	Absetzer
▶ Alter des Pferdes		6 Monate
▶ Vergleichbares Alter des Menschen		4 Jahre

Fohlen

Die Bedürfnisse eines Fohlens ähneln denen eines menschlichen Säuglings: Sein Leben wird bestimmt von Hunger, Durst, Schlaf und Behaglichkeit. Als Nestflüchter verfügt ein Fohlen allerdings schon wenige Stunden nach der Geburt über die körperlichen Fähigkeiten und Fertigkeiten eines zweijährigen Kleinkindes. 24 Stunden nach der Geburt rennt das Fohlen bereits munter auf Beinen herum, die 90 % der Länge eines erwachsenen Pferdes haben. Zusammen mit seinen wachen Instinkten hilft diese Fähigkeit seit Jahrtausenden jungen Pferden beim Überleben. Manchmal verführen ihre körperlichen Fähigkeiten junge Fohlen auch dazu, sich allzu unbekümmert auszutoben und dadurch zu überlasten, vor allem, wenn sie längere Zeit im Stall verbringen mussten und nun endlich nach draußen dürfen.

Trotz ihrer scheinbaren Robustheit sind Fohlen physisch und psychisch empfindlich und benötigen die Nähe und Sicherheit, die nur die Mutterstute ihnen bietet. Saugfohlen sind typischerweise ebenso neugierig wie vorsichtig, quicklebendig wie verletzlich, lebhaft wie ängstlich.

Es ist sinnvoll, mit Jungpferden vom Moment der Geburt an durch die Säugeperiode hindurch umzugehen, sie anzufassen; gehen Sie dabei aber zielgerichtet vor, seien sie fair, entschlossen und fassen Sie sich kurz. Die Bedürfnisse eines Fohlens hinsichtlich Ernährung und Infektionsschutz werden zwar von der Mutterstute weitgehend gedeckt, trotzdem muss für jedes Fohlen ein maßgeschneiderter Fütterungs- und Gesundheitsplan vorliegen.

Körperliche Entwicklung

Die körperliche Entwicklung eines Pferdes schreitet grundsätzlich anders voran als die eines Menschen. Die oben angeführte, auf meinen Erfahrungen und Beobachtungen basierende Zeitachse liefert deshalb nur Anhaltspunkte. Um eine ungefähre Vorstellung vom Alter eines Pferdes bezogen auf das menschliche Alter zu bekommen, werden bis zum Alter von zwei Jahren die Lebensjahre des Pferdes mit acht multipliziert; danach entspricht jedes Pferdejahr zweieinhalb menschlichen Lebensjahren.

Absetzer

Wenn das Fohlen mit vier bis sechs Monaten abgesetzt wird, entspricht das junge Pferd körperlich einem vier bis fünf Jahre alten Kind und geistig einem Zwei- oder Dreijährigen. Ein Absetzer sollte einfach Pferd sein dürfen und überwiegend draußen gehalten werden, seine Konzen-

trationsspanne ist kurz und er neigt zu plötzlichen Temperamentsausbrüchen. Übungsstunden sollten häufig durchgeführt, aber kurz, sicher und unterhaltsam gestaltet werden. Absetzer sind sehr verletzlich und können tief greifende psychische und physische Traumata erleben, sie dürfen deshalb nie grob behandelt werden. Es muss dafür gesorgt werden, dass der Absetzer stets Interesse an der Futteraufnahme und anderen Elementen des Tagesablaufs zeigt, damit er nicht depressiv wird. Das junge, nun von seiner Mutter getrennte Pferd fürchtet um seine Sicherheit. Es muss sich außerdem erstmals ganz auf sich selbst, auf seine eigenen Verhaltensmuster verlassen. Auf der Weide muss es alleine entscheiden, wann und wo es grasen, trinken oder Salz aufnehmen soll. Im Stall muss es sich ganz auf sich gestellt einer neuen Raufe oder Tränke nähern, ohne die beruhigende Nähe der Mutterstute. Während dieser Phase maximaler Entwicklung sind angemessene Fütterung und Gesundheitsvorsorge besonders wichtig.

Jährling

Der Jährling verbringt viel Zeit damit, seine eigenen körperlichen Fähigkeiten zu erproben und seinen Platz innerhalb der Gemeinschaft von Pferden und Menschen zu finden. Geistig vergleichbar mit einem fünfjährigen und körperlich mit einem achtjährigen Menschen, kann der Jährling reizbar, wild und launisch reagieren. Hengst- und Stutfohlen spüren die hormonellen Auswirkungen der beginnenden Pubertät und zeigen erste sexuelle Elemente im Spiel. In diesem Alter werden viele männliche Jungpferde bereits kastriert.

Es ist wichtig, die bereits im Fohlenalter begonnenen Übungen zu wiederholen und fortzuführen. Die Übungszeiten müssen zwar kurz gehalten werden, können jedoch häufiger stattfinden und mehr Aspekte des Umgangs umfassen. Der Jährling ist bereit und in der Lage, alle Grundregeln des Benimms zu lernen. Aufgrund seiner alterstypischen Bedürf-

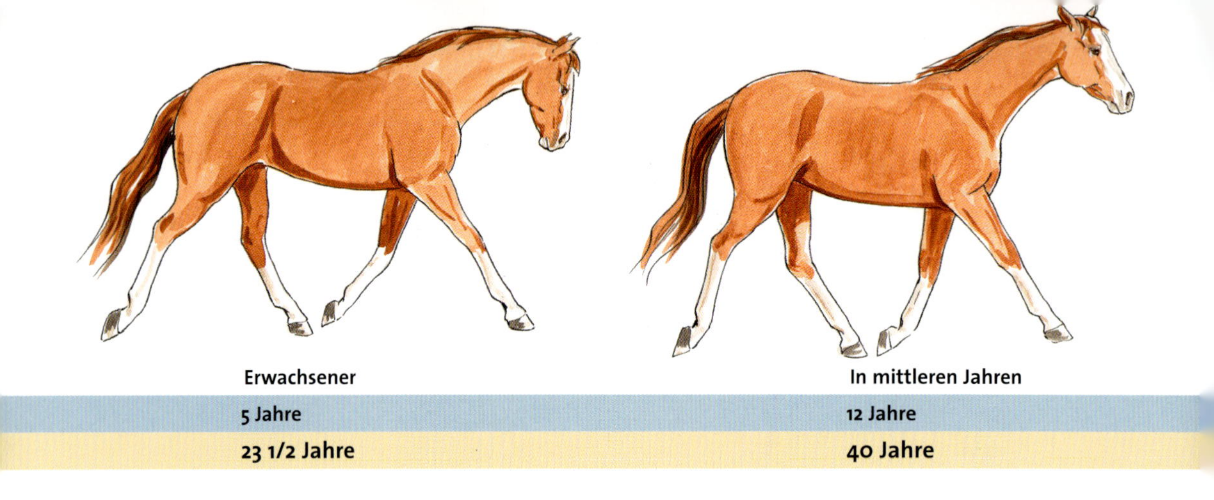

nisse bezüglich Fütterung und medizinischer Betreuung kann er allerdings nicht mit erwachsenen Pferden in einen Topf geworfen werden. So benötigt ein Jährling beispielsweise ein Futter mit höherem Proteingehalt als ein erwachsenes Pferd und muss eventuell auch häufiger entwurmt werden.

Zweijährige

Zweijährige sind starken sexuellen Trieben unterworfen, die Flut der Hormone beeinflusst die Konzentrationsfähigkeit der jungen Hengste und Stuten während ihrer Übungsstunden. Wallache sind tendenziell ruhiger.

Obwohl sie körperlich etwa einem sechzehnjährigen und mental einem zwölfjährigen Menschen entsprechen, werden zweijährige allzu oft wie bereits ausgereifte Pferde behandelt. Zwar sind seine Epiphysenfugen teilweise bereits ausgereift, doch darf das Zweijährige nicht wie ein erwachsenes Pferd belastet werden; sein nicht ausgereiftes Skelett neigt sonst zu Verletzungen. Dem Zweijährigen fehlen die Belastbarkeit und das Durchhaltevermögen, um ein anstrengendes Trainingsprogramm ohne dauerhafte physische oder psychische Schäden durchzuhalten.

Epiphysen werden die Wachstumszonen an den Enden der Röhrenknochen genannt.

Die Albernheiten des Jährlings hat es weitgehend abgelegt, so kann das zweijährige Pferd sich im Allgemeinen auf seinen Unterricht konzentrieren und dem Trainer sein Potential offenbaren. Bis zum Alter von fünf Jahren wechselt das Pferd seine Zähne und seine Epiphysenfugen reifen weiter heran und schließen sich allmählich.

Erwachsen/im besten Alter

Zwischen fünf und zwölf Lebensjahren ist das Pferd geistig und körperlich in seiner Blütezeit. Es entspricht physisch und psychisch einem Menschen in den Zwanzigern und Dreißigern, sein Körper ist ausgereift und es verfügt über einen Schatz an Erfahrungen, der es (hoffentlich)

vernünftig agieren lässt. Es hat keine besonderen Ansprüche an die Fütterung. Mit durchschnittlichem Training bleibt es fit und seine Immunabwehr ist voll entwickelt.

Im mittleren Alter

Zwischen der Blütezeit und dem Lebensalter des Seniors lassen beim zwölf- bis zwanzigjährigen Pferd allmählich Durchhaltevermögen und Muskeltonus langsam nach. Wie beim vierzig- bis sechzigjährigen Menschen auch sind diese Veränderungen von Pferd zu Pferd unterschiedlich stark ausgeprägt, je nach Erbgut, Nutzung und Pflege.

Senior

Wie Menschen jenseits der Sechzig stellen sich beim zwanzig bis dreißig Jahre alten Pferd Zahnprobleme ein (Zahnverlust, Abnutzung, Zahnschäden), die zu Problemen beim Kauen und damit bei der Aufnahme von Nährstoffen und zu Gewichtsverlust führen können. Senioren benötigen insgesamt mehr Futter, der Gehalt und die Qualität von Protein und Fett muss höher liegen, sie brauchen aber weniger Kohlenhydrate. Verluste an Hör- und Sehfähigkeit können das Verhalten beeinträchtigen. Das Immunsystem ist nicht mehr so stark wie früher und Arthrose kann zu Lahmheiten führen.

Geistige Entwicklung

Ein Pferd erreicht das geistige Niveau eines Menschen nie auch nur annähernd, deshalb sind Vergleiche bezüglich der geistigen Entwicklung relativ zu sehen. Ich meine damit lediglich vergleichbare oder parallele Entwicklungsphasen. So hat ein Absetzer mit einem zweijährigen oder dreijährigen Kind die kurze Aufmerksamkeitsspanne und die Neigung zu Temperamentsausbrüchen gemeinsam. Nur das ist damit gemeint.

Greis

Pferde jenseits der dreißig können körperlich beeinträchtigt, aber, wie Zinger, dabei fit genug sein, um von leichter Arbeit zu profitieren. Die Fütterung stellt die größte Herausforderung dar, Pferdegreise benötigen meist leicht zu kauendes Futter wie Mash, Rübenschnitzel und Heucobs. Wie bei einem über 85 Jahre alten Menschen auch ist regelmäßige Bewegung wichtig, damit es nicht zur Versteifung kommt.

Zeitachse eines Pferdelebens

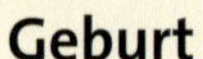

Geburt

Wichtige Voraussetzungen für Überlebensfähigkeit (Beine), steht und säuft kurz nach Geburt; wiegt ungefähr 10 % des Erwachsenengewichts, Beine aber haben bereits 90 % der Länge eines erwachsenen Pferdes und Körperhöhe beträgt 75 % des Stockmaßes im Erwachsenenalter; neugierig; verspielt; schläft viel (siehe auch Zeitachse des Neugeborenen)
Gewicht: 55 kg
Größe: 115 cm
Vergleich zum Menschen:
Körperlich > Zwei Jahre
Geistig > Neugeborenes

Vier Monate alt

Wächst schnell; verspielt, testet eigene körperliche Grenzen aus; zeigt erste sexuelle Verhaltensweisen mit Mutterstute; nimmt bis zum Absetzen an Selbstsicherheit zu, dann unsicher; kaut auf Objekten herum
Gewicht: 200 kg
Größe: 130 cm
Vergleich zum Menschen:
Körperlich > Vier Jahre
Geistig > Zwei Jahre

Sechs Monate

Wächst schnell; erreicht etwa die Hälfte des Endgewichts; eindrucksfähig, neugierig, reaktionsschnell, kann unsicher oder lebhaft sein, munter; beginnt ernsthaft mit sexuell gefärbten Spielen; kurze Aufmerksamkeitsspanne, kaut auf Objekten herum
Gewicht: 250 kg
Größe: 140 cm
Vergleich zum Menschen:
Körperlich > Fünf Jahre
Geistig > Drei Jahre

Mit sechs Jahren

Beginn des Zeitabschnitts der »besten Jahre«, das individuell unterschiedlich bis zum Alter von 12 bis 15 Jahren anhält
Vergleich zum Menschen:
Körperlich > 30 Jahre
Geistig > 30 Jahre

Mit zehn Jahren

Im besten Alter; im Gebiss des Pferdes verschwinden die Kunden (siehe unten)
Vergleich zum Menschen:
Körperlich > 36 Jahre
Geistig > 36 Jahre

Mit 15 Jahren

Altert körperlich schneller als geistig; die besten Jahre sind vorbei, geht auf mittleres Alter zu; geringgradige Steifheit; reagiert empfindlicher auf Wetterlage und Insekten; Menschen und seiner Nutzung gegenüber toleranter und entspannter
Vergleich zum Menschen:
Körperlich > 48 1/2 Jahre
Geistig > 45 Jahre

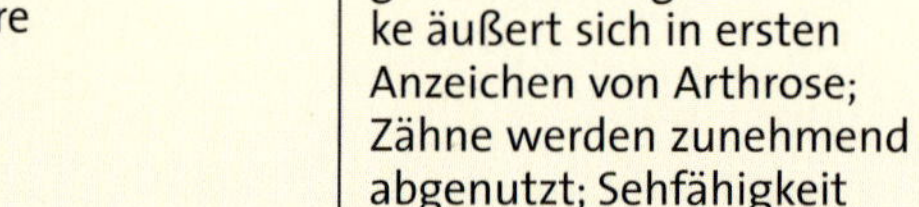

Mit 20 Jahren

Knochen werden brüchiger, Abnutzung der Gelenke äußert sich in ersten Anzeichen von Arthrose; Zähne werden zunehmend abgenutzt; Sehfähigkeit nimmt ab; wird um Augen, Ohren und Maul herum langsam grau; Fruchtbarkeit der Stuten nimmt ab
Vergleich zum Menschen:
Körperlich > 61 Jahre
Geistig > 50 Jahre

Mit 25 Jahren

Durchschnittliches Lebensalter eines Pferdes; kann Anzeichen von nachlassender Festigkeit im Rücken zeigen oder Hängebauch entwickeln, abnehmender Muskeltonus, Gewichtsverlust, Rückgrat steht hervor, Zähne wackeln; Unterlippe hängt; Haut trocken; geringere Speichelproduktion und abnehmende Aufnahme von Nährstoffen; kann Anämie entwickeln; bildet Winterfell früher und wirft es später ab; Winterfell lang
Vergleich zum Menschen:
Körperlich > 73 1/2 Jahre
Geistig > 55 Jahre

Jährling
Sexuelle Entfaltung; oft Kastration; gereizt, launisch; kaut; beißt; Wolfszähne werden häufig entfernt
Gewicht: 300 kg
Größe: 145 cm
Vergleich zum Menschen:
Körperlich > Acht Jahre
Geistig > Fünf Jahre

18 Monate alt
Sexuell ausgereift; Stuten werden rossig, Hengste können decken
Gewicht: 425 kg
Größe: 150 cm
Vergleich zum Menschen:
Körperlich > Zwölf Jahre
Geistig > Acht Jahre

Zweijähriger
Ausgeprägter Sexualtrieb; Epiphysenfugen können ausgereift genug sein für leichte Belastung; oft Beginn leichter Arbeit unter dem Sattel
Gewicht: 460 kg
Größe: 155 cm
Vergleich zum Menschen:
Körperlich > Sechzehn Jahre
Geistig > Zwölf Jahre

Dreijährig
Wechselt zwischen leichten Albernheiten und Beständigkeit, entwickelt erwachsene Charakterzüge
Gewicht: 525 kg
Größe: 155 cm
Vergleich zum Menschen:
Körperlich > Achtzehneinhalb Jahre
Geistig > Achtzehn Jahre

Vierjährig
Größe und Gewicht sind von nun an bis zum Seniorenalter meist stabil
Gewicht: 600 kg
Größe: 155 cm
Vergleich zum Menschen:
Körperlich > 21 Jahre
Geistig > 21 Jahre

Mit fünf Jahren
Erstes Jahr im Lebensabschnitt eines Erwachsenen: Gebiss und Skelett (siehe unten) entsprechen voll dem eines erwachsenen Pferdes;
Vergleich zum Menschen:
Körperlich > 23 1/2 Jahre
Geistig > 25 Jahre

Mit 30 Jahren
Gelenke weniger fest, dadurch Fesselstand weicher; Augen können trüb werden; Teilblindheit
Vergleich zum Menschen:
Körperlich > 86 Jahre
Geistig > 60 Jahre

Mit 35 Jahren
Kann einige Zähne verloren haben und benötigt deshalb weiches Futter
Vergleich zum Menschen:
Körperlich > 98 1/2 Jahre
Geistig > 65 Jahre

Mit 40 Jahren
Ist vielleicht ziemlich steif und hat Probleme mit dem Fressen, ist aber einfach ein Schatz
Vergleich zum Menschen:
Körperlich > 111 Jahre
Geistig > 70 Jahre

Geistige Entwicklung
Fohlen zeigen eine Unterwerfungsgeste mit gesenktem Kopf, wobei sie ihr Maul immer wieder öffnen und schließen. Man nennt dieses Unterlegenheitskauen auch **»Mäulchen machen«** oder **»Senkrechtkauen«**. Das **Mekonium** ist ein dunkler, klebriger Stuhl, der sich im Darm des Ungeborenen ansammelt und um den Geburtstermin oder kurz danach ausgeschieden wird.

Ein neugeborenes Fohlen ist ein unbeschriebenes Blatt, auf das Sie ein Meisterwerk schreiben können.

Zeitachse der Entwicklungsschritte

Wenn Sie wissen, was wann mit Ihrem Pferd passiert, hilft Ihnen das in mehrfacher Hinsicht: Bei der Entwicklung eines Ausbildungsplans oder Vorsorgeplans, bei der Wahl Ihrer Ausrüstung, bei der Durchführung optimaler Trainingseinheiten usw.

Zeitachse des neugeborenen Fohlens

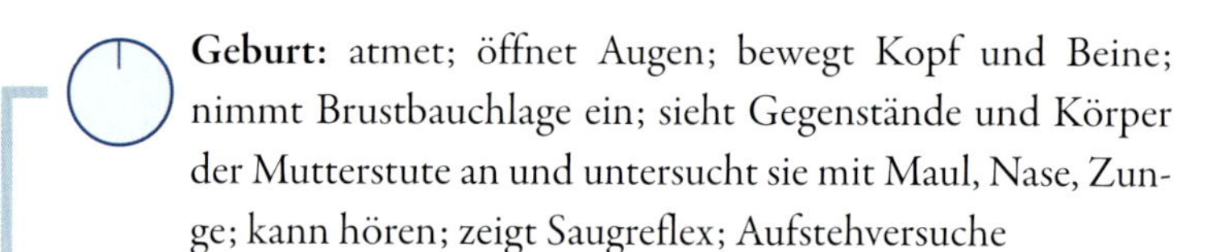

Geburt: atmet; öffnet Augen; bewegt Kopf und Beine; nimmt Brustbauchlage ein; sieht Gegenstände und Körper der Mutterstute an und untersucht sie mit Maul, Nase, Zunge; kann hören; zeigt Saugreflex; Aufstehversuche

Eine Stunde alt: steht; sucht Stute; geht; gibt Mekonium (erster Stuhl des Neugeborenen) ab; folgt Mutterstute; saugt; wiehert; Prägung auf Mutterstute findet statt; Widerstand beim Festhalten; zeigt Rückzugsreflexe

Zwei Stunden alt: legt sich hin (Brustbauchlage oder Seitenlage); schläft; steht auf; fürchtet sich vor unbekannten Gegenständen oder Menschen, ist aber neugierig und in Gegenwart der Stute selbstsicher, untersucht sie also

Drei Stunden alt: beginnt zu spielen; putzt sich selbst im Bereich der Flanken; untersucht Objekte mit dem Maul; trabt, galoppiert

Ein Tag alt: Kratzt sich mit Hinterhuf am Kopf; scheuert sich an Gegenständen; gähnt; zeigt Unterlegenheitskauen; wälzt sich; flehmt

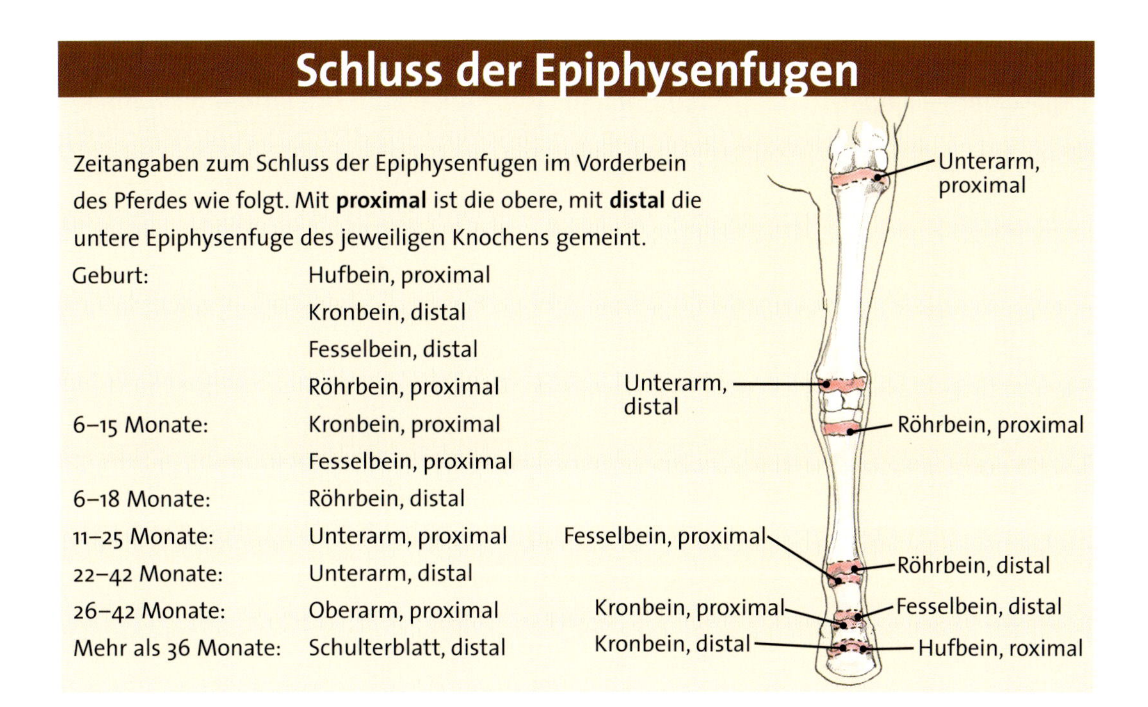

Schluss der Epiphysenfugen

Zeitangaben zum Schluss der Epiphysenfugen im Vorderbein des Pferdes wie folgt. Mit **proximal** ist die obere, mit **distal** die untere Epiphysenfuge des jeweiligen Knochens gemeint.

Geburt:	Hufbein, proximal
	Kronbein, distal
	Fesselbein, distal
	Röhrbein, proximal
6–15 Monate:	Kronbein, proximal
	Fesselbein, proximal
6–18 Monate:	Röhrbein, distal
11–25 Monate:	Unterarm, proximal
22–42 Monate:	Unterarm, distal
26–42 Monate:	Oberarm, proximal
Mehr als 36 Monate:	Schulterblatt, distal

Zeitachse der Skelettentwicklung

Erst mit dem vierten oder fünften Lebensjahr ist das Skelett eines Pferdes völlig ausgereift. Es ist wichtig zu wissen, wann die Epiphysenfugen am unteren (distalen) Ende des Unterarms (siehe Illustration) sich schließen, weil erst dann mit ernsthafter Arbeit begonnen werden kann. Wollen Sie Ihr Pferd bereits mit weniger als zwei Lebensjahren arbeiten, sollte ein Tierarzt das Vorderfußwurzelgelenk röntgen und interpretieren. Wird zu früh mit der Arbeit begonnen, kann das Pferd eine Epiphysitis, eine Entzündung der Epiphysenfugen entwickeln. Dadurch kommt es zu Lahmheiten und Verbiegungen der Gliedmaßen.

Zeitachse der Gebissentwicklung

Alle ausgewachsenen Pferde haben Schneidezähne, Prämolaren (vordere Backenzähne) und Molaren (Backenzähne oder Mahlzähne). Manche haben außerdem Wolfszähne und Hakenzähne, auf die ich später noch eingehe. Ein erwachsenes Pferd hat immer mindestens 36 Zähne. Dazu gehören zwölf Schneidezähne ganz vorne im Gebiss, zwölf Prämolaren ab dem Maulwinkel und ganz hinten im Kiefer zwölf Molaren. Vor seinem endgültigen Gebiss hat ein Pferd Milchzähne. Die Milchzähne der Molaren sind im Alter von zwei Wochen durchgebrochen und werden im Alter zwischen zwei und fünf Jahren durch die bleibenden Zähne ersetzt.

Im Gebiss eines jungen Pferdes (zweijährig) beginnen die bleibenden Schneidezähne und Molaren die Milchzähne zu ersetzen.

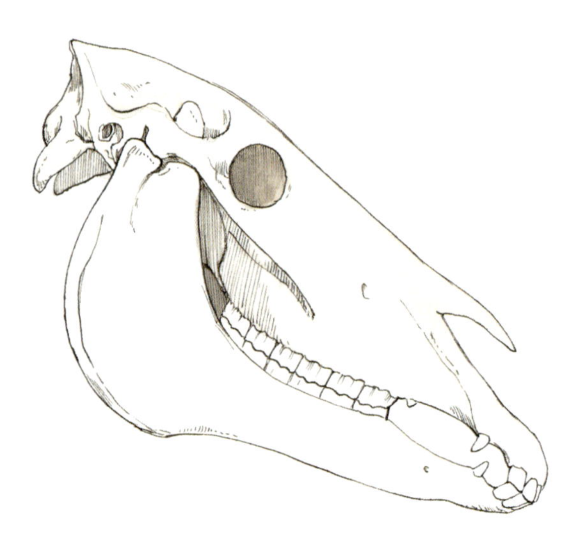

Mit fünf Jahren ist das Gebiss eines Pferdes samt Schneidezähnen und Molaren komplett. Die männlichen Pferde haben meist zusätzlich Wolfszähne ausgebildet.

Die meisten Faustzahlen zur Altersbestimmung hängen mit dem Durchbruch der Zähne zusammen. Sechs Monate nach dem jeweiligen Durchbruch beginnt die Abnutzung der Zähne.
Der Begriff »Prämolaren« bedeutet nicht, dass es sich um Milchzähne handelt, sondern hat etwas mit der Lage der Zähne im Kiefer zu tun; die Prämolaren sitzen vor den Molaren. Bricht ein bestimmter Zahn durch, etwa der zweite Prämolar, dann erscheinen alle vier Prämolaren ungefähr zur selben Zeit: der obere rechte, der obere linke, der untere rechte und der untere linke.
Zwischen den Prämolaren und den Schneidezähnen findet sich im Kiefer ein Bereich fast ohne Zähne, der Lade genannt wird; hier liegt das Gebiss.
Ab einem Alter von vier Jahren haben die meisten Hengste zusätzlich vier Hakenzähne, die im Bereich der Laden hinter den Schneidezähnen liegen. Die Hakenzähne der männlichen Pferde brechen mit etwa vier Jahren durch und sind mit fünf Jahren voll entwickelt. Diese Hakenzähne können recht spitz sein und müssen deswegen abgeschliffen oder abgeknipst werden, damit sie die Lippen des aufgetrensten Pferdes nicht verletzen. Nur wenige Stuten entwickeln ebenfalls Hakenzähne.
Manche Pferde haben außerdem Wolfszähne (erste Prämolaren) unmittelbar vor den zweiten Prämolaren, meist allerdings nur im Oberkiefer. Durch den Evolutionsprozess finden sich nicht bei allen Pferden Wolfszähne. Wenn ein Pferd Wolfszähne bekommt, sind sie im Alter von einem Jahr bereits durchgebrochen. Obwohl es sich beim Wolfszahn um einen bleibenden Zahn handelt, fallen sie manchmal (gemeinsam mit dem temporären zweiten Prämolaren) aus, wenn der bleibende zweite Prämolar mit zwei bis drei Lebensjahren durchbricht. Manchmal verursachen Wolfszähne beim aufgetrensten Pferd schmerzhafte Quetschungen der Lippe, weshalb sie vom Tierarzt entfernt werden müssen.

Die Durchnummerierung der Milch- und bleibenden Prämolaren und Molaren kann etwas verwirrend sein, da der Wolfszahn als erster, bleibender Prämolar gezählt wird. Klarheit verschafft nachfolgende Übersicht.

Die Zähne eines Pferdes brechen durch, fallen aus und werden ersetzt, bis es fünf Jahre alt ist. Mit fünf Jahren ist sein Gebiss sozusagen »volljährig« und vollständig. Seine Zähne wachsen allerdings weiter, bis es über zwanzig Jahre alt ist.

Bei einem fünfjährigen Pferd sitzen im Kieferknochen verborgen unter den oberhalb des Zahnfleischs sichtbaren Zähnen acht bis zehn Zentimeter »Reserve«. Während das Pferd älter wird, schiebt sich diese Reserve allmählich genauso schnell nach oben, wie die Zahnoberfläche durch das Beißen und Kauen abgenutzt wird. Nähert sich das Pferd einem Lebensalter von dreißig Jahren, ist die Reserve so gut wie aufgebraucht und mit zunehmendem Alter wird das Pferd seine Zähne weitgehend verlieren und auf den Zahnleisten kauen.

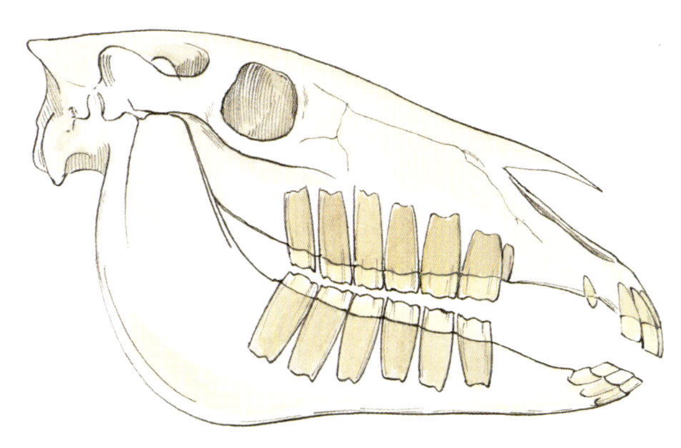

Die »Reserve« ist der Teil eines Zahns, der unsichtbar innerhalb des Kiefers liegt. Während das Pferd älter wird, wachsen die Zähne eine Weile weiter, können im Alter aber aufgebraucht sein.

Abnutzung

Der Oberkiefer eines Pferdes ist 30 % weiter gewinkelt als sein Unterkiefer. Mahlt das Pferd mit einer Seitwärtsbewegung des Kiefers sein Futter, nützt es dabei seine Mahlzähne ab und es kommt an den Molaren und Prämolaren des Oberkiefers außen und an den unteren Molaren und Prämolaren innen zur Bildung scharfkantiger Zahnhaken. Diese scharfen Kanten stören das Pferd beim Fressen und können zur Verletzung von Zunge und Wangeninnenseite führen. Es ist deshalb notwendig, einmal jährlich einen Zahnpflegetermin mit dem Tierarzt zu vereinbaren, der die Kanten abschleift und die Balance im Gebiss wiederherstellt.

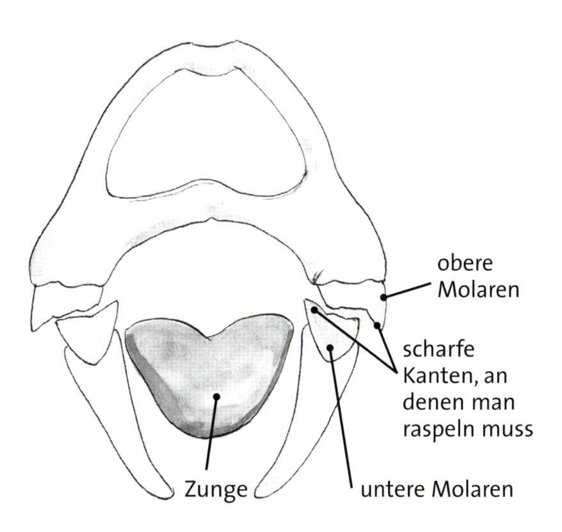

Ein Querschnitt durch den Kiefer eines Pferdes, von vorne betrachtet. Er zeigt die scharfen Kanten, die sich infolge des Kauvorgangs bilden.

Die Entwicklung der Zähne

Lebensalter	Anzahl der Zähne	Schneidezähne: Milchzähne	Schneidezähne: Bleibende Zähne
Geburt bis zwei Wochen	16	Innere erscheinen um den Geburtstermin bis zwei Wochen danach, insgesamt 4	0
4–6 Wochen	20	Mittlere Schneidezähne brechen durch; insgesamt 8	0
6–9 Monate	24	Eckschneidezähne brechen durch; insgesamt 12	0
1 Jahr	28	insgesamt 12	0
2 Jahre	32	insgesamt 12	0
2 1/2 bis 3 Jahre	32	Innere werden verloren; insgesamt 8	Innere brechen durch; insgesamt 4
3 1/2 bis 4 Jahre	36	Mittlere werden verloren; insgesamt 4	Mittlere brechen durch; insgesamt 8
4 1/2 bis 5 Jahre	36	Eckzähne werden verloren; insgesamt 0	Eckzähne brechen durch; insgesamt 12
7 Jahre	36	0	Typischer Haken erscheint an oberen Eckschneidezähnen; insgesamt 12
9–10 Jahre	36	0	Kerbe am Zahnfleischrand der oberen Eckschneidezähne sichtbar; insgesamt 12
12 Jahre	36	0	Kerbe reicht 1/4 der Länge des Zahns hinunter; insgesamt 12
15 Jahre	36	0	Kerbe reicht den halben Zahn hinab; insgesamt 12
20 Jahre	36	0	Kerbe reicht den gesamten Zahn entlang; insgesamt 12
25 Jahre	36	0	Kerbe zur Hälfte verschwunden; insgesamt 12
30 Jahre	36	0	Kerbe verschwunden

Prämolaren		Molaren	
Milchzähne	Bleibende Zähne	Bleibende Zähne	Erklärungen
2–4 auf jeder Seite, oben und unten; insgesamt 12	0	0	
12	0	0	
12	Unterschiedlich/ Wolfszähne; 0–4	0	Wolfszähne (erste Prämolaren) können vor dem zweiten Prämolaren des Oberkiefers durchbrechen.
12	Wolfszähne 0–4	Nummer 1 bricht durch; insgesamt 4	Wolfszähne werden häufig entfernt.
12	0	Nummer 2 bricht durch; insgesamt 8	
Nummer 2 und 3 werden verloren; insgesamt 4	Nummer 2 und 3 brechen durch; insgesamt 8	8	
Nummer 4 wird verloren; insgesamt 0	Nummer 4 bricht durch; insgesamt 12	Nummer 3 bricht durch; insgesamt 12	Manchmal müssen Mahlzahnkappen vom Tierarzt entfernt werden.
0	12	12	0–4 Wolfszähne erscheinen im Bereich der Laden bei männlichen und einigen weiblichen Tieren; Pferd hat vollständiges Gebiss.
0	12	12	
0	12	12	
0	12	12	Kunden im Bereich der Schneidezähne verschwunden.
0	12	12	
0	12	12	Zahnverlust beginnt möglicherweise; Schneidezähne beim Blick von der Seite flacher gewinkelt.
0	12	12	Zähne bis zum Zahnfleischrand abgenutzt.
0	12	12	Verlorene und abgenutzte Zähne machen besondere Fütterung notwendig.

KAPITEL 8

Kommunikation

PFERDE KOMMUNIZIEREN UNTEREINANDER überwiegend mit Hilfe von Körpersprache und Gefühlssinn und interpretieren unsere Handlungen deshalb auf ihre ganz eigene Weise. Deshalb müssen wir ihre Sprache lernen – nicht nur, um zu verstehen, was unsere Pferde uns mitteilen, sondern auch um zu wissen, was unsere eigene Position, Körperhaltung und Bewegungen ihnen sagen.

Immer dann, wenn Sie mit Ihrem Pferd umgehen, unterhalten Sie beide sich auch. Solche Unterhaltungen können einen guten oder schlechten Verlauf nehmen, ganz wie zwischenmenschliche Kommunikation. Nachfolgend jeweils zwei Versionen typischer Unterhaltungen zwischen Pferd und Trainer. Was meinen Sie wohl, welche Version langfristig das beste Ergebnis mit sich bringt?

»Senke den Kopf!«

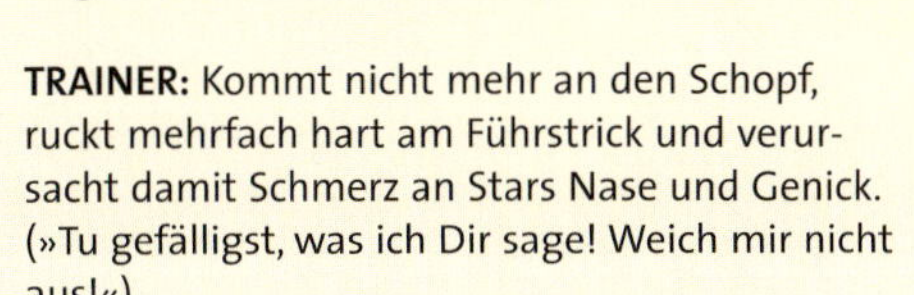

TRAINER: Greift nach dem Schopf (»Ich mache den mal schön ordentlich für dich, Star.«)
PFERD: Nimmt rasch den Kopf sehr hoch. (»Da nähert sich etwas meinem Kopf. Ich muss Augen und Ohren schützen.«)

TRAINER: Kommt nicht mehr an den Schopf, ruckt mehrfach hart am Führstrick und verursacht damit Schmerz an Stars Nase und Genick. (»Tu gefälligst, was ich Dir sage! Weich mir nicht aus!«)
PFERD: Nimmt den Kopf noch höher. (»Ich habe mich nicht schnell genug bewegt, deswegen tun mit jetzt Nase und Kopf weh. Ich hab richtig Angst.«)

TRAINER: Ruckt weiter, fängt an zu schreien. (»Verdammt noch mal, Du blöder Gaul, Du wirst den Kopf schon noch runter nehmen.«)
PFERD: Schwingt den Kopf von einer Seite zur anderen. (»Ich probier mal was anderes aus, um diesen Schmerz loszuwerden. Was ist hier eigentlich los?«)

TRAINER: Schlägt das Pferd mit dem Ende des Führstricks am Hals. (»Ich zeig dir schon, wer hier der Chef ist. Jetzt siehst Du, was passiert, wenn Du nicht tust, was ich will!«)
PFERD: Nimmt den Kopf ganz nach rechts herüber und steigt. (»Es hat nichts gebracht, mit dem Kopf hin und her zu schwingen; vielleicht werde ich den Druck los, wenn ich ihn noch höher nehme.«)

TRAINER: Ruckt am Führstrick, verliert ihn aber aus der Hand. (»Deinen Ungehorsam werde ich Dir schon noch austreiben!«)
PFERD: Zieht weg und rennt zehn Meter davon. Dreht sich um und sieht den Trainer mit gesenktem Kopf an. (»Na also, das hat funktioniert. Ich muss beim nächsten Mal nur steigen und ziehen, dann hört der Schmerz auf. Bin ich froh, dass ich das kapiert habe.«)

TRAINER: Greift nach dem Schopf (»Ich mache den mal schön ordentlich für dich, Star.«)
PFERD: Nimmt rasch den Kopf sehr hoch. (»Da nähert sich etwas meinem Kopf. Ich muss Augen und Ohren schützen.«)

TRAINER: Kommt nicht mehr an den Schopf, bringt über den Führstrick stetigen, nach unten gerichteten Druck auf das Halfter und damit auf Nase und Genick des Pferdes. (»Nimm den Kopf herunter, Star. Ich komme nicht mehr an Deinen Schopf ran.«)
PFERD: Nimmt den Kopf zwei Zentimeter höher, senkt ihn dann wieder einen Zentimeter. (»Mir gefällt dieser Druck auf meinen Kopf nicht. Ich hab versucht, meinen Kopf zu bewegen, um ihm auszuweichen. Hat nicht funktioniert, jetzt versuche ich einfach, den Kopf ein bisschen zu senken.«)

TRAINER: Hält den Druck aufrecht, wenn der Kopf des Pferdes hoch geht, nimmt ihn aber sofort weg, als das Pferd den Kopf senkt und streichelt Star an der Stirn. (»Braver Junge.«)
PFERD: Hält den Kopf still. (»Das fühlt sich gut an.«)

TRAINER: Erneuter, nach unten gerichteter Druck über den Führstrick. (»Ich komme nicht gut an Deinen Schopf, wenn Du den Kopf so hoch hältst. Nimm ihn noch ein bisschen herunter.«)
PFERD: Senkt denKopf einen Zentimeter. (»Als ich das letzte Mal diesen Druck gespürt habe, ging er sofort weg, als ich meinen Kopf senkte.«)

TRAINER: Nimmt Druck sofort weg und streichelt Star an der Stirn, nennt ihn einen »Guten Jungen«. (»Jetzt begreift Du es. Was für ein schlaues Pferd!«)
PFERD: Senkt den Kopf weitere zwei Zentimeter. (»Wenn ich den Kopf senke, fühlt sich das gut an.«)

TRAINER: Bewegt seine Hand von der Stirn zum Schopf. (»Mach Dir keine Sorgen, Star, das ist genauso wie streicheln.«)
PFERD: Spannt die Muskeln im Hals an und beginnt, den Kopf zu heben. (»Ich kann das Ding, das sich meinen Ohren nähert, nicht richtig einschätzen, aber es tut auch noch nicht weh.«)

TRAINER: Übt sofort Druck aus, behält die Hand am Schopf. (»Du kommst selber drauf, Star.«)
PFERD: Senkt Kopf fünf Zentimeter. (»Wenn ich den Kopf senke, hört der Druck auf. Hat bis jetzt immer geklappt und man hat mir nicht wehgetan.«)

TRAINER: Nimmt den Druck weg, als Star den Kopf senkt. Streichelt Stirn und Schopfansatz und lobt »Guter Junge«. (»Das reicht erst einmal. Hast Du gut gemacht.«)

»Biege Dich!«

Version 1

REITER: Hält die Zügel der Wassertrense in der Hand, führt den Arm nach rechts und bringt damit Spannung auf den Zügel. (»Bieg Dich nach rechts, Star.«)
PFERD: Fühlt den Druck auf den linken Maulwinkel an den Lippen und vom Gebissring an der rechten Kopfseite. (»Mir gefällt dieser Druck nicht, was kann ich dagegen tun?«)
Beginnt, Kopf und Hals nach rechts zu nehmen. (»Ich frage mich, ob der Druck aufhört, wenn ich meinen Kopf in diese Richtung bewege.«)

REITER: Spannt den durchhängenden Zügel erneut an und hält den Druck auf den Maulwinkel aufrecht, indem er die Hand zurücknimmt. (»Es funktioniert; Star hat seinen Kopf zur Seite genommen. Jetzt noch ein bisschen mehr!«)
PFERD: Biegt den Kopf nach rechts, versucht dann, Kopf und Hals gerade zu nehmen, stößt dabei jedoch ans Gebiss und nimmt nun den Kopf hoch. (»Also, das Biegen zur Seite hat nicht geholfen, der Druck hört nicht auf. Vielleicht probier ich es mal in die andere Richtung. Nein, jetzt wird es sogar noch schlimmer. Vielleicht, wenn ich meinen Kopf hebe?«)

REITER: Hält den Druck aufrecht und zieht jetzt zusätzlich nach unten. (»Los, doch, Star, sei nicht so blöd. Eben hattest Du es doch! Warum wehrst Du Dich jetzt so? Vielleicht muss ich meine Hilfen verstärken, damit Du es kapierst.«)

Version 2

Reiter: Hält die Zügel der Wassertrense in der Hand, führt den Arm nach rechts und bringt damit Spannung auf den Zügel. (»Bieg Dich nach rechts, Star.«)
Pferd: Fühlt den Druck auf den rechten Maulwinkel an den Lippen und vom Gebissring an der rechten Kopfseite. (»Mir gefällt dieser Druck nicht, was kann ich dagegen tun?«)

Reiter: Hält leichten Kontakt aufrecht. (»Los doch, Star, Du kommst schon dahinter.«)
Pferd: Sieht nach rechts, kippt rechtes Ohr nach rechts ab. (»Ich frage mich, ob der Druck aufhört, wenn ich den Kopf in diese Richtung bewege.«)

Reiter: Hält leichten Druck aufrecht, verstärkt ihn aber nicht. (»Ich kann sehen, wie sich die Rädchen in Deinem Kopf bewegen, Star. Du schaffst das!«)
Pferd: Beginnt, Kopf und Hals nach rechts zu bewegen. (»Ich bewege den Kopf mal in diese Richtung und probiere aus, ob der Druck dann verschwindet.«)

Reiter: Fühlt den ersten Ansatz des Nachgebens in Genick, Maul und Hals und passt Druck auf den Zügel im selben Moment an (Nachgeben), als das Pferd weicher wird. (»Ich habe gefühlt, wie Star nachgab, deshalb habe ich ihn sofort belohnt, damit er die Verbindung knüpft.«)
Pferd: Behält die Biegung bei oder biegt sich noch ein bisschen mehr nach rechts. (»Der Druck hat sofort ausgehört, als ich Kopf und Hals gebogen habe, also ist das so in Ordnung.«)

Ausdrucksverhalten erkennen

Unter dem Begriff **Körpersprache** fasst man alles zusammen, was Standort, Körperhaltung und Bewegung eines Menschen oder Pferdes aussagen.

Wenn Sie die Körperhaltung eines Pferdes, die Position von Kopf und Hals, die Bewegungen seiner Ohren, des Schweifes und der Beine beobachten, wissen Sie auch, was das Pferd gerade denkt. Sie können erkennen, ob ein Pferd ängstlich, passiv, zuversichtlich oder aggressiv ist. Sie wissen, ob Sie ihm willkommen sind oder ob es Ihnen den Zutritt in seinen persönlichen Raum verwehrt. Wenn Ihnen diese deutlicheren Signale erst einmal vertraut sind, werden Ihnen auch die feineren Vorboten ebenfalls bewusst werden (siehe auch unter »Feinheiten, Seite 126).

Allgemeine Körperhaltung

Wie erkennen Sie, ob ein Pferd zufrieden, ängstlich oder aufgeregt ist? Auskunft darüber gibt Ihnen seine Körperhaltung.

Zufrieden und entspannt

Ein entspanntes Pferd steht oft mit einem ruhenden Hinterbein, hält Kopf und Hals leicht gesenkt und relaxt, die Augen blicken sanft oder sind halb geschlossen, die Ohren sind ebenfalls entspannt und können leicht zur Seite abkippen, die Muskulatur ist locker. Ein entspanntes Pferd ist zufrieden und fühlt sich sicher.

Freundlich

Zufrieden und entspannt

Freundlich

Bei einem freundlichen Pferd sind die Ohren nach vorne gerichtet. Es hält den Kopf in mittlerer Höhe und streckt sanft das Maul nach vorne, als ob es Sie beriechen wollte. Seine Augen sehen interessiert aus und seine Muskeln sind entspannt.

Aufmerksam

Ein aufmerksames Pferd hebt den Kopf, richtet die Ohren nach vorne, hält das Nasenprofil etwa 45 Grad vor der Senkrechten, öffnet die Nüstern weit und nimmt aktiv die Gerüche auf. In seinen Augen liegt keine Angst, trotzdem kann es angespannt und konzentriert still stehen.

Unfreundlich

Ein unfreundliches Pferd ist leicht zu erkennen. Es hält den Kopf gesenkt und streckt das Maul aggressiv, vielleicht mit gefletschten Zähnen und angelegten Ohren, nach vorne. Seine Augen blicken kalt und starr, seine Nüstern sind verkniffen und faltig; vielleicht peitscht es mit dem Schweif und hebt drohend ein Hinterbein.

Aufmerksam

Unfreundlich

Ängstlich

Bei einem ängstlichen Pferd sind die Beine bereit zur Flucht oder bereits in Bewegung. Kopf und Hals sind erhoben und wachsam, die Augen weit offen, die Ohren auf die wahrgenommene Gefahr gerichtet, die Muskeln sind angespannt und bereit zur sofortigen Flucht. Ein ängstliches Pferd ist besorgt und gefährlich.

Gehemmt

Ein stutzendes, gehemmt stehen bleibendes Pferd ist verspannt und unnachgiebig. Was auch immer Sie tun, es bewegt sich nicht. Es ist körperlich und psychisch wie ausgeknipst. Ein Pferd bleibt stehen, weil es Schmerzen oder Angst hat, verwirrt ist oder eine schlechte Angewohnheit angenommen hat.

Viele Verhaltensweisen werden vom Reiter ausgelöst. Dieses Pferd schlägt aus, sobald Gerten- oder Schenkelhilfen eingesetzt werden und sagt damit: »Ich bin mit dem Gefühl der Gerte nicht vertraut und es gefällt mir auch nicht. Ich weiß nicht, was es zu bedeuten hat. Mir kommt es vor, als würde ich gleichzeitig zum Gehen und Anhalten aufgefordert und das verwirrt mich.«

Buckeln

Ein buckelndes Pferd stellt sich mit gesenktem Kopf auf die Vorderbeine und mit erhobenem Kopf auf die Hinterbeine, immer abwechselnd. Entweder als schaukelnde Bewegung am Platz oder beim Vorwärtsgehen. Ein Pferd buckelt, weil es Angst hat, Ausrüstung oder Reiter ihm unangenehm sind, weil es sich gut anfühlt oder aus Gewohnheit.

Überdreht

Überschwänglichkeit und Temperament eines überfütterten, zu wenig gearbeiteten Pferdes können wie das Verhalten eines ängstlichen Pferdes wirken. Ein geschulter Beobachter erkennt allerdings den spielerischen, selbstsicheren Ausdruck im Gesicht des Pferdes – das Blitzen in seinen Augen.

Überdreht

Buckeln

Im Zusammenhang

Ein Wörterbuch der Körpersprache unserer Pferde lässt sich nicht schreiben, weil beispielsweise »zurückgelegte Ohren« alles Mögliche bedeuten kann, von »krank« über »aufmerksam« bis »sauer«. Alle diese Signale müssen im Kontext erfasst werden, also im Zusammenhang damit, was ein Pferd an weiteren Körpersignalen zeigt.
Eines Tages kam mein Tierarzt, der meine Pferde gut kennt, um ihre Zähne zu raspeln. Sein neuer Assistent sah Zinger besorgt an, denn eines ihrer Augen zeigt mehr Weiß als normal. Sieht man das Weiße in den Augen bedeutet dies normalerweise, dass ein Pferd aufgeregt oder ängstlich ist, doch Zinger stand ganz entspannt mit gesenktem Kopf auf drei Beinen. Im Kontext gesehen war das weiß blitzende Auge also kein Anlass zur Besorgnis.

Steigen

Ein steigendes Pferd steht gestreckt auf den Hinterbeinen, manchmal so stark aufgerichtet, dass es nach hinten kippen kann, vor allem, wenn es einen Reiter trägt oder der Reiter an den Zügeln zieht. Ein Pferd steigt, weil es nicht vorwärts- oder zurückgehen kann oder es nicht will. Wenn es durch die Ausrüstung oder den Reiter eingeengt wird oder widersprüchliche Signale erhält, scheint dies der einzige Ausweg zu sein. Andererseits steigt es vielleicht auch, um sich imponierend größer zu machen und »Nein« zu sagen.

Steigen

Krank

Wenn Sie Ihr Pferd gut kennen und es sich plötzlich anders verhält als normal, haben Sie die Vermutung, dass es krank sein könnte. Ein krankes Pferd steht oder liegt oft sehr ruhig oder aber es bewegt sich unruhig, scharrt, wälzt sich, sieht sich nach der Flanke um. Schmerzen können dazu führen, dass es sich extrem passiv und nicht ansprechbar verhält oder aber buckelt, steigt, nicht auftrensen oder satteln lässt, extrem auf das Anziehen des Sattelgurtes reagiert, nicht aufsitzen lässt, nicht vorwärts geht, stolpert, mit angelegten Ohren angreift oder mit durchgedrücktem Rücken, erhobenem Kopf und kurzen Schritten arbeitet.

Durchgehen

Wenn ein Pferd plötzlich sehr schnell davonrennt und nicht oder kaum zu stoppen ist, geht es durch. Oft hängen Durchgehen und Scheuen zusammen. Durchgehen wird meist durch Angst, extreme Unsicherheit und Ungehorsam verursacht. Klebende Pferde gehen oft durch, um zur Herde oder zum Stall zurückzukehren.

Haltung der Hinterhand

Mit den Hinterbeinen schützt ein Pferd sich vor Beutegreifern, deshalb geben ihre Position und Aktivität auch Auskunft darüber, was ein Pferd fühlt. Hier ein paar Einblicke:

- Bei einem ruhenden Pferd senkt sich die Kruppe, häufig schildert ein Bein ruhend und die Muskeln der Hinterhand sind weich.
- Steht ein Pferd im Kontakt zu einem anderen Pferd oder einem Menschen, gibt die Ausrichtung der Hinterhand Auskunft über die Art ihrer Beziehung. Steht das Pferd mit dem Gesicht Ihnen gegenüber, lädt es Sie ein. Präsentiert es allerdings einem Pferd oder Menschen seine Hinterhand, ist dies meist ein Akt des Schutzes oder der Aggression, da diese Position meist einem Tritt vorausgeht.
- Bei einem Unwetter dreht das Pferd seine Hinterhand in die Windrichtung und senkt den Kopf. Seine stark bemuskelte Hinterhand dient als Wind- und Regen-/Schneeschutz für seinen empfindlichen Kopf.

Eine Ausnahme der üblichen Hinterhand-Körpersprache ist zu beobachten, wenn eine Stute einen Hengst zum Deckakt auffordert: Sie präsentiert ihm die Hinterhand. Obwohl sie den Hengst damit zum Deckakt auffordert, kann sie trotzdem nach ihm treten. Ein anderes Beispiel lässt sich beobachten, wenn ein junges Fohlen von einem Menschen an der Schweifrübe gekrault wird (was Fohlen furchtbar toll finden), es kann aber auch eine gefährliche Angewohnheit werden, dem Menschen die Hinterhand zuzuwenden. Präsentiert das Fohlen dem Menschen bei jeder Annäherung die Hinterhand, kann es schwer werden, es von dieser Angewohnheit wieder abzubringen.

Ruhende Hinterhand

Drohend

Kopf und Hals

Eng verknüpft mit der Aktivität der Hinterhand sind oft Höhe und Bewegung von Kopf und Hals, sie geben Auskunft darüber, was vermutlich als Nächstes passieren wird. Darauf sollten Sie achten:

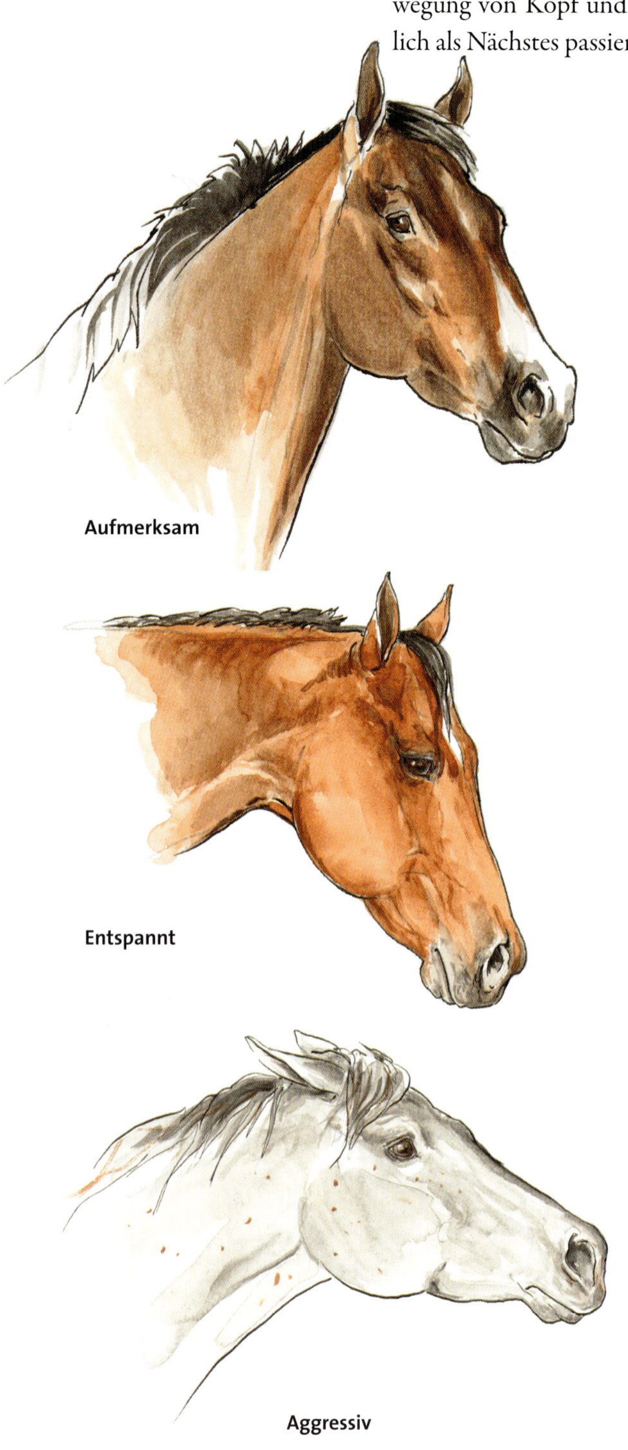

Aufmerksam

Entspannt

Aggressiv

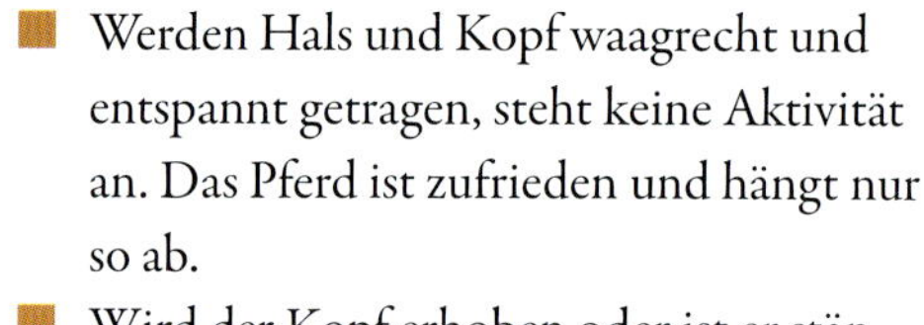

- Werden Hals und Kopf waagrecht und entspannt getragen, steht keine Aktivität an. Das Pferd ist zufrieden und hängt nur so ab.
- Wird der Kopf erhoben oder ist er ständig in Bewegung – hoch und herunter oder von einer Seite zur anderen – sollte man aufmerksam sein.
- Eine besonders aggressive Geste ist ein tief gehaltener Kopf, der schlangengleich vor und zurückgeht, meist mit angelegten Ohren und gefletschten Zähnen. Dieses Verhalten lässt sich bei Stuten beobachten, die ihr Fohlen beschützen. Ohne groß drumherum zu reden, sagt diese Geste: »Bleib weg oder ich beiße!«. Der Kopf wird tief gehalten, damit das Pferd seine eigenen Beine und Organe schützen kann, während es den Beinen des Angreifers Bisse versetzt, die ihn unschädlich machen.
- Ein plötzlich auf beliebiger Höhe vorschnellender Kopf bedeutet »Achtung« oder »Verschwinde aus meinem persönlichen Raum«.
- Andererseits bedeutet ein Kopf, der langsam und gleichmäßig vorgestreckt wird, dass ein Pferd neugierig ist oder gerne gekrault würde. Wenn Sie Ihr Pferd putzen, wird es vielleicht seinen Hals anheben und strecken, als ob es sagen wollte »Ja, genau hier!«.

Zähne

Mit den Zähnen eines Pferdes ist nicht zu spaßen. Sie können blitzschnell einen Finger oder eine Nase abbeißen.

- Gefletschte Zähne sagen »Bleib weg, ich beiße.«
- Das »Zähneklappern« des jungen Pferdes ist eine Unterwerfungsgeste, die es auf das Maul des dominanten Pferdes gerichtet vollführt, vergleichbar mit dem Ablecken der Schnauze bei Hunden.

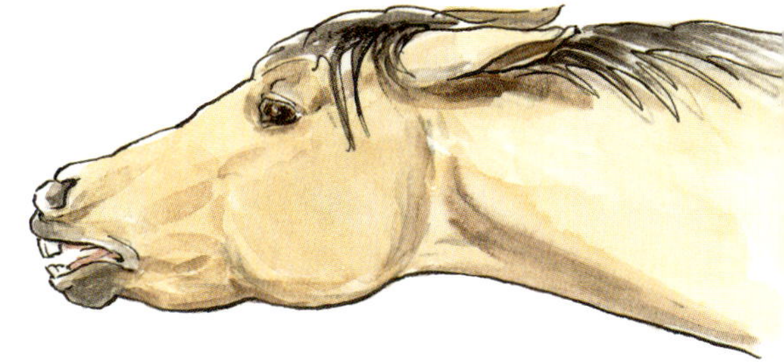

Gefletscht

Lippen

Die Lippen eines Pferdes laden zum Schmusen ein, ihre Aufgabe ist es aber eigentlich, Dinge zu erforschen und Nahrung aufzunehmen. Anbei ein paar die Lippen betreffende Grundregeln.

- Sind die Lippen eines Pferdes geschlossen, aber weich, ist das Pferd entspannt. Lecken und Abkauen bedeuten, dass ein Pferd entspannt und unterwürfig ist.
- Werden sie geschlossen, verkniffen und fest gehalten, ist das Pferd angespannt und atmet vermutlich nicht effektiv.
- Bei geöffneten Lippen frisst und säuft ein Pferd, untersucht einen Gegenstand oder will beißen.

Leerkauen

Nüstern

Nach Augen und Ohren sagen die Nüstern am meisten darüber aus, wie ein Pferd sich fühlt.

- Weiche Nüstern bedeuten, dass ein Pferd entspannt ist; schlaffe Nüstern können ein Hinweis darauf sein, dass es sich langweilt oder krank ist.
- Enge und verkniffene Nüstern weisen auf Angst oder Schmerz hin oder sind ein Zeichen von Aggression.
- Weitet ein Pferd seine Nüstern, ist es entweder durch das Training außer Atem und schnappt nach Luft oder es versucht, Gerüche aufzunehmen.

Diese weich geöffneten Nüstern zeigen ein ruhiges, entspanntes Pferd.

Zur Seite gekippt (entspannt)

Diese Stute sagt dem Fotografen: »Bleib weg von meinem Fohlen oder ich verfolge Dich!«. Vielleicht versucht sie auch zu verhindern, dass ihr Fohlen sich allzu sehr mit Menschen anfreundet.

Angelegt (Widerstand)

Eins nach vorne, eins nach hinten gerichtet (passt auf)

Ohren

Betrachten Sie die Ohren im Zusammenhang mit der Körperhaltung und der Position von Kopf und Hals, geben Sie Ihnen viele Informationen über Temperament und Einstellung des Pferdes.

- Schlackern beide Ohren seitwärts bedeutet dies meist, dass ein Pferd entspannt ist. Das lässt sich während Ruhephasen wie auch beim Training beobachten.
- Starre Ohren können, abhängig von den anderen Körpersignalen, Anspannung oder Wachsamkeit bedeuten. Sind beide Ohren nach vorne gerichtet und das Pferd sieht dabei gespannt in diese Richtung, ist dies üblicherweise ein Zeichen für Wachsamkeit.
- Ein Pferd, das beide Ohren flach anlegt, zeigt damit Ärger, Widerstand oder Aggression. Ein krankes oder unter Schmerzen stehendes Pferd kann allerdings ebenfalls die Ohren anlegen. Bei flach angelegten Ohren wird der Gehörgang zum Schutz verschlossen.
- Beim Reiten kann ein Pferd ein oder beide Ohren rückwärts zu seinem Reiter hin richten. Das ist oft ein Zeichen dafür, dass es respektvoll seine Aufmerksamkeit auf die Aktivitäten in einem seiner toten Winkel richtet, aber auch verfolgt, was vor ihm liegt.

Augen

Wenn ein Pferd etwas hat, was uns sofort anzieht, sind es seine warmen, weichen, großen, dunklen Augen.

- Bei einem zufriedenen, sicheren und entspannten Pferd haben die Augen einen weichen, fast mystisch nach innen gerichteten Blick – teils verträumt, teils wie ein tiefes Aufseufzen, ganz wunderbar. So sehen wir unsere Pferde am liebsten!
- Ein Pferd, das zuschanden gearbeitet oder unfair behandelt wurde, krank oder verletzt ist hat ein dunkles, tief in den Höhlen liegendes Auge. Das Pferd hat sich in sich selbst zurückgezogen, abgeschaltet. Es hört nicht zu, ist lustlos, reagiert kaum noch. Weil das Pferd sich aufgegeben hat, ist es sehr schwer, es aus diesem dunklen Loch wieder herauszuholen.
- Ebenso kaum miss zu verstehen ist das harte, starre Auge eines Pferdes, das etwas beschützt. Eine Zuchtstute kann diesen Blick zeigen, wenn sie auf ihr Fohlen aufpasst. Zeigt Ihr Pferd Ihnen diesen kalten Blick, wenn Sie kommen, um es zu füttern, versucht es, sich als dominant zu etablieren. Sie müssen ihm klar machen, dass Sie die dominante Position innehaben, ihm aber auch freundlich gesonnen sind und es deshalb mit Futter versorgen. Pferde müssen lernen, Futter aus einer unterlegenen Position heraus anzunehmen.
- Ein besorgtes Pferd hat manchmal Falten um die Augen herum, ganz so, als konzentrierte es sich auf etwas wie einen leisen Schmerz oder als wäre es in Sorge.
- Ein Pferd, das sich fürchtet oder in Panik ist, öffnet seine Augen manchmal so weit, dass man das Weiße, die Sklera, sehen kann. Meist bedeutet dies, dass es blitzschnell aktiv werden kann. Manche Pferde wie etwa Appaloosas haben eine im Verhältnis zur Sklera kleine Iris und zeigen das Weiße im Auge auch bei Entspannung.

Freundlich

Entspannt

Verängstigt

Lasst Beine sprechen

Beine dienen der Fortbewegung, sind Mittel der Aggression, des Schutzes und der Untersuchung; sie haben ihre ganz eigene Sprache, die sorgfältig gelesen und ernst genommen werden sollte.

- Ein leicht angehobenes und ruhendes Hinterbein ist ein Zeichen der Entspannung.
- Ein rasch angehobenes Bein ist als Drohung zu verstehen: »Bleib′ weg oder ich trete!«.
- Scharren ist ein Anzeichen für Ungeduld oder eine Krankheit, wird bei der Futtersuche gezeigt oder um den Untergrund fürs Wälzen vorzubereiten.
- Das Ausschlagen mit dem Vorderbein ist ein gefährliches und aggressives Verhalten das zeigt, dass ein Pferd sich bedroht fühlt und andere Pferde oder Gegenstände aus seiner Nähe entfernen möchte.
- Stampft ein Pferd mit einem seiner Beine auf, tut es dies aus Ungeduld, Ärger oder Gereiztheit, etwa wegen Insekten.

Angehoben, entspannt

Zum Austreten erhoben

Auskeilen nach vorne

Schweifgespräche

Haltung und Aktivität des Schweifes sagen etwas über den Grad der Anspannung der Hinterhandmuskulatur aus.

- Ist die Kruppe rund, gesenkt und entspannt, schwingt der Schweif in der Bewegung weich von einer Seite zur anderen.
- Ein eingezogener Schweif zeigt Anspannung oder Furcht und kann darauf hinweisen, dass das Pferd austreten oder durchgehen wird.
- Ist der Rücken eines Pferdes durchgedrückt und angespannt, hält es den Schweif in einer verspannten, angehobenen Position.
- Ein gut aufgelegtes Pferd kann den Schweif steil nach oben recken.
- Ein peitschender oder zuckender Schweif deutet auf Gereiztheit hin. Pferde, die Schenkelhilfen oder Sporen nicht leiden mögen, zucken ganz typisch mit dem Schweif. Ein peitschender Schweif kann auf eine Stute in der Rosse hindeuten, die den anderen Pferden sagt, sie sollen ihrer Hinterhand fernbleiben oder ein paar Auserwählte einlädt, doch bitte näher zu kommen.

Schlagend

Entspannt

Eingezogen

Die Feinheiten

Sie lernen die Sprache der Pferde, werden zu einem scharfen Beobachter ihrer Körpersprache und stellen dabei fest, dass sich vor größeren Geschehnissen oft kleine Anzeichen erkennen lassen. Sehen und verstehen Sie diese kleinen, feinen Signale, machen Sie schneller Fortschritte und können unerwünschte Eskalationen vermeiden. Belohnen Sie ein Pferd, das sich Mühe gibt, wird es ermutigt. Tun Sie einen kleinen Schritt oder verlagern Ihr Gewicht ein wenig, wenn Sie ein erstes Warnsignal wahrnehmen, können Sie vielleicht einem größeren Unglück vorbeugen.

Bevor ein Pferd wirklich explodiert, gibt es Ihnen eine Menge kleiner Warnsignale, wie etwa:

✗ es sieht weg ✗ der Kiefer ist angespannt ✗ die Ohren sind von Ihnen abgewendet ✗ der Schweif wird eingeklemmt ✗ der Kopf ist erhoben ✗ das Pferd verlagert sein Gewicht weg von Ihnen ✗ Muskeln spannen sich an ✗ dreht sich weg ✗ große Spannung der Lippen ✗ tritt weg von Ihnen.

Schon bevor ein Pferd das tut, was Sie von ihm verlangen, lassen sich vielleicht kleine Schritte in die richtige Richtung oder Versuche beobachten, die Sie belohnen können, wie etwa:

✗ es sieht in Ihre Richtung ✗ abschnauben ✗ Ohren sind Ihnen zugewandt ✗ entspannter Schweif ✗ Kopf gesenkt ✗ verlagert Gewicht zu Ihnen hin ✗ streckt Kopf und Hals nach Ihnen aus ✗ wendet sich Ihnen zu ✗ lockere Lippen ✗ macht Schritt in Ihre Richtung ✗ leckt sich die Lippen.

Gefühl, Stimmung, seelischer Zustand oder Einstellung?

Sie kennen Charakter, Ausbildungsstand und Umfeld Ihres Pferdes und sehen trotzdem von Tag zu Tag Unterschiede in seiner Körpersprache und in der Art und Weise, wie es sich verhält. Diese Unterschiede kann man Stimmungslage, emotionaler oder seelischer Zustand oder, was ich bevorzuge, Einstellung nennen, womit der momentane Standpunkt, die augenblickliche Zielsetzung gemeint ist, die durch eine Vielzahl an Faktoren beeinflusst wird.

Die Art und Weise, mit der Ihr Pferd Sie begrüßt, kann negativ durch Krankheit, Verletzungen, Schmerzen, Hormone, Trennung, Ermüdung, Hunger, Durst, Angst oder schlechtes Wetter beeinflusst werden. Positive Einflüsse können ein guter Gesundheitszustand, Gesellschaft, Fitness, Ruhe, Stillung von Hunger und Durst, Sicherheit, Zuversicht und angenehmes Wetter sein.

Lautsprache

Obwohl Pferde überwiegend über die Körpersprache miteinander kommunizieren, können sie sich auch mittels ihrer Lautsprache äußern. Anbei eine Übersetzung einiger Ausdrücke.

Ausatmen. Ein ausatmendes, weiches und entspanntes Seufzen bedeutet genau, wonach es sich anhört: »Aaaaaaahhhhh«, eine Befreiung von Anspannung.

Scharfes Schnauben oder Pusten. Einmaliges oder mehrfaches Schnauben begleitet eine alarmierende Situation oder ist einfach ein Anzeichen dafür, dass ein Pferd Staub aus seinem Nasengang pustet.

Vibrierendes, rollendes Schnauben. Das meist in tiefer Stimmlage geäußerte, rollende Schnauben bedeutet, dass ein Pferd sehr misstrauisch und vorsichtig gestimmt ist und möglicherweise gleich die Flucht ergreift. Ganz typisch ist dies bei unserer Stute Zinger die uns auf diese Weise immer wissen lässt, wenn unser Verhalten oder etwas anderes nach ihrer Meinung seltsam ist. Jetzt, wo ihre Sehkraft im Alter von 31 Jahren nachlässt, tritt es häufiger auf.

Wiehern. Ein lautes Rufen, das meist mit einem hohen Ton beginnt, der dann abfällt. Er ist über Entfernungen bis zu einem knappen Kilometer zu hören. Ihr Nachbar und dessen Pferde werden Ihr Pferd also hören. Pferde wiehern aus vollem Hals, um Kontakt aufzunehmen oder zu halten, als Warnung oder um nach Aufmerksamkeit und Fürsorge zu verlangen. Von unseren momentan sieben Pferden sind fünf relativ still während zwei Stuten (Halbgeschwister) jedes bedeutende Ereignis mit lautem Wiehern kommentieren – eine Tür öffnet sich, ein Pferd bewegt sich innerhalb der Anlage, ein Mensch erscheint irgendwo.

Schreien. Der typische Ruf des Absetzers, der zurück zu seiner Mutter möchte oder eines verzweifelten Pferdes, das zurück zur Herde will.

Leises, blubberndes Wiehern. Mit diesem Laut begrüßt eine Stute ihr Fohlen oder das Pferd »seinen« Menschen etwa zur Fütterungszeit.

Grunzen. Ein Pferd stöhnt oder grunzt bei hochgradiger Anstrengung. Manche Pferde grunzen auch beim Wälzen oder wenn sie buckeln und ausschlagen.

Quietschen. Ein kurzes, hohes, aufgeregtes Rufen, häufig bei rossigen Stuten zu hören, kann sowohl »Komm her!« als auch »Geh weg!« bedeuten.

Pusten, Blasen. Pferde begrüßen auch häufig, indem sie einander in die Nüstern pusten. Das kann schnell vorüber sein oder eskalieren, abgelöst werden durch Wiehern, Grunzen, Quietschen und sowohl freundliche als auch unfreundliche körpersprachliche Äußerungen.

Beim Absetzen schreit der vier Monate alte Sherlock schrill nach seiner Mutter Sassy, die auf einer entfernten Weide ihre Freiheit genießt.

Mit Pferden kommunizieren

Da sie jetzt wissen, wie Pferde kommunizieren, können Sie eine Sprache entwickeln, die Ihr Pferd versteht.

Körpersprache

Sobald Ihre Pferde Sie sehen, lesen sie auch Ihre Körpersprache, Sie sollten sich also in ihrer Gegenwart immer bewusst sein, wie Sie sich bewegen und verhalten. Elemente Ihrer Körpersprache sind Ihre Position bezogen auf das Pferd, Ihre Haltung und Ihre Bewegungen. Körperhaltungen und Bewegungen können unterschiedliche Stimmungslagen indizieren, etwa Selbstbewusstsein und Stärke, Unsicherheit oder Aggression. Pferde sind geborene Mitläufer und deshalb bereit, sich von einem Anführer leiten zu lassen, der mit sicheren Schritten geht, fließende Bewegungen zeigt und dessen Puls, Atmung und abgesonderte Pheromone Zuversicht ausdrücken.

Es ist nur selten angemessen, mit Pferden aggressiv umzugehen, allerdings gibt es Situationen, wo Sie bestimmt auftreten müssen. Dann wieder ist ein passives Verhalten ohne unterschwellige Bedrohung angemessen und führt zu guten Ergebnissen. Ihre Körperhaltung, Ihre Bewegungen sagen dem Pferd, ob es sich fürchten soll, aufpassen muss oder sich entspannen kann.

Natürliche Hilfengebung

Wann immer Sie mit Ihrem Pferd umgehen oder es reiten, nutzen Sie natürliche Hilfen: Körper, Hände, Verstand und Stimme.

Ihr Körper: Gewicht und Balance

Beim Reiten spielt Ihr Körper – Beine, Sitz und Rücken – eine wichtige Rolle für die Kommunikation über Gewicht und Balance. Bei der Bodenarbeit können unterschiedliche Positionen und Bewegungen Ihr Pferd ermutigen, vorwärts zu gehen, anzuhalten, sich umzudrehen oder stillzustehen. Arbeiten alle Elemente Ihres Körpers zusammen, entstehen harmonische Gesten, die Bodenarbeit und Reiten leicht erscheinen lassen. Alle guten Trainer werden Ihnen aber bestätigen, dass Sie Stunden damit verbracht haben, die richtige Choreographie zu erlernen, nur durch Versuch und Irrtum.

Ihre Hände: Führung und Richtung

Ihre Hände geben dem Pferd die Richtung vor, sowohl beim Reiten als auch bei der Bodenarbeit. Zusätzlich nutzen wir künstliche Hilfen, um die Reichweite von Händen und Armen zu vergrößern oder um intensiver einwirken zu können. Longierpeitschen, Longen, Reitgerten, Führstricke, Schnurhalfter und Führketten gehören zu den künstlichen Hilfen, die die Handlungen unserer Hände intensivieren. Künstliche Hilfen können ein gutes Verständnis und eine sachgerechte Nutzung der natürlichen Hilfen nicht ersetzen.

Ihr Verstand: Analyse und Entscheidung

Ihr wichtigstes Hilfsmittel bei der Arbeit mit Pferden ist Ihr Verstand. Sie legen die Tonart der gemeinsamen Arbeit fest, wählen die Richtung des Trainings aus, beurteilen Erfolg und Misserfolg, verstärken Verhaltensweisen und ändern oder wechseln Ihre Taktik. Kraft Ihres Verstandes und Ihrer Beobachtungsgabe finden Sie einen Weg, Ihre Ziele zu erreichen und gleichzeitig Ihr Pferd zu respektieren.

Wenn Sie gleichzeitig noch eine Aufgabe durchführen müssen – wie etwa ein Tor zu öffnen – wird die Koordination Ihrer Hilfen besonders wichtig.

Ihre Stimme: Anweisung und Bestätigung

Obwohl Pferde Lautsprache nicht wie wir nutzen, reagieren sie auf unsere Stimme. Es ist angemessen und vorteilhaft, bei der Arbeit mit Pferden Stimmkommandos zu nutzen, insbesondere in der Bodenarbeit und vor allem dann, wenn Sie die wichtigste Bezugsperson für Ihr Pferd sind.
Viele Trainer befürworten Stimmkommandos vor allem deshalb nicht, weil sie selbst unentwegt mit dem Publikum sprechen und es für das Pferd sehr schwer wäre, Stimmkommandos dabei noch herauszuhören. Auf Turnieren sind Stimmkommandos nicht üblich, allerdings mit Ausnahmen, etwa dem »Whoa« des Reiners, dessen Pferd nun einen Sliding Stop zeigen soll. In den meisten häuslichen Trainingssituationen dagegen sind Stimmkommandos nicht nur angemessen, sondern auch hilfreich.

Stimmkommandos

Pferde können zwischen einer ganze Reihe Stimmkommandos unterscheiden. Schnell stellen sie eine Verbindung zwischen körperlichen Hilfen und Stimmkommandos her. Irgendwann reicht alleine die Stimmhilfe, um die gewünschte Reaktion zu erzielen. Besonders beim Longieren ist das sehr praktisch. Um Verwirrung zu vermeiden, sollten Sie eine bestimmte Struktur einhalten. Stimmkommandos sollten bezüglich des verwendeten Wortes, der Tonlage, des Tonfalls und der Lautstärke einheitlich sein.

So sprechen Sie pferdisch

»Geh´ an!« – mit Betonung auf dem »Geh«, zum Antreten aus dem Stand.
»Terrab!« – mit Betonung auf dem »Te« zum Antraben aus dem Schritt.
»Scheeeritt« – lang gezogen und mit beruhigender Stimme zum Durchparieren in den Schritt.
»Traaab« – mit tiefer Stimme zum Durchparieren in den Trab
»Whoa« – knapp und mit tiefer Stimme und betontem Ende, um ein Pferd aus jeder Gangart sofort anzuhalten
»Laaangsaaam« – lang gezogen und mit beruhigender Stimme um ein Pferd unter Beibehaltung der Gangart langsamer zu machen oder es zu beruhigen.
»Und, Galopp!« – mit energischer, fordernder Stimme zum Angaloppieren.
»Trab weiter!« – wie »Terrab«, aber gleichmäßig, um ein faules Pferd zum energischen Ausgreifen im Trab aufzufordern.
»Zuuurüüück!« – in tiefer, beruhigender Stimme zum Rückwärtsrichten, bei der Arbeit an der Hand oder beim Longieren.
»Geh herum!« – mit melodischer, fallender Stimmte zum Handwechsel beim Longieren.
»Okay« – als Vorbote, um das Pferd darauf vorzubereiten, dass nun ein neues Kommando kommt.
«Hey!« – kurz und knapp als Warnung an ein Pferd, dass es besser aufpassen soll.
«Guuuuter Junge/Guuuutes Mädchen!« – mit Freude und Stolz ausgesprochen, um Ihrem Pferd zu sagen, dass es etwas gut gemacht hat.

(bearbeitet aus »Longeing and Long Lining the English and Western Horse«, Wiley Publishing Inc., 1998)

Einheitliche Wortwahl

Übliche Stimmkommandos sind beispielsweise »Scheeritt!«, »Terrab!«, »Geh herum!«, »Galopp!«, »Geh an!«, »Laangsaam!« oder »Hoooo!«. Das verwendete Wort hat für Sie mehr Bedeutung als für Ihr Pferd. Traditionell verwendet man »Hooo!« oder »Whoa« zum Anhalten, Sie könnten aber auch »Blubb« oder »Stop« sagen. Dem Pferd ist jedes Wort recht, solange Sie es gleich bleibend verwenden (unterschiedliche Worte oder ganze Sätze nutzen ist unfair) und das Wort lautmalenden Charakter hat – wenn also das Wort so ähnlich klingt wie die Handlung.
Pferde können zwar eine ganze Reihe Worte lernen, Sie sollten aber möglichst keine Worte wählen, die ähnlich klingen. Wenn Ihr gemeinsames Vokabular sowohl »Hoooo!« als auch »Soooo!« enthält, wird Ihr Pferd auch bei »Soooo!« immer anhalten, obwohl Sie es eigentlich nur in seinem Verhalten lobend bestärken wollten.

Angemessene Tonlage

Die Tonlage, die Stimmlage gibt wichtige Hinweise bezüglich der Bedeutung eines Befehls. Ein mit heller, munterer Stimme gegebenes Kommando zum Antraben klingt einfach mehr nach Trab, während eine dunkle Bassstimme in Verbindung mit einem »Whoa« überzeugender ist.

Wenn eine Mutter ihrem Baby mit liebevoll singender Stimme sagt, dass er »ein ganz schöner Stinker« ist, bringt der Ton ihrer Stimme es zum Lachen und Gurren, nicht die Wortwahl. Bei Pferden ist das ebenso. Mehr als die Worte sagt Ihre Stimme etwas über Ihre Stimmung und Ihre Absichten aus.

Der Ton macht die Musik

Der Tonfall oder die Modulation, das Heben und Senken der Stimme ist eng an die Tonhöhe gekoppelt. Ein Anheben der Stimme bringt ein Pferd eher dazu, vorwärts zu gehen, ein Absenken macht es langsamer oder ruhiger. Das Kommando »Galopp« macht deshalb mehr Sinn, wenn Sie die Stimme für die zweite Silbe anheben, als wenn Sie die Stimme für die zweite Silbe absenken.

Eine der größten Herausforderungen für frisch gebackene, weibliche Trainer ist es, das »Whoa« kräftig und mit absinkender Stimme rüber zu bringen. Meist klingen die ersten Versuche eher wie ein »Whoa?« – nicht geeignet, die Botschaft überzeugend darzustellen. Während Sie Ihre Stimmkommandos einüben, hören Sie, wie sie klingen, wenn Sie sie aufnehmen.

Die richtige Lautstärke

Das Gehör unserer Pferde ist so scharf, dass Schreien oder lautes Sprechen nicht nur unnötig, sondern sogar kontraproduktiv ist. Pferde hören jedes Flüstern. Beim alltäglichen Umgang oder Training können Sie mit Ihrem Pferd ein leises Gespräch führen, das jemand am anderen Ende des Stalls oder der Reitbahn nicht einmal hören kann. Selten müssen Sie einmal laut werden. Wenn Ihr Pferd aber etwa »geistesabwesend« seinen Schweif rhythmisch am Zaun scheuert, kann ein einfaches »Twinkle, hör auf« ohne Erfolg bleiben. In diesem Fall erhöhen Sie die Lautstärke, fügen ein lautes Klatschen oder Pfeifen hinzu, um Ihr Pferd aus seiner Trance zu reißen.

KAPITEL 9

So lernen Pferde

PFERDE STEHEN AUF DER LISTE DER BEGABTEN PROBLEMLÖSER nicht gerade weit oben, dank ihrer ausgeprägten Fähigkeit zu assoziieren und ihres Anpassungsvermögens sind sie trotzdem besonders gut und leicht auszubilden. Außerdem sind sie in Sachen »Pferd-Sein« sogar sehr intelligent.

Pferde lernen ständig. Täglich passen sie sich ihrer Umgebung neu an und reagieren sowohl darauf, was wir tun als auch darauf, was wir nicht tun. Wenn wir wissen, wie Pferde lernen, werden wir achtsamer und zu besseren Führungspersönlichkeiten.

Das Gehirn

Bezogen auf das gesamte Körpergewicht macht das menschliche Gehirn 2 % aus, das des Pferdes nur magere 0,1 %. Nimmt man alleine das Gewicht des Gehirns als Maßstab für Intelligenz, fällt es leicht zu erkennen, warum man Pferde für dumme Tiere halten könnte, obwohl das durchaus nicht der Fall ist.

Regionen des Gehirns

Die Gehirne aller Säugetiere sind ähnlich aufgebaut. Wir wissen nicht genau, welche Aufgabe die verschiedenen Regionen im Hirn eines Pferdes haben, können aber Forschungsergebnisse am menschlichen Hirn und am Gehirn anderer Tiere als Anhaltspunkt nehmen.

Großhirn

Der mit Denkprozessen befasste Anteil des Gehirns besteht aus vier Regionen: Frontallappen, Parietallappen, Temporallappen und Occipitallappen. Die Großhirnrinde ist mit der Verarbeitung von Sinneseindrücken der Augen und Ohren und mit Lernprozessen befasst. Tief im Großhirn liegt das Limbische System, das Gefühle verarbeitet. Dort liegt auch das Riechhirn, zuständig für die Verarbeitung von Geschmacks- und Geruchsempfindungen.

Gehirne im Vergleich

Bei Wirbeltieren nimmt das Gewicht des Gehirns nicht proportional zum Körpergewicht zu, wie nachfolgende Tabelle zeigt. Andere Faktoren helfen bei der Einschätzung der relativen Intelligenz, dargestellt in der zweiten Tabelle. In beiden Listen wurden die Zahlen abgerundet.

Gewicht des Gehirns in Relation zum Körpergewicht (in %)

Kleine Vögel	8 %
Mensch	2 %
Maus	2 %
Katze, Hund	0,1 %
Löwe, Elefant, Pferd	0,1 %
Hai, Flusspferd	0,035 %

Relative Intelligenz

Mensch	7
Delphin	5
Schimpanse	2,5
Elefant	2
Wal	2
Hund	1
Katze	1
Pferd	1
Schaf	1
Maus	<1

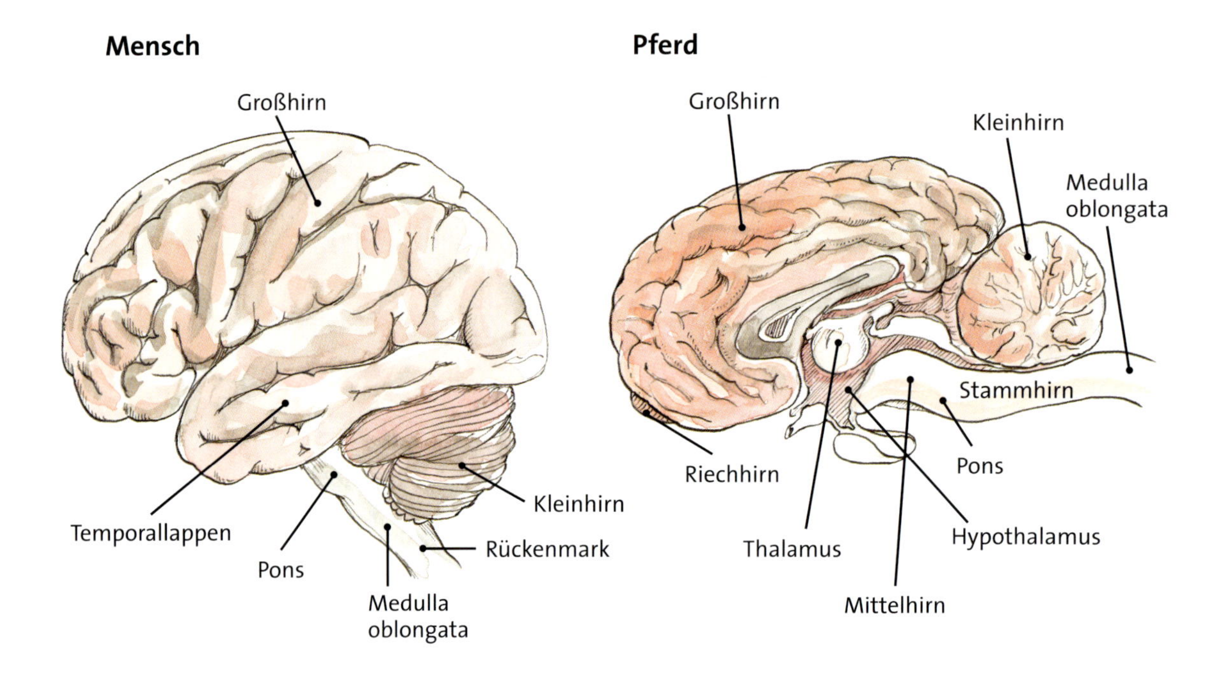

Das **Limbische System** ist ein unter der Großhirnrinde liegender Teil des Gehirns, der u.a. die Regionen des Hippocampus und der Amygdala enthält. Das Limbische System reguliert Emotionen, Motivation, Erinnerung und einige homöostatische Prozesse.

Kleinhirn

Der vor allem für den Körper zuständige Teil des Gehirns, das Kleinhirn, liegt oberhalb des Stammhirns. Das Kleinhirn regelt Balance, Koordination und Muskelaktivitäten. Bewusste Bewegungen bestehen aus einer Reihe aufeinander folgender Ereignisse, die durch neurale Aktivität im Kleinhirn beherrscht werden. Hier findet das motorische Lernen statt. Balance ist ein Ergebnis der Zusammenarbeit von Kleinhirn und Signalen aus dem Gleichgewichtsorgan im Innenohr.

Stammhirn

Das Stammhirn besteht aus drei Regionen: Medulla oblongata (verlängertes Rückenmark), Pons und Mittelhirn. Die Medulla verbindet das Rückenmark mit dem Gehirn und ist für grundlegende Funktionen wie Atmung, Verdauung und Herzschlag verantwortlich. In der Pons (Brücke) werden Schlaf- und Wachphasen reguliert, im Mittelhirn werden Erinnerungen gespeichert. Im Zwischenhirn liegt die Zirbeldrüse, die über das Hormon Melatonin zeitabhängige Phasen des Körpers und auch die geschlechtliche Aktivität steuert, außerdem Thalamus und Hypothalamus, zuständig für die Steuerung der Körpertemperatur, des Hunger- oder Durstgefühls und nach geordneter endokriner und nervöser Systeme.

Denkprozesse

Wenn Pferde lernen, denken sie nicht nach, sie reagieren. Sie sind sachliche Realisten. Zu verstehen, wie sie lernen, ist nicht nur interessant, sondern auch essentiell für Kommunikation und Training.

Assoziationsvermögen

Pferde sind Naturbegabungen, wenn es darum geht, Reize mit Reaktionen zu verknüpfen – die Basis der klassischen Konditionierung. Gut für einen erfahrenen Trainer, problematisch für den Anfänger, der noch Fehler macht – das Pferd lernt immer, ob wir wollen oder nicht.

Stellen Sie sich beispielsweise vor, Sie bringen Ihrem Pferd im Rahmen der Bodenarbeit das Rückwärtsrichten bei. Sie stehen ihm gegenüber, gehen auf es zu und sagen »Zuuu-Rück!«. Erst weiß es nicht, was Sie von ihm wollen. Ruckeln Sie leicht am Führstrick und stupsen es dadurch über den Nasenriemen an, geht es vielleicht einen Schritt zurück. Belohnen Sie es nun, indem Sie die Übung einstellen, es loben und vielleicht kraulen, trainieren Sie mit Hilfe der klassischen Konditionierung. Wenn Sie beim nächsten Mal diese Übung trainieren, wird es vielleicht schon wissen, dass es rückwärts gehen soll, wenn Sie auf Ihr Pferd zugehen und »Zuuu-Rück!« sagen. Diese rasche Verbindung von Aktion und Reaktion, Reiz und Reizantwort ist ein Grund dafür, warum Pferde so gut auszubilden sind.

Versucht sich ein Anfänger an derselben Übung und das Pferd macht drei oder vier Mal einen Satz nach vorne, steigt oder weicht seitlich aus, hat es die falsche Verbindung geknüpft. Geht jemand auf es zu, sagt »Zuuu-Rück!« und zupft am Führstrick hat es gelernt, dass es dann steigt und nicht weiter belästigt wird. Es hat eine Assoziation, eine Verbindung hergestellt, die der Anfänger sicher nicht wollte, trotzdem war auch dies echtes, assoziatives Lernen.

Unter **Assoziationsvermögen** versteht man die Fähigkeit, Aktion und Reaktion, Reiz und Antwort zu verknüpfen. Das Assoziationsvermögen ist der Schlüssel zur Ausbildung von Pferden, da sie versuchen werden, Korrekturen zu vermeiden und Belohnungen zu verdienen.

Vorahnungen und vorauseilender Gehorsam

Hat ein Pferd eine Übung gelernt und wurde diese vielleicht zu oft wiederholt, wird es sie vielleicht vorausahnen und bereits erwarten, was Sie als Nächstes von ihm möchten. Wir witzeln vielleicht über das Gedanken lesende Pferd mit eingebautem Autopilot, eigentlich ist das aber keine spaßige Angelegenheit, denn wir haben damit ganz schnell unsere Kommunikationsfähigkeit eingebüßt. Bevor Sie ihm noch die entsprechenden Hilfen gegeben haben, führt Ihr Pferd bereits die Übung aus, von der es vermutet, dass Sie sie abfragen wollen – und es kann damit richtig oder falsch liegen. Meist rufen bestimmte Dinge diese Erwar-

Gestern niedlich, heute gefährlich

Das kleine Ponyfohlen, dem man zur Belustigung aller Besucher beigebracht hat, die Vorderhufe auf die Schultern seines Besitzers zu stellen wird sich an diese Übung auch noch erinnern, wenn es fünf Jahre alt ist und 300 Kilo wiegt. Erlerntes Verhalten, das bei einem Fohlen niedlich erscheint, kann recht schnell gefährlich werden.

tungshaltung hervor, etwa die Annäherung an ein besonderes Hindernis, eine Ecke des Reitplatzes oder sogar Signale Ihrer Körpersprache. Besonders gut lässt sich das beim Longieren beobachten. Häufig merkt ein Pferd, dass Sie es Angaloppieren lassen wollen und beginnt im gleichen Moment zu galoppieren, sodass Sie denken »Toll, der kann Gedanken lesen.«. In Wirklichkeit hat das Pferd vorbereitende Signale gelesen. Obwohl dieser vorauseilende Gehorsam zunächst harmlos und sogar interessant wirkt, kann er sich zu einer Angewohnheit entwickeln, die das Pferd nahezu unkontrollierbar macht.

Vorauseilender Gehorsam lässt sich nur verhindern, indem Sie Ihre eigenen Signale aufmerksam und bewusst unter Kontrolle halten. Ändern sie die Abfolge der Übungen, den Ort der Übungseinheit und schreiten Sie in Ihren Lektionen zielstrebig fort.

Gedächtnis

Pferden sagt man nach, dass ihre Gedächtnisleistung nur vom Elefanten übertroffen wird. Stimmt das, befindet sich das Pferd in angesehener Gesellschaft. Pferde vergessen kaum je eine Lektion, ob gut oder schlecht. Mit alarmierender Klarheit und über lange Zeiträume erinnern sie sich an Assoziationen.

Hat ein Pferd erst einmal eine einfache Aufgabe gelernt, etwa den Kopf zu senken, wird es sich über Monate daran erinnern, ohne dass diese Übung abgefragt oder wiederholt wurde. Hat es eine bestimmte Disziplin erlernt, etwa Reining, wird es sie für Jahre im Gedächtnis behalten. Nach einer langen Pause wird es bei einer ersten Wiederholung zwar noch nicht perfekt sein, doch sehr schnell das alte Niveau erreichen und rasche Fortschritte machen.

Ebenso wenig können wir aber auch schlechte Erinnerungen auslöschen: Hat es sich an einem Ort erschreckt oder verletzt, wird es an dieser Stelle in Zukunft immer misstrauisch sein. Wir können nur viele Lagen guter Erinnerungen anhäufen in der Hoffnung, damit die schlechte so tief zu begraben, dass sie irgendwann keine Rolle mehr spielt und kaum noch an die Oberfläche dringt.

Die Prägung findet unmittelbar nach der Geburt statt, wenn Mutterstute und Fohlen Geräusche und Gerüche austauschen. Es ist besser, wenn der Mensch sich in dieser Zeit nicht einmischt.

Prägung

Der erste Lernprozess eines Fohlens ist die Prägung. Diese Form der Artprägung findet während der ersten Lebensstunden zwischen Mutterstute und Fohlen statt. Die Gerüche des Fruchtwassers und die ausgetauschten Stimmsignale festigen angeborene Verhaltensweisen des Fohlens.

Es ist eine gute Idee, das Fohlen frühzeitig anzufassen. Wenn die Bindung zwischen Stute und Fohlen erst einmal besteht und die medizinische Seite abgeklärt wurde, kann das Fohlen überall angefasst, berührt werden. Da die meisten Fohlen während der Nacht geboren werden, kann ihr Training schon am nächsten Morgen beginnen

Verschiedene Lernmethoden werden mit unterschiedlichen Begriffen beschrieben: **Prägung** (Imprinting) beschreibt den raschen Lernprozess in der kritischen Phase eines jungen Pferdes (erste Lebensstunden), mit dem artspezifisches Verhalten verfestigt und eine Bindung zur Stute hergestellt wird. Unter **Nachahmung** versteht man das Kopieren des Verhaltens anderer. Bei **Gewöhnung** kommt es infolge wiederholter Reizung zu abnehmender Intensität der Reizantwort. Die **Reizüberflutung** ist eine überwältigend intensive Form der Gewöhnung.

Nachahmung

Innerhalb einer Pferdeherde wird Verhalten nachgeahmt und Sie können sich dieses Prinzip ebenso gut im Training zunutze machen. Überquert eine Herde oder Gruppe einen Bach, ziehen die Herdenmitglieder Sicherheit aus dem Anblick der vor ihnen laufenden Pferde, die den Bach sicher überqueren. Ebenso kann ein Pferd ganz einfach durch das Wasser geführt werden, sobald es eine Beziehung zu seinem menschlichen Anführer entwickelt hat. Junge Pferde, die zusehen können, wie andere Pferde gesattelt, longiert oder geritten werden, scheinen diesen Prozess besser aufzunehmen als andere, die isoliert leben. Zwei Fliegen mit einer Klappe: Die Nachahmung wird gefördert und die jungen Pferde ziehen aus der Anwesenheit der Artgenossen zusätzliche Sicherheit.

Gewöhnung

Bei der Arbeit mit Pferden ist die Gewöhnung eines der wichtigsten Trainingsprinzipien. Pferde werden mit bestimmten Personen, Vorgehensweisen oder Objekten auf eine Weise bekannt gemacht, dass sie diese ohne Angst annehmen können. Verwandte Begriffe sind Zähmung, Aussacken/Desensibilisierung und Reizüberflutung.

Zähmung

Bei der Zähmung wird das Pferd am ganzen Körper angefasst und gewöhnt sich daran, überall geputzt zu werden. Obwohl ein Pferd, das keine Angst vor Menschen hat, gerne an der Stirn oder am Hals gekrault wird muss es doch das Putzen überall akzeptieren und schätzen lernen, vor allem dort, wo es kitzlig ist (siehe auch »Pferde loben – aber richtig!«).

Eine Pferdeherde folgt ihrem Anführer durch den Fluss. Auch der Mensch kann die Rolle des Anführers übernehmen (siehe Bilder auf s. 138).

Aussacken

Beim Aussacken, einer Form systematischer Desensibilisierung, wird mit einem schwachen Reiz begonnen. Ruhephasen unterbrechen den Prozess und die Reizstärke wird allmählich erhöht. Indem das Pferd wiederholt und sorgfältig einem bestimmten Reiz ausgesetzt wird, lässt sich seine Reizantwort verringern. Beim Aussacken mit Decken oder Regenmänteln wird seine Besorgnis bezüglich des mit einem Objekt

Ich führe die junge Sassy in einen Bergbach und lasse ihr genug Freiheit, dass sie den Kopf senken und sich das Wasser betrachten kann. Dann sitze ich auf und reite sie, während sie ganz zuversichtlich hindurchplanscht.

verbundenen Anblicks, der Geräusche oder des Gefühls allmählich geringer. Ist Ihr Ziel, eine laut raschelnde Plastikplane über dem Rücken des Pferdes schütteln und das Pferd damit berühren zu können, werden Sie es zunächst mit einer weichen Baumwolldecke abreiben und sich im Laufe der nächsten Wochen zur Plastikplane hocharbeiten.

Reizüberflutung

Bei einer Reizüberflutung wird das angebundene Pferd Reizen höchster Intensität ausgesetzt, bis es darauf nicht mehr reagiert. Bei oben angeführtem Beispiel würden Sie das Pferd anbinden und dann von allen Seiten mit wild geschwenkten Plastikplanen bedrängen. Diese Methode bringt nicht nur Unfallgefahren mit sich, sondern ist einfach überflüssig.

Mit Sicherheit zum Ziel

Aus Sicherheitsgründen ziehe ich es vor, meine Pferde zwar auszusacken, aber nicht bis zum »Hirntod« völlig zu desensibilisieren, zu Robotern zu machen. Bei Ritten in den Bergen habe ich es lieber, wenn meine Pferde ihre Instinkte mitbringen. Ich sorge für meine Pferde und wenn ich sie reite, erwarte ich von ihnen, dass sie auch für mich sorgen; sie könnten aber nicht mehr auf Gefahren reagieren, wenn sie infolge zu großer Reizüberflutung abgestumpft wären.
Ein positiver Effekt der Desensibilisierung lässt sich beobachten, wenn Ihr Tierarzt einem Pferd eine Spritze gibt. Häufig klopft der Tierarzt zuvor mit dem Handrücken ein paar Mal auf die Stelle, wo er die Spritze setzen will, um die Hautnerven zu stimulieren. Nach dieser Vorbereitung reagiert das Pferd auf den Einstich der Nadel oft nicht mehr, weil seine Haut desensibilisiert wurde. Einen ähnlich abstumpfenden Effekt hat es, wenn Sie eine Hautfalte aufnehmen und für ein paar Sekunden halten, bevor Sie die Nadel einführen. Die Hautgegend um den Einstich herum ist für Schmerzreize abgestumpft worden und das Pferd fühlt die Nadel kaum noch.

Latentes Lernen

Wurde etwas erlernt, das Erlernte aber noch nicht gezeigt, bezeichnet man dies als latentes Lernen. Manchmal hat ein Pferd eine Übung erlernt, aber nicht gezeigt, dass es sie wirklich verinnerlicht hat. Nach einem Ruhetag etwa reagiert es perfekt, wenn man die Übung abruft. Dieses Lernen lässt sich bei Pferden häufig beobachten. Wenn es scheint, als ob ein Pferd etwas überhaupt nicht versteht, hilft meist eine Pause, die das Erlernte etwas »sacken lässt«.

Grundzüge des Lernens

Pferde lernen unterschiedlich schnell. Sie sollten einen grundlegenden Trainingsplan haben, diesen aber jedem Pferd individuell anpassen. Pferde lernen außerdem ständig. Wenn Sie es füttern, zur Weide bringen oder es nur putzen, bringen Sie ihm etwas bei und Ihr Pferd lernt.

Damit es lernen kann zu tun, was Sie von ihm möchten, muss es Sie zunächst verstehen.

Zu Beginn müssen Ihre Anweisungen sehr einfach gehalten werden, etwa »Ich möchte Dich an den Rippen berühren können, ohne dass Du Angst hast«. Später, nach vielen Trainingseinheiten hat Ihr Pferd gelernt, auf unterschiedliche Formen von Druck zu reagieren oder nicht zu reagieren. So kennt es beispielsweise den Unterschied zwischen einer vorwärts, rückwärts oder seitwärts treibenden oder einer versammelnden Schenkelhilfe.

Können Pferde richtig und falsch unterscheiden?

Pferde wissen instinktiv, dass ihr Verhalten »richtig« ist, denn es ist ein angeborenes, tief verinnerlichtes Muster. Für ein Pferd ist erst einmal alles richtig, was es tut – bis wir ihm das Gegenteil beibringen. Sie übernehmen überraschend willig unsere Vorstellung von richtig und falsch, um sich mit uns gut zu verstehen. Welch eine wunderbare Begabung! Wir können uns revanchieren, indem wir uns bemühen, gute und faire Lehrer zu sein.

Linke und rechte Hirnhälfte

Die linke Gehirnhälfte befasst sich mit wissenschaftlichen, logischen Gedankengängen und Problemlösungs-Strategien und wird deshalb oft als der eigentliche denkende Anteil des Gehirns angesehen. Die rechte Gehirnhälfte dagegen arbeitet mit Bildern, Mustern, Emotionen und Kreativität und wird darum auch als künstlerische Hirnhälfte beschrieben. Pferde arbeiten vor allem mit der rechten, Menschen tendenziell mehr mit der linken Gehirnhälfte. Menschen helfen Pferden dabei, ihre linke Hirnhälfte zu entwickeln und Pferde helfen Menschen dabei, die rechte Hirnhälfte zu fördern.

Beeinflussung des Verhaltens

Ein Pferd zeigt unentwegt irgendein Verhalten, ob es jetzt friedlich grast, beim Anbinden pullt oder einen Hänger betritt. Verhaltensmodifikation beginnt mit einem unerwünschten Verhalten und formt dann sorgfältig die Handlungen des Pferdes in ein sicheres, produktiveres Muster um. Dies geschieht durch die Verknüpfung von Reizen und Reizantworten auf der Basis bewährter Trainingsprinzipien.

Tut ein Pferd, was wir möchten und wollen wir, dass es dies auch in der Zukunft macht, unterstützen wir dieses Verhalten. Bei einem unerwünschten Verhalten demotivieren wir es und zeigen gleichzeitig einen Weg auf, wie es sich anders verhalten kann. Dann bestärken wir es aktiv in seinem neuen, erwünschten Verhalten. Je mehr Sie über Pferde wissen, desto weniger müssen Sie korrigierend eingreifen.

Für das Pferd ist dies das richtige Verhalten, der sich nähernde Mensch würde es eher als Fehlverhalten ansehen. Unabhängig davon, wer Recht hat, kann diesem Pferd das Steigen durch eine Verhaltensmodifikation abgewöhnt werden.

Damit Ihr Pferd auch versteht, was Sie von ihm wollen, müssen Ihre Hilfen und Reaktionen immer unmittelbar erfolgen, gleichförmig, angemessen und präzise sein.

Reagieren Sie schnell

Bei Strafen und Belohnungen ist das richtige Timing wichtig. Es bleiben Ihnen nur wenige Sekunden während des oder nach dem Verhalten, um eine Strafe oder Belohnung mit der Handlung des Pferdes zu verknüpfen. Strafen oder belohnen Sie vor oder nach diesem Zeitrahmen, verstärken Sie das falsche Verhalten!

Sie bringen beispielsweise einen einjährigen Junghengst auf die Weide und er beißt Sie in dem Moment, indem Sie das Halfter abstreifen. Mist: Er wurde unmittelbar nach dem Biss mit Freiheit belohnt. Das ist nicht gut, aber es würde überhaupt keinen Sinn machen, ihm jetzt schreiend nachzurennen, ihn einzufangen und dann zu bestrafen. Täten Sie dies, würden Sie sich entweder wie ein Beutegreifer verhalten oder ihn fürs Einfangen bestrafen. Halten Sie das für sinnvoll?

Sie müssen immer aufmerksam im »Hier und Jetzt« sein, wenn Sie mit Pferden umgehen. Sie sollten den Hang dieses Pferdes zur Bissigkeit erkennen und ihm etwas anderes zu tun geben, wenn Sie vermuten, dass es demnächst zubeißen wird. Sie müssen klug handeln und Ihren gesunden Pferdeverstand entwickeln, um im Voraus zu erkennen, wenn es in dieses gewöhnliche, alberne, unreife Verhalten fallen will. Erkennen Sie die Anzeichen dafür, weisen Sie ihn an, den Kopf zu senken, richten Sie ihn rückwärts oder bringen Sie ihn zurück zum Stall, binden ihn an und bringen ihn erst ein paar Minuten später auf die Weide.

Reagieren Sie konsequent

Zunächst erleichtern Sie Ihrem Pferd den Lernprozess, wenn Sie Ihre Anweisungen auf immer dieselbe Weise geben. Hat ein Pferd die Grundbegriffe gemeistert, können Sie Variationen einbauen, die für das Reiten auf höherem Niveau wichtig sind.

Sie bringen Ihrem Pferd gerade bei, den Huf anzuheben, damit Sie ihn auskratzen können, doch der Pferdehuf scheint fest am Boden angewachsen zu sein. Sie drücken gegen die Beugesehne, doch scheint diese Methode bei diesem Pferd nicht gut zu funktionieren.

Sie versuchen es damit, auf die Kastanie zu drücken und das scheint besser zu funktionieren, aber eben nur ein bisschen. Als Nächstes tippen Sie mit dem Hufkratzer vorne an den Huf und schließlich stupsen Sie mit der Stiefelspitze gegen die Hufballen, um dann wieder die Kastanien-Methode zu probieren – oder doch besser die mit der Beugesehne? Also, ich bin jetzt verwirrt – und ich frage mich, wie es wohl dem Pferd geht. Kurz bevor im Oberstübchen des Pferdes endlich das Licht angeht, gibt der Mensch auf und hört entweder ganz auf oder probiert etwas Neues. Wenn Sie ein bewährtes Trainingsprogramm durchziehen, bleiben Sie in Ihrer Hilfengebung konsequent und ausdauernd. Beim ersten Mal dauert es immer am längsten, die nächsten Versuche führen viel schneller zum Erfolg. Nachdem ich dies gesagt habe, muss ich trotzdem hinzufügen (und werde dies noch öfter tun): Wenn etwas einfach nicht funktioniert, die Situation eskaliert und Sie keine Lösung sehen, sollten Sie innehalten, Ihr Vorgehen abändern oder sich Hilfe holen.

Reagieren Sie angemessen

Wählen Sie ein Signal oder eine Hilfe, die Ihrem Ziel angemessen ist, und setzen Sie Ihre Hilfen mit passender Intensität ein.
Wenn Sie ein junges Pferd führen und ihm beibringen wollen, dass es rückwärts gehen soll, damit Sie ein Tor öffnen können, ist es zweckdienlich, das Tor als optisches Hilfsmittel einzusetzen. Stellen Sie Ihr Pferd so vor dem Tor auf, dass es ihm beim Öffnen entgegenschwingt, so bringt diese natürliche, optische Hilfe es dazu, dem Tor durch Rückwärtsgehen auszuweichen. Es wäre allerdings nicht richtig, das Tor gegen das Pferd oder dessen Nase schlagen zu lassen, damit es ihm ausweicht.

Reagieren Sie präzise

Pferde verstehen weder ganze Sätze noch Abschnitte oder langwierige Handlungen. Je einfacher Ihre Kommunikation ist, umso besser. Soll Ihr Pferd beim Longieren antraben, lautet das einfache Kommando »Terr-ab!«, begleitet von angemessener Körpersprache. »Jetzt mach′ schon, Dummchen. Beweg Dich! Komm′ in die Gänge. Komm′ schon, Dummchen!« ist ineffektiv und widersprüchlich.

Techniken zur Verhaltensmodifikation

Bei der Ausbildung eines Pferdes verändern Sie dessen Verhalten. Dank ihres ausgeprägten Assoziationsvermögens lernen die Pferde bei richtiger Konditionierung sehr schnell, was von ihnen erwartet wird. Es gibt

Ein primärer positiver Stimulus ist das Kraulen an der Stirn. Ihr Pferd mag es automatisch.

Kraulen Sie Ihr Pferd an der Stirn und sagen dabei »Guter Junge«, verknüpfen Sie einen sekundären Stimulus mit dem Kraulen.

Später können Sie auch in größerer Entfernung einfach »Guter Junge« sagen und Ihr Pferd wird sich an das warme, weiche Gefühl Ihrer Berührung erinnern und sich wohl fühlen.

vier Methoden, mit denen das Verhalten modifiziert werden kann: positive Verstärkung, negative Verstärkung, Bestrafung und Auslöschung. Bei allen spielen Stimuli oder Verstärker eine Rolle.

Verstärker oder Stimuli

Verhaltensforscher haben den Begriff »Verstärker« für Stimuli geprägt, mit deren Hilfe wir im Training eines Pferdes eine bestimmte Reaktion auslösen wollen. Auf eine Aktion folgt eine Reaktion. Bei sorgfältiger Wahl unserer Aktionen wird unser Pferd auf genau die Weise reagieren, die wir uns wünschen.

Die Begriffe Verstärker und Verstärkung können verwirrend sein, deshalb benütze ich lieber den Begriff Stimulus; im Rahmen dieses Buch bedeuten Stimulus und Verstärker allerdings ein und dasselbe.

Ein Stimulus kann in einer Hilfe bestehen, die mit Körperkontakt verbunden ist, etwa einem Druck. Es kann ein Element der Körpersprache sein, wie das Zugehen auf ein Pferd. Es kann allerdings auch ein Stimmkommando sein, dessen Bedeutung das Pferd erlernt hat, etwa »Laaangsaaam!«. Auch künstliche Reize wie etwa das Rascheln von Plastik oder eine Gerte können als Stimuli eingesetzt werden. Pferde interpretieren Stimuli als positiv oder negativ. Positive Stimuli bewirken, dass ein Pferd sich gut fühlt; negative bewirken schlechte Gefühle. Positive und negative Stimuli können primärer oder sekundärer Art sein.

Primäre positive Stimuli mag ein Pferd von Natur aus, es muss sie nicht erst kennen lernen. Pferde mögen primäre positive Stimuli wie Futter, Ruhe, Kraulen an der Stirn, nachlassenden Druck oder körperliche Freiräume von Geburt an.

Pferde lernen sekundäre positive Stimuli schätzen, indem sie mit einem primären positiven Stimulus verknüpft werden und ihm so ein allgemeines Wohlgefühl vermitteln. Verbinden Sie das Lob »Guter Junge!« mit Kraulen, Ruhe oder einem Leckerli, verknüpft das Pferd den Wortlaut Ihres Lobs mit einem guten Gefühl, worauf später Ihre Stimme alleine ausreicht, um ein Wohlgefühl auszulösen.

Primäre negative Stimuli sind Dinge, die ein Pferd von Natur aus nicht mag, es muss nicht erst lernen, sie nicht zu mögen. Ein Pferd wird bereits mit einer Abneigung gegen primäre negative Stimuli wie Schmerz, Druck und Angst auslösende Situationen geboren.

Das Pferd lernt sekundäre negative Stimuli zu meiden oder abzulehnen, weil sie mit einem primären negativen Stimulus verbunden sind und ihm ein Gefühl des Unbehagens vermitteln. Maßregeln Sie Ihr herumalberndes Pferd mit einem scharfen »Hör auf!« und rucken gleichzeitig am Führstrick, verbindet es den Wortlaut Ihrer Schelte mit dem un-

Diese Illustrationen verdeutlichen die Verknüpfung von primärem und sekundärem, negativem Stimulus.
1. Ein Rucken am Führstrick ist ein primärer, negativer Stimulus. Dem Pferd gefällt das von Natur aus nicht.
2. Rucken Sie am Führstrick und sagen gleichzeitig »Hör auf!«, verbinden Sie einen sekundären Stimulus mit dem Rucken.
3. Später können Sie auch aus der Entfernung »Hör auf!« sagen und Ihr Pferd wird sich an das unangenehme Gefühl des Ruckens erinnern und alleine durch den sekundären Stimulus gerügt werden.

angenehmen Gefühl auf der Nase. Später bewirkt alleine Ihre Stimme, dass es mit den Albernheiten aufhört, still steht und aufpasst.

Positive Verstärkung

Handelt Ihr Pferd auf eine Weise, die Ihnen gefällt und belohnen Sie es unmittelbar danach oder vermitteln ihm ein gutes Gefühl, ist es motiviert, dieses Verhalten in Zukunft zu wiederholen. Das ist mit Lob oder positiver Verstärkung gemeint. Ihr Pferd wird erpicht darauf sein, dasselbe Verhalten in der Zukunft zu zeigen, weil ihm gefällt, was darauf folgt. Sie können primäre oder sekundäre positive Stimuli zur Belohnung nutzen. Ruhe und ein Kraulen an der Stirn sind typische primäre positive Stimuli.

Lob ist die Basis des Trainings, Sie müssen allerdings darauf achten, nicht das falsche Verhalten zu belohnen. Dreht Ihr Fohlen Ihnen sein Hinterteil zu und Sie denken »Ach, wie niedlich!« und krabbeln es an

Unter **positiver Verstärkung** versteht man einen angenehmen Stimulus, der während oder unmittelbar nach einem Verhalten gegeben wird, um dieses Verhalten zu verstärken; man nennt dies auch Belohnung.
Bei einer **negativen Verstärkung** wird ein unangenehmer Stimulus beseitigt, um ein gezeigtes Verhalten zu fördern.
Unter **Verstärkung** versteht man die Festigung einer Assoziation zwischen Stimulus und Reaktion. Sie können primäre (angeborene) Stimuli wie Futter oder Ruhe, sekundäre (erlernte, verknüpft mit primären Stimuli) Stimuli wie ein Lob oder ein Streicheln verwenden.

der Schweifrübe, sind Probleme schon vorprogrammiert. Das Fohlen wurde dafür belohnt, dass es Menschen seinen Hintern zuwendet und wird dies auch in Zukunft tun, um sich erneut seine Belohnung abzuholen. Mehr noch, wenn Sie es später, etwa als Jährling, auf die Weide bringen und er handelt genauso, werden Sie dieses bedrohliche Verhalten des nun größeren Pferdes mit einem harten Schlag auf die Kruppe bestrafen und Ihr Pferd damit verwirren und ängstigen. Loben Sie also bewusst, denn sonst werden Sie irgendwann Ihr blaues Wunder erleben.
Noch eine Warnung: Futter ist wohl der stärkste primäre Stimulus, deshalb sollten Sie während jeder Fütterung besonders aufmerksam sein. Ein Beispiel: Sie möchten Ihr Pferd auf der Weide füttern, es kommt mit angelegten Ohren und drohender Körpersprache auf Sie zu, Sie werfen das Futter auf den Boden und flüchten – schon haben Sie es belohnt und ermutigt, sich auch in Zukunft so zu verhalten.
Ein weiteres Beispiel: Angenommen, eines Ihrer Pferde ist ein eher »geschwätziger« Typ und sein dauerndes Wiehern und Rufen machen Sie verrückt. Sie geben ihm eine Extraportion Futter, damit es die Klappe hält. Damit haben Sie nicht nur dazu beigetragen, dass es übergewichtig wird, sondern es auch für sein Geschrei belohnt, worauf es auch in Zukunft dieses Verhalten zeigen wird, um zu bekommen, was es möchte (mehr über dieses Problem unter »Auslöschung«, Seite 142).

Negative Verstärkung

Beseitigen wir einen negativen oder unangenehmen Stimulus sobald ein Pferd tut, was wir möchten, haben wir es mittels negativer Verstärkung in diesem erwünschten Verhalten bestärkt. In Zukunft wird es dieses Verhalten vermutlich früher zeigen, damit auch der negative Verstärker früher beseitigt wird.
Sie möchten beispielsweise, dass Ihr Pferd zur Seite geht. Sie üben auf seinen Rippenbogen mit der Hand, dem stumpfen Ende der Gerte oder beim Reiten mit den Schenkeln Druck aus. Sobald das Pferd beginnt, sich zur Seite, weg vom Druck zu bewegen, entfernen Sie den Druck, indem Sie Ihre Hand, die Gerte, den Schenkel wegnehmen. Seine Seitwärtsbewegung wurde mittels negativer Verstärkung und eines primären Stimulus gefördert.
Der unangenehme Druck wurde beseitigt, sobald das Pferd seitwärts trat. Es wird dieses Verhalten in Zukunft mit größerer Wahrscheinlichkeit zeigen und es sollte jedes Mal weniger Druck nötig sein, um es zum Seitwärtstreten zu bewegen.
Ein weiteres Beispiel ist im Zusammenhang mit halben Paraden zu beobachten. Mit einer halben Parade kann das Dressur gerittene Pferd

Bestrafen Sie nie ein Pferd für seine Reflexe. Dieses Pferd reagiert vermutlich auf den Longiergurt, den Kappzaum, das Gebiss, die Ausbinder oder die Gerte.

kurzzeitig versammelt werden. Vorwärts treibende Hilfen durch Sitz und Schenkel und verhaltende Hilfen mittels der Zügelhände nutzt der Reiter, um das Pferd zu größerer Aufmerksamkeit anzuhalten und sich zu versammeln, für wenige Sekunden vermehrt unterzutreten. Sobald das Pferd reagiert, wird die halbe Parade beendet.
In diesem Zusammenhang ist, wie so oft im Pferdetraining, das Nachgeben wichtiger als das Aufnehmen. Mit anderen Worten: Das Ergebnis wird alleine durch Belohnung der Folgsamkeit des Pferdes erreicht. Hat es auf gewünschte Weise reagiert und Sie hätten dann versucht, es in dieser Haltung festzuhalten, anstatt nachzugeben, hätten Sie es nicht motiviert, auch das nächste Mal Ihrem Wunsch zu entsprechen.

Achtung: Negative Verstärkungen können fehlschlagen

Buckelt ein Pferd einen Sattel oder Reiter herunter, wird sein Buckeln durch die Prinzipien der negativen Verstärkung verfestigt. Empfindet das Pferd Reiter oder Sattel als unangenehm, bedrohlich oder unerwünscht und hat mit dem Buckeln Erfolg, weil es Sattel oder Reiter los wird, wird es auch in Zukunft vermutlich buckeln.

Bestrafung

Eine Bestrafung unmittelbar nach einem unerwünschten Verhalten kann ein Pferd davon abbringen, dieses Verhalten in Zukunft zu wieder-

Unter **Bestrafung** versteht man die Anwendung eines unangenehmen Stimulus während oder unmittelbar nach einem Verhalten, um das Pferd von diesem Verhalten abzubringen. Bei einer **Extinktion** entfernt man einen angenehmen Stimulus, um das Pferd vom gerade gezeigten Verhalten abzubringen.

holen. Verhält sich ein Pferd schlecht und Sie reagieren auf eine Weise, die es als unangenehm empfindet, haben Sie es damit für sein Verhalten bestraft. Manche Menschen lehnen Strafen im Zusammenhang mit der Ausbildung von Pferden ab, weil sie es als unfair und unnatürlich empfinden. Beobachten Sie einfach einmal eine Pferdeherde auf der Weide für einige Tage. Sie werden einige harte und äußerst reale Beispiele für Strafen miterleben.

Nähert sich ein abgesetztes Fohlen einem Wallach und schnuppert an seiner Flanke, wird es dafür bestraft. Es wird ihm deutlich gemacht, dass es weggehen und wegbleiben soll. Das kann durchaus durch einen Biss oder Tritt geschehen, und das Fohlen kann dabei verletzt werden. Das gehört zum natürlichen Verhalten aller Pferde. Nähert sich ein Pferd dem Futter, das einem ranghöheren Artgenossen gehört, wird es dafür bestraft. Strafen sind ein Teil des Lebens, eine Notwendigkeit im Zusammenleben der Herden und auch ein wesentlicher Bestandteil eines »natürlichen« Pferdetrainings. Werden Strafen entsprechend der in diesem Buch dargelegten Prinzipien angewendet, erfolgen sie unmittelbar, angemessen, konsequent und klar, dann sorgen sie für ein friedlicheres Zusammensein in der Zukunft.

Pferde kennen sich mit Strafen aus. Untereinander verteilen sie harte und raue Strafen. Das Pferd rechts sagt dem anderen mit Zähnen und Hufen: »Geh weg und bleib weg!«

Ein Beispiel: Beim Führen rennt das Pferd Ihnen davon. Es überrennt Sie und Sie rucken einmal kräftig am Führstrick, so bestrafen Sie es für sein gefährliches, schlechtes Verhalten. Der Druck des Halfters auf seiner Nase ist ein primärer Stimulus – das Pferd weiß sofort, dass es den Druck oder Schmerz auf seiner Nase nicht mag. Sie können einen sekundären Stimulus mit dem primären (dem Ruck am Führstrick) verknüpfen, wenn sie gleichzeitig ein Stimmkommando wie »Hör auf!« äußern. Das Pferd beginnt, Ihre autoritäre Stimme mit Ihrer Kontrolle zu verbinden und so wird später Ihre Stimme alleine das gewünschte Ergebnis zeigen.

Ein weiteres Beispiel ist der Elektrozaun. Drängelt ein Pferd über das Elektroband in die Nachbarweide oder den benachbarten Paddock und bekommt einen elektrischen Schlag ab, wurde es durch einen primären Stimulus bestraft – es muss nicht erst lernen, dass ein Elektroschock unangenehm ist. Es wird dieses Verhalten in der Zukunft mit geringerer Wahrscheinlichkeit zeigen.

Achtung: Mit einer ungerechten Bestrafung maßregeln Sie ein Pferd, das eigentlich richtig handelt. Sie haben vielleicht ein Pferd, das sich schlecht einfangen lässt und gehen ihm solange ruhig nach, bis Sie es aufhalftern können (Walk-Down-Methode). Endlich haben Sie das Halfter drauf und schon rucken Sie am Führstrick und sagen »Lass Dich beim nächsten Mal gefälligst besser fangen!«. Also, wenn ich dieses Pferd wäre, würde ich mich beim nächsten Mal noch schlechter einfangen lassen, weil ich Folgendes gelernt habe: Stehe ich endlich still und lasse mich aufhalftern, werde ich erst einmal bestraft!

Geben Sie nur nicht nach und füttern Ihr »schreiendes« Pferd, denn damit bringen Sie ihm bei, in Zukunft nur noch lauter und länger zu »schreien«.

Extinktion

Zeigt ein Pferd ein unerwünschtes Verhalten, das wir auslöschen wollen, können wir dazu manchmal die Methode der Extinktion nutzen.

Erinnern Sie sich noch an das Pferd, das immer schrie, weil es Futter wollte? Es hat gelernt, dass es Futter bekommt, wenn es nur genug Krach macht. Sie haben mit dem Prinzip der positiven Verstärkung diesem Pferd unabsichtlich das Schreien beigebracht.

Um das Pferd von dieser unerwünschten Angewohnheit abzubringen, nutzen Sie die Extinktion, gefolgt von einer neuen Runde positiver Verstärkung. Erst einmal hören Sie damit auf, ihm etwas Gutes zu tun (Futter), wenn es das unerwünschte Verhalten (Geschrei) zeigt. Das versteht man unter Extinktion. Dann belohnen Sie das Verhalten, das Sie mögen (ein ruhiges Pferd). Sobald das Pferd still ist, füttern Sie es.

Besteht diese Angewohnheit schon lange, kann es eine Zeit dauern, um es zu ändern. Zunächst wird das Pferd vielleicht noch lauter schreien und vielleicht zusätzlich scharren oder gegen die Stalltür treten, etwa wie ein verwöhntes Kind, das seine Eltern mürbe macht, bis es etwas Süßes bekommt. Wenn es so aussieht, als könne es gar nicht mehr schlimmer werden, wird das Pferd etwas Neues ausprobieren. Wenn es versucht, still zu sein, beginnt die Extinktion zu wirken, Sie können jetzt mit positiven Verstärkungen beginnen. Füttern Sie es, wenn es still ist und nur, wenn es still ist. Gerade dieses Beispiel kann ein echter Test Ihres Engagements in Sachen Pferdeausbildung sein.

Ein anderes Beispiel ist das Pferd, das sich gegen das Anbinden wehrt und freikommt; es hat mittels negativer Verstärkung gelernt, dieses Verhalten zu wiederholen. Es entkommt einem unangenehmen Gefühl (Anbinden), indem es sich wehrt, den Menschen überwältigt, Ausrüstung zerreißt oder die Einrichtung zerstört. Ist es erst einmal frei, weiß es genau, was es in Zukunft tun muss, um frei zu kommen – einfach ziehen auf Teufel komm raus! Sein Verhalten wurde verstärkt.

Die Walk-Down-Methode

Diese Methode wenden Sie zunächst in einem kleinen Paddock an und gehen dann nach und nach zu größeren Paddocks über. Gehen Sie immer auf die Schulter des Pferdes zu, nicht auf seinen Kopf oder Rumpf. Sie dürfen nicht rennen, nur gehen. Hält das Pferd an, kraulen Sie es am Widerrist. Sie müssen sich immer als Erste zurückziehen. Irgendwann halftern Sie das Pferd auf.

Fallstudie: Pullen – Prophylaxe und Therapie

Sherlocks 7 m langer Führstrick wurde durch den Reifenschlauch geführt, ich halte das andere Ende. Wenn er zieht, gebe ich ein bisschen nach, dann hole ich den Strick wieder ein.

Jetzt ist Sherlock sicher direkt am Reifenschlauch angebunden. Er testet ihn, fühlt den Druck im Genick und tritt nach vorne, gibt dem Druck also nach.

Sherlock hat gelernt, dass es kein Entkommen gibt und dass es nicht nur möglich, sondern sogar ganz leicht ist, angebunden still zu stehen.

Extinktion lässt sich beispielsweise nutzen, um ein Pferd zu kurieren, das beim Anbinden pullt, es aber bislang höchstens ein- oder zweimal geschafft hat, freizukommen. Bevor Sie diese Methode anwenden, sollten Sie Vorbereitungen treffen, die einen Erfolg wahrscheinlicher machen, indem Sie an verschiedenen Aspekten des Problems arbeiten.

Vorbereitung

Zunächst muss das Pferd lernen, wie es bei Druck auf sein Genick zu reagieren hat, indem es nämlich bei leichtem Zug am Führstrick den Kopf senkt und vorwärts tritt. Fragen Sie dies im Rahmen flott durchgeführter Handarbeit durch zahlreiche Gangartenwechsel (Schritt-Halt-Schritt-Trab-Halt-Trab usw.) ab und beobachten Sie, wie es auf Druck reagiert. Testen Sie es weiter durch Handpferdearbeit (führen Sie es dabei von einem erfahrenen, wohl erzogenen Reitpferd aus) in allen Gangarten. Folgt es Ihrem Reitpferd so leicht wie ein Schmetterling an einer Hundeleine, können Sie zur nächsten Phase, der eigentlichen Extinktion übergehen.

Vorgehensweise

Damit es nicht zur Gegenwehr ermutigt wird, darf das Pferd nicht freikommen, wenn es angebunden ist. Eine verbreitete Methode ist das hohe Anbinden mit zwei Führstricken und zwei Halftern an einen bombensicheren Anbindebalken oder Pfosten, wobei das Pferd dann pullt, bis es aufgibt. Diese Technik kann zwar funktionieren, ist aber nicht ungefährlich – hier eine bessere Methode.

Führen Sie einen 7 m langen Führstrick durch einen nicht aufgepumpten Reifenschlauch (siehe Abbildung) oder einen speziellen Anbindering oberhalb der Kopfhöhe des Pferdes. Befestigen Sie ein Ende am Halfter und nehmen das andere in die Hand. Wenn das Pferd zu ziehen beginnt, gibt der Führstrick zunächst etwas nach, Sie nehmen ihn dann wieder auf. Das Pferd kommt beim Ziehen zwar nicht frei, kann sich aber etwas Luft verschaffen und hat deshalb nicht das Gefühl, in der Falle zu sitzen.

Das unerwünschte Verhalten des Pferdes wird nun erst einmal schlimmer (ziehen, steigen, drängeln, fallen) werden, bevor es sich bessert. Lassen Sie sich nicht entmutigen: Diese Verschlimmerung ist ein deutliches Anzeichen, dass es bald aufgeben wird, sein Problemverhalten verschwindet und durch ein besseres Verhalten wie etwa ruhiges Stehen ersetzt wird. Wenn es dann still steht, sollte es durch Kraulen, Ruhe, ein wenig Führen oder Beenden der Übung belohnt werden.

Achtung

Die Arbeit mit einem eingefleischten Puller ist gefährlich, eine Heilung kann unmöglich sein oder nur kurz vorhalten. Oft ist es besser, die Arbeit mit ihm einem professionellen Trainer zu überlassen. Vorbeugung ist einfacher ...

Gegenwehr bei Einschränkungen hat viele Gesichter: Das Pferd zieht den Huf weg, wenn jemand ihn auskratzen will; macht ein Halfter, einen Führstrick oder den Anbindebalken kaputt, zerstört die Einrichtung. Sitzt diese Angewohnheit noch nicht zu tief, kann Extinktion genutzt werden, um die Gegenwehr auszulöschen. Hat ein Pferd allerdings beim Anbinden bereits 23 Führstricke oder Halfter zerrissen, wird es den ganzen Stall zerlegen oder sich selbst umbringen, bevor die Extinktion wirkt.

Rückblicke

Bis zu einem gewissen Punkt sind Wiederholungen angemessen, notwendig und ein Freund von Pferd und Trainer gleichermaßen. Oft wird aber einfach zu viel wiederholt. Natürlich reagieren Pferde positiv auf Beständigkeit, und Beständigkeit und Wiederholungen gehören natürlich zusammen. Hat man ein Pferd mit einer neuen Übung bekannt gemacht und hat es sich auch nur ein wenig in die richtige Richtung bewegt, wird darauf aufgebaut und die Lektion in der Zukunft immer wieder abgefragt.

Wiederholte Übungen im Ground Tying machten aus Sassy eine wahre Könnerin: beständig, zuverlässig und selbstbewusst.

Abwechslung ist die Würze des Lebens und auch in der Ausbildung von Pferden ist Abwechslung eine gute Sache. Mit Abwechslung wird Ihr Pferd ein vielseitiger, selbstbewusster Partner, Abwechslung verhindert vorauseilenden Gehorsam und roboterartiges Verhalten. Die meisten Pferde würden sich wohl Beständigkeit mit einer Abwechslungsbeilage bestellen.

Nach meiner Erfahrung lernen Pferde am besten, wenn man sie mit einer neuen Idee bekannt macht, sie beim ersten Schritt in die richtige Richtung belohnt und ihnen dann etwas Zeit gibt, damit sich alles setzen kann.

Kapiert ein Pferd nach mehreren Minuten oder Versuchen immer noch nichts, muss die Vorgehensweise geändert werden oder das Pferd bzw. der Ausbilder braucht eine Pause. Es macht einfach keinen Sinn, ständig etwas zu wiederholen, wenn das Pferd darauf immer falsch reagiert.

Was Rückblicke angeht, ist folgende Vorgehensweise richtig: Wiederholen Sie eine Übung drei- bis viermal pro Trainingseinheit und planen Sie fünf Trainingseinheiten pro Woche ein. Trainieren Sie etwa das Rückwärtsrichten (am Boden oder unter dem Sattel), so arbeiten Sie beim ersten Mal ein paar Minuten daran, bis Ihr Pferd eine gewisse Vorstellung davon hat. Dann beenden Sie die Übung, gehen zu etwas anderen über und kehren im Verlauf der Trainingseinheit noch ein paar Mal

Unter **Formung** versteht man die Weiterentwicklung einer Bewegung; die Verstärkung allmählicher Verbesserungen hin zu einem Ziel.

zum Rückwärtsrichten zurück. In jeder folgenden Trainingseinheit arbeiten Sie jeweils drei- oder viermal für jeweils ungefähr eine Minute am Rückwärtsrichten. Bis zum Ende der Woche haben Sie ein Pferd, das prompt, gerade und in guter Körperhaltung rückwärts zu richten ist.
Es wäre allerdings falsch, eine Übung hundertmal hintereinander zu wiederholen. Würden Sie das etwa beim Rückwärtsrichten tun, hätten Sie ein Pferd, das Rückwärtsrichten nicht leiden kann, das trotzig und widersetzlich, vielleicht aber sogar überhaupt nicht mehr reagiert, wenn Sie es zum Rückwärtsrichten auffordern. Warum auch sollte es gehorchen? Danach muss es doch nur wieder und wieder rückwärts gehen. Es ist eine Kunst zu wissen, wann man aufhören muss. Lesen Sie in Ihrem Pferd. Seien Sie fair.

Zippers Formungsplan:

- Galoppiere
- Galoppiere weiter
- Galoppiere geradeaus
- Galoppiere auf der richtigen Hand
- Galoppiere ausbalanciert
- Galoppiere versammelt
- Galoppiere aus dem Trab an
- Galoppiere aus dem Schritt an
- Galoppiere aus dem Halten an
- Galoppiere immer und überall

Formung

Kennt Ihr Pferd erst einmal die Bedeutung einer Hilfe, arbeiten Sie an einer allmählichen Verbesserung, die man auch Formung oder Gestaltung nennen kann.
Wenn Sie beispielsweise mit einem winzigen Fohlen an der Halfterführigkeit arbeiten und es anhalten wollen, treten Sie vor es, zupfen am Führstrick, sagen »Hooo!« oder benutzen einen Brustgurt, um ihm klarzumachen, was Sie von ihm wollen. Ihr Ziel ist ein Fohlen, das gerade und am durchhängenden Führstrick neben Ihnen anhält, alleine auf Signale der Körpersprache hin. Dahin kommen Sie über mehrere Zwischenschritte, für die Sie einige Übungseinheiten brauchen. Wann immer das Fohlen sich dem Endziel ein wenig annähert, belohnen Sie es, indem Sie Druck wegnehmen und allmählich immer weniger Hilfen einsetzen.
Ein anderes Beispiel ist das zweijährige Pferd, das gerade lernt, an der Longe zu galoppieren. Zunächst geben Sie sich mit jedem Galopp ohne Buckeln und Ziehen zufrieden. Ihr Endziel ist ein Pferd, das aus dem Schritt ausbalanciert, taktklar, fleißig und auf der richtigen Hand angaloppiert. Der Weg bis zu diesem weit fortgeschrittenen Ziel ist allerdings lang. Bis dahin werde Sie jede Menge Trabschritte, Außengalopp, Gangartenwechsel, Stürmen, hoch erhobene Köpfe und weggedrückte Rücken sehen, doch jedes Mal, wenn das Pferd eine Verbesserung zeigt, muss es ermutigt werden.
Formende Arbeit funktioniert dann am besten, wenn Sie die folgenden Prinzipien beachten: Suchen Sie den besten Ausgangspunkt, belohnen sie jeden Schritt in die richtige Richtung, jede Anstrengung, gehen Sie nicht zu rasch voran, aber bleiben Sie auch nicht stehen.

Sherlocks Führübungen
Arbeiten Sie mit einem Fohlen an der Halfterführigkeit, programmieren Sie den Erfolg vor, indem Sie es zunächst hinter der Stute führen. Dann führen Sie es unter Einsatz eines Kruppenseils mit der Stute in der Nähe. Später führen Sie das Fohlen ohne Kruppenseil und außerhalb der Sichtweite der Stute.

Auf der Suche nach dem besten Ausgangspunkt

Gehen wir zurück zur Halfterführigkeit beim Fohlen: Sagen Sie am besten dann »Hoo!«, wenn das Fohlen vermutlich sowieso anhalten will. Bitten Sie jemanden, die Stute neben dem Fohlen zu führen. Fordern Sie das Fohlen zum Anhalten auf, wenn die Stute angehalten wird. Das Fohlen ohne seine Mutter anhalten zu wollen, wäre für den Anfang zu schwer und würde mit einem verzweifelt steigenden Fohlen enden.

Bringen Sie Ihrem Zweijährigen das Galoppieren bei, fällt dies leichter, wenn es anfangs noch frisch und unternehmungslustig ist, als später, wenn es bereits müde ist.

Jeden Schritt in die richtige Richtung belohnen

Der nachlassende Druck des Führstricks bedeutet für das Fohlen eine Belohnung, das Anhalten neben der Mutter ebenso. Sogar, wenn das Fohlen nur langsamer wird, können Sie es kraulen und »Guuut!« sagen, damit es weiß, dass es etwas richtig gemacht hat. Bald hat das Fohlen gelernt, dass eine beruhigende Berührung oder ein gutes Wort eine Belohnung ist.

Fordern Sie Ihren Zweijährigen zum Galoppieren auf und er stürmt los, bleiben Sie ruhig und loben Sie Ihr Pferd für seine Bereitschaft, in eine höhere Gangart zu wechseln. Auch wenn es vielleicht im Außengalopp geht, so galoppiert es doch und es ist besser, es dafür zu belohnen, bevor man an der Arbeit im Handgalopp beginnt. Versuchen Sie, gleichzeitig viele verschiedene Dinge unter einen Hut zu bekommen werden Sie Ihr Pferd vermutlich eher verwirren. Bleiben Sie in Ihren Forderungen fair und gewissenhaft, wird Ihr Pferd sich entspannen und es fällt ihm leicht, richtig zu reagieren.

Gehen Sie nicht zu schnell auf ein Ziel zu

Wenn sie versuchen, mit einigen wenigen Trainingseinheiten Perfektion zu erlangen, könnte Ihr Pferd wichtige Elemente des Puzzles verpassen und versäumen, Verbindungen zwischen den Komponenten der Lektionen zu knüpfen. Das Schöne an einem systematischen Trainingsplan ist die Möglichkeit, bei auftauchenden Problemen einfach die vorangegangenen Schritte wiederholen zu können. Gehen Sie aber von Punkt A direkt zu Punkt D und lassen die Punkte B und C aus, fehlen Ihnen Elemente, die Sie erneut durchgehen und verbessern könnten.

Sie erreichen vielleicht Ihr Ziel, indem Sie hart mit dem Fohlen umgehen und darauf bestehen, dass es von Anfang an anhält und still steht, aber es wird aufgrund von Angst und Schmerzen gehorchen, nicht weil es etwas gelernt hat. Das macht die nächste Trainingseinheit nicht gerade einfacher – wenn Sie Ihr Fohlen dann überhaupt noch gefangen bekommen!

Wenn Sie bei Ihrem Zweijährigen konsequent dranbleiben und von ihm erwarten, in nur einer Trainingseinheit auf der richtigen Hand, ausbalanciert und rhythmisch zu galoppieren, wird Ihnen dies bei einem sehr talentierten Pferd möglicherweise sogar gelingen. Das Pferd wird dabei allerdings sehr müde werden, und Sie werden vermutlich mehr Schaden anrichten als Gutes erreichen. Denken Sie daran: Je langsamer Sie voranschreiten, umso schneller kommen Sie ans Ziel, und umso nachhaltiger ist der Erfolg.

Der Gebrauch von Ausbindern ist sowohl eine Wissenschaft als auch eine Kunst. Sie können ein wertvolles Hilfsmittel im Training sein, werden von vielen Menschen aber als Abkürzung benutzt, wobei wichtige Zwischenschritte umgangen werden.

Bleiben Sie nicht stehen

Nach einer Weile werden Sie vielleicht feststellen, dass Ihr Training zwar problemlos läuft, Sie aber keine Fortschritte mehr machen. Das kann die weitere Ausbildung des Pferdes erschweren. Pferde sind Gewohnheitstiere, seien Sie sich also immer bewusst, was und wie Sie regelmäßig mit Ihrem Pferd arbeiten. Schreiten Sie in Ihren Lektionen voran, erzielen Sie maximale Ergebnisse und Zufriedenheit.

Führen Sie ein Fohlen vier Monate nur neben seiner Mutter, wird es schwerer, es davon zu überzeugen, dass es auch unabhängig von ihr arbeiten kann, als wenn Sie damit bereits im ersten Trainingsmonat begonnen hätten.

Erlauben Sie Ihrem Zweijährigen während der ersten drei Monate beim Longieren bei jedem Übergang vom Schritt zum Galopp einige Trabschritte, wird es schwerer, diese später zu eliminieren, als wenn Sie es schon nach einigen Wochen versucht hätten.

KAPITEL 10

Pferde ausbilden

JETZT, WO SIE EINE RECHT GENAUE VORSTELLUNG vom Wesen des Pferdes, seinen körperlichen und mentalen Eigenschaften haben und mit den Prinzipien des Lernens vertraut sind, sind ein paar allgemeine Trainingsrichtlinien angebracht. Außer einigen philosophischen Elementen werden ich meine eigene Regel bezüglich Antropomorphismen brechen und mit einer Liste von Trainingsregeln aus Sicht eines Pferdes beginnen – direkt aus der Quelle, sozusagen.

Anschließend geht es um Zielsetzungen, Trainingsphasen und die unterschiedlichen Formen des Trainings. Dann noch ein paar Leitlinien für eine typische Trainingseinheit, orientiert an den Instinkten und am Verhalten eines Pferdes – und dann können Sie selbst loslegen!

Die 12 Trainingsregeln – aus Sicht des Pferdes

Wenn Ihr Pferd sprechen könnte und Sie würden es fragen, wie man denn mit ihm umgehen soll, würde es wohl so oder so ähnlich antworten.

1 **Brich mich nicht.** Forme mich, aber zerstöre mich dabei nicht. Gib mir einfache Aufgaben, die ich bewältigen kann, und baue darauf auf. Zwinge mich nicht, mich zu ändern; lade mich dazu ein. Sei ruhig und geduldig und Du wirst überrascht sein, was ich alles Dir zuliebe tue.

2 **Sei eindeutig.** Wenn Du mir erklären kannst, was Du von mir willst und ich dem Folge leisten kann, werde ich es auch tun. Verstehe ich Dich nicht, bestrafe mich nicht, sondern erkläre es mir anders. Ich möchte mitarbeiten.

3 **Behandele mich wie ein Pferd.** Ich bin ein Pferd und stolz darauf. Obwohl wir gute Freunde sein können, bin ich weder ein Mensch noch ein Hundewelpe.

4 **Sei flexibel.** Ich weiß, Du willst, dass ich heute eine bestimmte Lektion meistere. Bin ich aber abgelenkt, müde oder verwirrt, beharre bitte nicht darauf. Manchmal brauche ich einfach eine Rückversicherung, indem wir eine einfache Lektion, die ich bereits beherrsche, wiederholen.

5 **Konzentriere Dich bitte.** Du willst immer, dass ich mich konzentriere, wenn wir zusammen arbeiten, deshalb hätte ich gerne, dass auch Du Dich auf unsere Arbeit konzentrierst. Schalte das Handy aus; vergiss den Kaufvertrag auf Deinem Schreibtisch, die Beule, die Dein Kind ins Auto gemacht hat oder die Laborergebnisse eines medizinischen Tests. Sei jetzt ganz bei mir, o.k.?

6 **Programmiere den Erfolg vor.** Du weißt, dass ich mich vor Hunden oder Rasenmähern in der Nähe des Reitplatzes fürchte. Hilf mir deshalb zuerst, diese Ängste zu überwinden, bevor Du mich um etwas bittest. Irgendwann möchte ich immer, überall und jederzeit alles für Dich tun, bis dahin muss ich aber noch meine Unsicherheit überwinden. Mit Deiner Hilfe werden wir es schaffen.

7 **Sei beständig.** Wenn Du das erste Mal etwas von mir verlangst, etwa den Kopf zu senken, damit Du Dir meine Ohren ansehen kannst, kapiere ich schnell, wenn Du mich ein paar Mal auf immer dieselbe Art und Weise bittest – kein Problem. Wenn Du aber ein paar Mal mit mir arbeitest, dann aber Deinen Freund Joe auf meine Ohren loslässt und er ganz anders vorgeht, werde ich mich erschrecken und er wird vielleicht sauer werden. Es wird mir sehr viel schwerer fallen herauszubekommen, was ich eigentlich tun soll. Bleibst Du konsequent bis Du siehst, dass ich es verstanden habe, kannst Du dann mit Änderungen und Ergänzungen beginnen. Nimmst Du dir genug Zeit, werde ich Dich damit überraschen, wie viele Varianten ich lernen kann. Verstehe ich etwas nicht gleich, kannst Du immer zum ersten Schritt zurückkehren, denn der ist fest in mir verankert. Gib mir einfach einen guten Start und sei dann beständig – das mag ich.

8 **Sei mein Freund, auf meine Weise.** Ich werde gerne an der Stirn oder am Hals gekrault; dabei entspanne ich mich und fühle mich wohl. Kitzel mich nicht an der Nase, an den Flanken oder am Bauch und bitte gib mir keine festen Klapse, weil Du denkst, dass mir das gefällt. Streichele mich mit festen, kreisförmigen Bewegungen und Du hast einen Freund fürs Leben.

9 **Nimm Dir Zeit.** Wenn Du es eilig hast und um mich herumwuselst, riechst Du besorgt

und ich kann Deinen erhöhten Puls spüren. Manchmal werde ich dann selbst ganz nervös und aufgedreht. Überspringst Du einen Zwischenschritt und verlangst eine neue Übung von mir, fühle ich mich manchmal ganz verloren und kann mich an die einfachsten Lektionen nicht mehr erinnern. Ich habe es am liebsten, wenn Du Dich um mich herum gelassen bewegst, mir genau erklärst, was wir gerade tun, und mir so viel Zeit gibst, wie es eben braucht, gemeinsam den Dingen auf den Grund zu gehen.

10 **Sei optimistisch.** Schon, wenn Du auf mich zugehst, kann ich spüren, ob Du gute oder schlechte Erwartungen hast. Kommst Du mit einem Lächeln, gibt es mir ein gutes Gefühl, mit Dir zu arbeiten. An Tagen, wo Du es eilig hast oder mit Problemen rechnest, überträgt sich Deine Stimmung auf mich und ich gehe in eine Abwehrhaltung über, weil ich lieber flüchte, als mich zu wehren. Wenn Du glücklich bist, bin ich es auch.

11 **Sei fair und realistisch.** Ich weiß es wirklich zu schätzen, dass Du mich so gut verstehst und deshalb nichts von mir verlangst, was ich nicht leisten kann. Du verlangst nie von mir, zu schwere Lasten zu tragen oder zu ziehen. Du befiehlst mir nie, einen unpassierbaren Sumpf zu durchqueren oder ein gefährliches, steiles Kliff herab zu klettern. Solange Du mich fair behandelst und mir nur vernünftige Aufgaben stellst, werde ich mich Dir nie verweigern.

12 **Sei objektiv.** Wenn wir beide zusammen arbeiten nimm bitte wahr, was Du siehst und nicht, was Du hineininterpretierst. Schlägt der Sattelgurt gegen mein Bein und ich hebe mein Bein an, solltest Du erkennen, dass es mich überrascht hat. Ich kann dort nichts sehen und meine Reflexe befehlen mir, nach etwas auszuschlagen, was gerade mein Bein angreift. Habe ich eine Weile darüber nachgedacht, wird mir schon klar, dass mir nichts passiert, aber zunächst reagiere ich einfach nur. Denkst Du aber gleich »Mensch, Du Miststück, Du wirst nicht nach mir austreten« und wirst sauer auf mich, haben wir zwei ein Problem. Je besser Du mich kennen lernst, desto eher verstehst Du, warum ich bestimmte Dinge einfach tun muss, und Du wirst die Situation aus meiner Sicht beurteilen. So hilfst Du mir auch, meine Ängste zu überwinden.

Trainingsphilosophie

Wenn Sie ähnlich denken wie ich, hätten Sie gerne in Ihrem Pferd einen Partner, auf den Sie sich verlassen können, ebenso wie er sich auf Sie verlassen kann. Bei der gemeinsamen Arbeit möchten Sie sich sicher fühlen, gut miteinander kommunizieren können und Freude haben. Über das Training von Pferden habe ich bereits ausführlich in anderen Büchern geschrieben.

Beziehung unter Gewinnern

Wir nähern uns dem Thema »Trainingsprinzipien« allmählich an; hier eine Einführung, die einem meiner ersten Bücher entnommen wurde:

»Wenn Sie Ihrem Pferd in der Reitbahn gegenüberstehen, will keiner von Ihnen einen Kampf. Sie beide wollen weder Angst fühlen, noch verletzt werden. Sie wollen einfach nur gut miteinander auskommen. Ist Ihr Ziel eine langfristige Partnerschaft, so wollen Sie ein effektives Kommunikationssystem entwickeln und zur Übereinstimmung gelangen. Sie müssen sich gegenseitig sorgfältig beobachten, aufmerksam zuhören, ehrlich reagieren. Sie stellen Regeln auf und sagen, wo es lang geht. Damit die Partnerschaft aber Erfolg haben kann, müssen diese Regeln auf den natürlichen Instinkten und Talenten des Pferdes basieren.

Damit der Mensch gewinnen kann, muss das Pferd nicht notwendigerweise verlieren. Beim Training ist es nicht notwendig, dem Pferd etwas zu entziehen oder es zu brechen; Sie sollten vielmehr etwas zu Ihrem Pferd hinzufügen. Ihr Ziel sollte es sein, das Pferd zu vollenden, nicht, es zu zerstören.

Pferde sind von Natur aus kooperativ und an einem Austausch mit Menschen interessiert. Machen Sie nicht den Fehler, Ihr Pferd als Gegner zu betrachten.

Ich hoffe, dass Sie mit einem guten Pferd arbeiten können, dass Sie sich Zeit lassen und diese Erfahrung auskosten – ist das nicht der Grund, warum wir alle uns überhaupt mit Pferden beschäftigen?«

Trainingsziele

Es ist wichtig, Trainingsziele zu formulieren, dabei aber immer so flexibel zu sein, dass man sich jeden Tag auf jedes Pferd neu einstellen kann. Berücksichtigen Sie in Ihren Trainingszielen das natürliche Verhalten von Pferden, ihre Neigungen und körperlichen Fähigkeiten, wird der Erfolg wahrscheinlicher.

Im **Training** ersetzen Sie die angeborene Furcht des Pferdes vor der Welt der Menschen durch Vertrauen und Respekt, wobei Neugierde und Lernbereitschaft des Pferdes erhalten bleiben.

Effektive Trainingspläne aufstellen

Ein Trainingsplan besteht aus einem individuellen, auf ein Pferd zugeschnittenen Kalender mit Inhalten, die dem Alter, Ausbildungsstand und Charakter des Pferdes angepasst sind. Gehen Sie sachkundig vor, sitzt der Trainingsplan Ihrem Pferd wie angegossen und hilft Ihnen, Ihre objektiven und subjektiven Trainingsziele zu erreichen. Denken Sie bei einem Trainingsplan an Zeitspannen von Wochen, Monaten und Jahren, nicht an Minuten, Stunden oder Tage.

Unter subjektiven Zielen versteht man alle, die sich nicht mit wissenschaftlichen Methoden erfassen lassen, wie etwa Willigkeit, Kooperationsbereitschaft, Vertrauen oder Respekt. Sie bilden die Basis für objektive Trainingsziele.

Bei objektiven Zielen geht es überwiegend um die Durchführung bestimmter Lektionen, etwa um das Stillstehen beim Aufsitzen, Galopp auf der richtigen Hand oder einen Sprung über ein Hindernis. Sie können meist relativ leicht feststellen, ob Ihr Pferd ein bestimmtes Ziel erreicht hat oder nicht. Irgendwann spielt auch die Art und Weise, die Qualität der Durchführung objektiver Ziele eine immer größere Rolle und wird zu Ihrem lebenslangen Ziel als Pferdetrainer. Verlieren Sie aber nie die subjektiven Ziele aus den Augen, opfern Sie nie das Vertrauen und die innere Haltung Ihres Pferdes seiner Fähigkeit, höher zu springen und schneller zu galoppieren.

Zinger: Willig, kooperativ, vertrauensvoll, vertrauenswürdig, respektvoll und respektiert.

Ziele setzen

Je genauer Sie Ihre Ziele im Kopf oder schriftlich fixieren können, desto leichter wird es, sie auch zu erreichen. Alle Reitstile haben dieselben grundlegenden Ziele, die auch in annähernd derselben Reihenfolge gelehrt werden. Ihre Liste könnte so ähnlich aussehen:

Meine Ziele in der Grundausbildung

- Aufsitzen, während das Pferd still steht
- Schritt
- Ganze Parade zum Halten
- Wenden in beide Richtungen
- Absitzen
- Traben (Schritt-Trab, Trab-Schritt)
- Ecken durchreiten, große Zirkel reiten
- Vorhandwendungen auf beiden Händen
- Reiten in Anwesenheit anderer Pferde
- Ritte außerhalb der Reitbahn
- Schlangenlinien durch die ganze Bahn, Kehrtvolten
- Galopp (Trab-Galopp, Galopp-Trab) auf beiden Händen
- Korrektes Halten
- Rückwärtsrichten
- Kurzkehrt, Hinterhandwendung
- Überwinden von Hindernissen wie Tore, Zäune usw.

Ausbildungsabschnitte

Die Veranlagung Ihres Pferdes, seine bisherige Ausbildung, sein Alter, Ihre Ziele und Ihr Tagesablauf beeinflussen Ihr persönliches Trainingsprogramm. Alle Trainingsprogramme, ob sie eher locker oder eher streng strukturiert sein mögen, durchlaufen drei Phasen: Gewöhnungsphase, Erlernen der Fertigkeiten und Verbesserung der Qualität.

Phase 1: Gewöhnungsphase

Während der ersten Trainingseinheiten gewöhnen Sie Ihr Pferd an den Ablauf des Trainings, an seine Ausrüstung und an bestimmte Sinneseindrücke. Dazu gehört etwa, überall berührt und geputzt zu werden, den Sattel auf dem Rücken oder den beengenden Gurt zu spüren, das Gebiss im Maul zu akzeptieren, sich an das Gewicht und den Anblick des Reiters im Sattel zu gewöhnen, hinzunehmen, dass es während des Trainings schwitzt, sich aber nicht scheuern oder wälzen kann und einem Tagesplan unterworfen zu werden. Außerdem unterstützen Sie Ihr Pferd bei der Entwicklung seiner Konzentrationsfähigkeit, damit es während immer längerer Zeitspannen aufmerksam sein kann.

Während des ersten Ausbildungsabschnittes sind dies die einzigen Trainingsziele, und sie sind von größter Bedeutung, die Basis für alles, was darauf folgt. Bevor Sie im Training fortfahren können, muss Ihr Pferd sich beim Training entspannen und wohl fühlen.

Zur Phase 1 gehören grundlegende Routinetätigkeiten wie das Satteln.

Phase 2: Erlernen der Fertigkeiten

Sobald Sie wissen, dass Ihr Pferd zum Reiten oder Fahren eine grundsätzlich entspannte Haltung hat, beginnen Sie, ihm bestimmte Fertigkeiten beizubringen. Ob am Boden oder im Sattel, immer legen Sie Wert auf willige und korrekte Reaktionen auf Ihre Hilfen.

Während dieser Phase, in der das Pferd sich sein Fachwissen aneignet, gibt es viele objektive Ziele. So muss Ihr Pferd beispielsweise lernen, beim Longieren als Reaktion auf Ihre Körpersprache und Hilfen der Longiergerte oder im Sattel auf den Druck Ihrer Schenkel hin voranzugehen. Die einfachste Form der Lektion »Vorwärts« ist das Antreten aus dem Halt, doch auch alle anderen Wechsel in eine schnellere Gangart (Schritt-Trab, Trab-Galopp usw.) sowie Wechsel im Gangmaß (starker Schritt, starker Trab) gehören dazu.

Ihr Pferd muss aber auch lernen, anzuhalten oder langsamer zu werden. Am Boden müssen Sie Ihre Körpersprache, im Sattel Ihre Hilfengebung effektiv einsetzen, um vom Schritt zum Halt zu gelangen, aber auch andere Wechsel in eine niedrigere Gangart (Trab-Schritt usw.) oder Wechsel im Gangmaß (etwa einen versammelten Galopp) zu reiten.

Eine weitere Basislektion besteht darin, Druck auszuweichen. Sie bringen Ihrem Pferd bei, seine Vorhand, Hinterhand oder seinen ganzen Körper von Ihrer Hand oder Ihrem Bein weg zu bewegen. Diese Lektion brauchen Sie für viele Übungen, etwa zum Ausweichen, wenn das Pferd angebunden steht, für Vorhandwendungen oder Schenkelweichen.

In dieser Phase, in der es sich technische Fähigkeiten aneignet, lernt Ihr Pferd, was es tun und was es unterlassen soll. Es erlernt eine ganze Reihe von Reaktionen, abhängig von Ihren Zielen und seinem Ausbildungsniveau. Erst eignet sich Ihr Pferd Grundwissen an, dann lernt es, ähnliche Hilfen mit unterschiedlichen Reaktionen zu beantworten.

In Phase 2 sind bestimmte Übungen wie etwa Schenkelweichen zu erlernen.

Phase 3: Formverbesserung

Nachdem das Pferd seine Grundausbildung durchlaufen hat, besteht Ihr nächstes Ziel darin, die Qualität seiner Arbeit zu verbessern. In der Phase der Form- oder Qualitätsverbesserung gestalten Sie Ihre Arbeit so, dass Ihr Pferd sie auf feinere, gleichmäßigere, besser ausbalancierte und versammelte Weise auszuführen lernt. Sie unterstützen es also darin, die Qualität seiner Arbeit zu verbessern. Zunächst hat Ihr Pferd gelernt, was es tun soll; jetzt lernt es, wie es seine Sache besser machen kann. Die zweite und dritte Phase lassen sich nicht streng trennen – Sie werden ständig hin und her springen, mal eine Lektion wiederholen, dann wiederum an der Ausführung feilen.

Was auch immer Sie gerade üben, halten Sie sich die wichtigsten, subjektiven Ziele immer vor Augen: Vorwärts gerichtete Energie, Rhythmus, Geschmeidigkeit, Entspannung, mentale und körperliche Hinnahme des Kontakts, Geraderichten, Balance, Präzision.

Phase 3 konzentriert sich darauf, Form und Qualität der Arbeit zu verbessern, etwa im versammelten Galopp.

Übergeordnetes Ziel: Die Basis

Während Ihr Pferd seiner Liste von Gangarten und Lektionen neue Elemente zufügt, sollten Sie sicherstellen, dass Sie nicht etwa die folgenden wichtigen, grundlegenden Ziele neuen Übungen opfern. Fragen Sie sich:

- Ist mein Pferd immer noch entspannt, locker und geschmeidig, während es mit vorwärts gerichteter Energie geradeaus gearbeitet wird?
- Geht er in jeder Gangart taktklar (Es geht vielleicht momentan noch zu schnell oder zu langsam, aber trotzdem unbedingt regelmäßig)?
- Akzeptiert mein Pferd den Kontakt zu mir über meine Zügelhände und meine Schenkel willig?
- Wenn ich eine größere Aktivität seiner Hinterhand abrufen will, reagiert mein Pferd dann, indem es vorangeht?
- Geht mein Pferd auf geraden Linien gerade gerichtet?
- Fühlt sich mein Pferd so an, als wäre sein Schwerpunkt ein wenig nach hinten verschoben, sodass es eher versammelt arbeitet, anstatt schwer auf der Vorhand zu laufen?

Körperliche Entwicklung

Behalten Sie das Exterieur Ihres Pferdes während der gesamten Ausbildung im Auge. In Abhängigkeit vom aktuellen Training wird es bestimmte Muskelgruppen mehr einsetzen als andere. Durch wiederholte Übung entwickeln sich diese Muskeln stärker und beeinflussen so auch sein Erscheinungsbild. Arbeiten Sie Ihr Pferd korrekt, wird es einen attraktiven, harmonischen und funktionellen Körperbau entwickeln. Bei unsachgemäßem Training macht seine äußere Erscheinung einen nicht ausbalancierten Eindruck, das Pferd hat hier hässliche, dicke Wülste und dort hohle, schwache Stellen.

Unter **Selbsthaltung** versteht man eine ausbalancierte, versammelte und ausdrucksvolle Kombination von Körperhaltung und Bewegung, die dem Pferd entweder angeboren ist oder die entwickelt wurde und dann ohne Hilfen oder Signale des Reiters gezeigt wird.

Verbesserung des Rahmens

Der Rahmen der meisten Pferde entspricht meist anfangs einer von zwei Varianten. Da gibt es Pferde, deren Oberlinie kürzer ist als die Unterlinie: Hohlrücken (durchhängender Rücken), erhobener Kopf, die Nase wird bis zu 90 Grad vor der Senkrechten getragen, Kruppe höher als Widerrist, herausgestellte Hinterhand. Bei anderen Pferden sind Oberlinie und Unterlinie beide lang: flacher, entspannter Rücken, tiefer, flacher Hals, Nase im Winkel von 45 Grad zur Senkrechten, vorlastig. Beide Pferde sollten allmählich so entwickelt werden, dass Hals, Rücken und Kruppe gekräftigt und abgerundet werden, sich das Gewicht in Richtung Hinterhand verlagert und sowohl Tragkraft als auch

Ziele der körperlichen Entwicklung

Behalten Sie während der Ausbildung Ihres Pferdes diese Ziele im Auge:

- Verändern Sie die flache oder hohle Oberlinie Ihres Pferdes allmählich in Richtung einer konvex gebogenen Oberlinie.
- Entwickeln Sie auf beiden Seiten seines Körpers Geschmeidigkeit und Stärke gleichmäßig.
- Verschieben Sie das Gewicht des Pferdes allmählich von der Vorhand auf die Hinterhand.
- Verbessern Sie Stil und Ausdruck der Bewegungen.
- Verbessern Sie die Qualität seiner Gänge.

Typische Rahmen

Hoher Kopf und durchgedrückter Rücken.

Flache Oberlinie und tiefer Kopf.

Das Ziel, ein ausbalanciertes Pferd.

Schubkraft der Hinterhand gestärkt werden. Gehört Ihr Pferd zum Typ 1, so profitiert es besonders von Arbeit in die Tiefe, etwa beim Leichttraben, von Übungen, die seinen Rücken dehnen und entspannen.
Beginnen Sie ein Pferd vom Typ 2 zu arbeiten, nutzen Sie streckende, tiefe Arbeit nur zum Aufwärmen und um es geschmeidig zu machen. Danach machen Sie es mit der Idee vertraut, dass seine Vorhand angehoben und sein Gewicht in Richtung Hinterhand verschoben wird. Übergänge zwischen Halt, Schritt und Trab in beide Richtungen veranlassen das Pferd zum Untertreten und machen es vorne leichter. Es braucht einige Zeit, bis es tatsächlich mehr Gewicht mit der Hinterhand aufnimmt. Es kann mehrere Monate oder länger dauern, bis Sie eine positive Veränderung seiner Haltung feststellen.
Nach mehreren Monaten korrekter Bodenarbeit oder unter dem Sattel wird Ihr Pferd aber Anzeichen für einen leicht abgerundeten Rücken, eine Abrundung des Halses und eine leichte Absenkung der Kruppe zeigen. Eines der deutlichsten sichtbaren Zeichen in diesem Stadium ist die Tatsache, dass das Pferd nun seine Nase ständig ganz bequem 25 bis 30 Grad vor der Senkrechten tragen kann. Seine Hinterbeine treten weiter unter den Rumpf. Es ist vorteilhaft, Ihr Pferd während des nächsten Jahres seiner Ausbildung in dieser Haltung zu reiten. Während dieser Zeit wird er Anzeichen von Selbsthaltung erahnen lassen.
Die weitere Entwicklung des Rahmens ist ein Prozess der kleinen Schritte. Reiten Sie Ihr Pferd zunächst immer nur für kurze Zeit (ein paar Schritte, einige Minuten) in einem geringgradig stärker engagierten Rahmen. Gestatten Sie ihm dann, zu seinem jetzigen Niveau von Selbsthaltung zurückzukehren oder gönnen Sie ihm eine Pause am langen Zügel.

Reiten Sie Ihr Pferd für wenige Schritte in versammelter Haltung und entlassen es dann wieder in die Entspannung. Nehmen Sie es erneut und für ein wenig länger auf. Verlängern Sie allmählich die Zeitspanne, in der Sie es in versammelter Haltung reiten, bis ihm das zur Gewohnheit wird und es beginnt, Selbsthaltung zu entwickeln.

Trainingsinhalte

Wann immer Sie mit Ihrem Pferd arbeiten, sollten Sie sich als Choreograph sehen, der sein Pferd zu feinster, anspruchsvollster Arbeit hinführt. Legen Sie mittels sorgfältig geplanter und durchgeführter Übungen eine gute Grundlage, haben Sie bessere Chancen, Ihrem Pferd beim Entwickeln seines vollen Potentials zu helfen.

Arbeitsformen

Wählen Sie stets die Arbeitsform, die dem Alter und Ausbildungsstand Ihres Pferdes am ehesten angemessen ist: Vorwärts-Arbeit, Gymnastik, laterale oder versammelte Arbeit. Die Pferde werden Ihnen meist sagen, woran jetzt gearbeitet werden sollte. Ihr Pferd wird Ihnen mitteilen, wenn es alte Lektionen wiederholen muss oder wenn es Zeit ist, in der Ausbildung den nächsten Schritt zu tun. Beobachten Sie Ihr Pferd und arbeiten es gemäß eines maßgeschneiderten Trainingsprogramms, werden Sie große Fortschritte machen. Versuchen Sie aber gewaltsam, alle Pferde über einen Kamm zu scheren, wird es schwierig. Ach ja, vergessen Sie nicht, es auf beiden Händen zu arbeiten.

Die Basis

Pferde lernen am besten schrittweise. Wenn Sie mit einer einfachen Aufgabe beginnen, einer, die Ihr Pferd versteht, geistig verarbeitet und gut ausführt, steigern Sie sein Selbstbewusstsein und sein Interesse. Darauf bauen Sie den nächsten Schritt auf. Ehe Sie sich versehen, haben Sie beide eine ganze Reihe von Lektionen gemeistert. Das ist mit einer guten Grundlage gemeint.

Was aber ist diese Grundlage? Es ist die Basis, auf der alle anderen Lektionen aufbauen.

1. Habe keine Angst.
2. Verhalte Dich respektvoll.
3. Pass gut auf.
4. Bewege Dich.
5. Halte an.
6. Weiche aus.

Lösen Sie kleine Probleme schon während Sie diese Grundlage legen, damit sie nicht zu großen, unlösbaren Schwierigkeiten werden.
Wenn Sie mit dem Auftrensen beginnen und Ihr Pferd den Kopf hebt, müssen Sie ihm zunächst beibringen, dass es Sie nicht fürchten und meiden muss, indem es den Kopf hebt. Wenn Sie herausfinden, dass es an den Ohren und am Genick nicht gerne angefasst wird, müssen Sie diesen Bereich erst einmal an Berührungen gewöhnen. Wenn die Zeit gekommen ist, ihm das Gebiss ins Maul zu legen, werden Sie vielleicht feststellen, dass es nicht mag, wenn Sie sein Maul, seine Lippen oder Zähne berühren. Also müssen Sie innehalten, einen Schritt zurückgehen und daran arbeiten. Verbringen Sie eine Woche oder so, um sich dieser kleinen Probleme anzunehmen, werden Sie oft feststellen, dass sich dabei das Verhalten Ihres Pferdes insgesamt bessert und Sie der gemachte Aufwand davor bewahrt hat, in den kommenden Jahren andauernd an Kleinigkeiten herumnörgeln zu müssen.
Bei Lektionen, die Ihrer sofortigen Aufmerksamkeit bedürfen – etwa die Vorbereitung eines Jährlings auf seinen ersten Termin beim Hufschmied in zwei Wochen – sollten Sie mehrmals täglich entsprechende Übungen einbauen, um gleichmäßige Fortschritte zu erzielen. Kürzere,

Übungsstunden für Jungpferde

Wenn Sie mit einem Saugfohlen, Absetzer oder Jährling arbeiten, sind kürzere, häufiger durchgeführte Übungsstunden am besten. Eine Übung für Saugfohlen oder Absetzer besteht beispielsweise in fünf Minuten Putzen, anschließend 15 Minuten Bodenarbeit und abschließend erneut fünf Minuten Putzen. Der Jährling kann durch etwas Bodenarbeit aufgewärmt werden und lernt die Grundlage des Longierens oder Fahrens vom Boden in einer zwanzigminütigen Einheit, die durch fünf Minuten Putzen beendet wird.

häufiger durchgeführte Übungseinheiten erbringen bessere und nachhaltigere Ergebnisse als einmalige Marathonsitzungen.

Vorwärts-Arbeit

Die Vorwärts-Arbeit beruht auf energischem Reiten mit minimalen Begrenzungen, etwas, das den meisten Pferden gefällt. Diese Arbeit besteht beispielsweise in einem energischen Schritt, Trab oder Galopp auf gerader Linie mit nur geringem Kontakt über das Gebiss und ebenso geringer Stellung und Biegung. Diese Vorwärts-Arbeit eignet sich grundsätzlich für alle Pferde während des Aufwärmens und Abwärmens im Rahmen einer Trainingseinheit. Insbesondere ganz zu Beginn der Ausbildung junger Pferde ist es möglich, dass während der gesamten Trainingseinheit einzig und allein Vorwärts-Arbeit angemessen ist.

Gymnastik

Gymnastische Arbeit oder Dressurarbeit fügt der Vorwärtsarbeit mehr Kontakt, Biegungen und Handwechsel, beispielsweise durch Zirkel mit unterschiedlichem Durchmesser, Kehrtvolten, Schlangenlinien durch die ganze Bahn und Handwechsel durch die Diagonale zu. Obwohl Sie nun das Pferd biegen, geht es weiterhin sowohl auf der Geraden als auch auf dem Zirkel in einer Spur, indem die Hinterbeine den Abdrücken der

So sieht westernmäßige Doppellongenarbeit im Vorwärts aus.

Zirkel sind der Schlüssel für gymnastizierende Arbeit.

Vorderbeine folgen. Mit anderen Worten: Es fehlen noch die Seitengänge, durch die Hinterhand und Vorhand versetzt werden.
Gymnastik gehört zu den neuen Lektionen in der Übungseinheit eines jungen Pferdes, ist aber auch als Teil des Aufwärmens oder für wiederholende Trainingselemente bei erfahrenen Pferden geeignet.

Laterale Arbeit

Mit der lateralen Arbeit beginnt das Zwischenstadium der Ausbildung, bei dem Übungen mit einer Seitwärts-Komponente eingebaut werden. Dazu gehören Vorhandwendungen, Hinterhandwendungen, Schenkelweichen, Schulterherein und andere. Meist wird mit lateraler Arbeit erst begonnen, wenn das Pferd aufgewärmt ist und bereits ausreichend vorwärts gearbeitet wurde.

Versammelte Arbeit

Versammelte Arbeit zielt darauf ab, Biegsamkeit, Kraft und Balance des Pferdes in der Längsachse zu stärken. Dazu gehören Übergänge in beide Richtungen, etwa Schritt-Trab, Trab-Schritt, Trab-Galopp, Galopp-Trab, Schritt-Galopp, Galopp-Schritt und das Rückwärtsrichten. Das Hauptaugenmerk des auf mittlerem bis hohem Niveau ausgebildeten Pferdes liegt auf dieser Arbeit.

Beim Schenkelweichen werden Seitwärts- und Vorwärtsbewegung kombiniert.

Versammlung erfordert und fördert Kraft und Balance.

Eine typische Trainingseinheit

Auf welchem Ausbildungsniveau sich Ihr Pferd momentan auch befindet, achten Sie stets auf die Strukturierung einer Trainingseinheit. Zu einer typischen Trainingseinheit, ob unterm Sattel oder vom Boden, gehört die Vorbereitung des Pferdes, das Aufwärmen von Pferd und Reiter, die eigentliche Trainingseinheit, das Abwärmen und die abschließende Versorgung des Pferdes.

Fangen Sie Ihr Pferd ein und halftern es auf.

Vorbereitung des Pferdes

Ihre Beziehung zu Ihrem Pferd beginnt mit dem ersten Schritt, den Sie im Stall oder Paddock auf es zugehen. Ihre Körpersprache sollte beim Führen oder Putzen direkt und präzise sein.

Binden Sie Ihr Pferd so an, dass es bequem steht, seine Bewegungen aber soweit eingeschränkt sind, dass Sie es in Sicherheit putzen und Aufsatteln können. Gehen Sie bei Routinearbeiten ruhig und bestimmt vor, etwa beim Auskratzen der Hufe, Einsprühen mit Fliegenspray, Scheren usw. Die Art, wie Ihr Pferd diese allgemeinen Arbeiten akzeptiert und dabei kooperiert, beeinflusst seine Einstellung und Haltung in der kommenden Trainingseinheit. Nutzen Sie das Putzen, um Ihr Pferd je nach Wesensart und Ausbildungsstand anzuregen oder zu entspannen.

Aufwärmen

Ist Ihr Pferd bereits aufgetrenst, wenn Sie es in die Reitbahn führen, sollten Sie sich daran erinnern, dass ein aufgetrenstes Pferd anders geführt wird als ein aufgehalftertes (siehe Kasten).

In der Reitbahn halten Sie Ihr Pferd auf gerader Linie an und geben ihm das Kommando zum Stillstehen. Nehmen Sie sich Zeit, während Sie

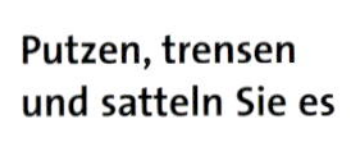

Putzen, trensen und satteln Sie es

sich auf den Beginn der Trainingseinheit vorbereiten, so lernt Ihr Pferd Geduld.
Wollen sie beispielsweise Longieren, nehmen Sie sich viel Zeit, um die Longe korrekt aufzunehmen, an Ihrer Sonnenbrille oder Ihrem Hut herumzufummeln – all dies, damit Ihr Pferd sich entspannt, still steht und sich nicht innerlich mit Ahnungen und Erwartungen beschäftigt und beunruhigt. Vor dem Reiten überprüfen Sie, ob der Sattel gerade liegt, dann treten Sie vor das Pferd und sehen nach, ob Steigbügel und Zügel gleichmäßig lang hängen. Gurten Sie nach. Ziehen Sie Handschuhe und Sonnenbrille an, sichern Sie Helm oder Hut und sitzen auf. Sitzen Sie einen Moment ganz still, ohne etwas zu tun.
Ob Sie Longieren oder Reiten, wenn Sie entscheiden, dass es an der Zeit ist, geben Sie Ihrem Pferd das korrekte Signal. Bleiben Sie stets bei genau diesem Ablauf wird Ihr Pferd weder herumhampeln noch weglaufen, während Sie aufsitzen.
Die Aufwärmphase erfüllt verschiedene Funktionen, was Sie und Ihr Pferd betrifft. Sie bereitet die Nervenbahnen vor, macht sie auf kommende Signale aufmerksam und verbessert so die Koordination während der darauf folgenden, anspruchsvolleren Arbeit. Sie erhöht die Blutzufuhr in die Skelettmuskulatur, stärkt damit sowohl ihre Kontraktionskraft als auch ihre Dehnungsfähigkeit.
Dehnungsübungen wie ein aktiver, langer Trab eignen sich nicht für den Beginn der Aufwärmphase, sie könnten zu Muskelfaserrissen führen.

Führen Sie es zur Reitbahn

Führen mit Halfter oder Zaumzeug

Aufgetrenste Pferde müssen anders geführt werden als Pferde mit Halfter. Bei einem aufgehalfterten Pferd ist der Führstrick mit einem Ring oder Knoten unterhalb des Kiefers verbunden, Sie lenken es durch Bewegungen des Stricks nach rechts, links oder zurück. Dadurch wird Druck auf die Backenstücke, den Nasenriemen oder das Genickstück ausgeübt.
Bei einem aufgetrensten Pferd sind die Zügel mit dem Gebiss verbunden und üben Druck auf die Laden, die Zunge und die Maulwinkel aus. Verfahren Sie mit den Zügeln wie mit einem Führstrick, geben Sie deshalb widersprüchliche, verwirrende Signale. Trennen Sie die Zügel mit dem Zeigefinger und benutzen Sie die Zügel unabhängig voneinander, um Ihrem Pferd zu sagen, ob es nach rechts oder links gehen oder langsamer werden soll.

Sitzen Sie auf

Am besten bewegen Sie Ihr Pferd erst einmal mindestens zwei bis drei Minuten im Schritt, bevor sie antraben.
Ein energischer, vorwärts gerichteter Trab mit langsamem Takt eignet sich für das Ende der Aufwärmphase; ein explosiver Trab oder schwierige Lektionen passen hier nicht hin. Ihr Pferd wird Ihnen sagen, wenn es entspannt und bereit ist, zur nächsten Phase überzugehen, indem es folgende Signale zeigt:

- Es schnaubt ab (atmet sanft oder kräftig durch die Nase aus),
- atmet lang und tief,
- kaut ab, leckt sich das Maul,
- beginnt, Kopf und Hals abzusenken und
- streckt Kopf und Hals nach vorne.

Fast jedes Pferd läuft nach der Aufwärmphase besser. Allzu munteren Pferden nimmt die Aufwärmphase die Spitze, sie passen jetzt besser auf und sind bereit zu arbeiten. Ein faules Pferd macht die Aufwärmphase munterer, es wird körperlich stimuliert und damit fleißiger. Ein überaktives, »heißes« Pferd wird ruhiger, seine neuromuskulären Reaktionen verlaufen kontrollierter. Achten Sie aber darauf, nicht all die Energie Ihres Pferdes bereits in der Aufwärmphase zu verpulvern, behalten Sie genügend für die Arbeitsphase übrig.

Ein abschnaubendes Pferd ist bereit für die Arbeitsphase.

Ideale Länge einer Trainingseinheit

Denken Sie daran, dass jeder Umgang und jedes Reiten zum Training gehört.

Alter	Länge einer Trainingseinheit	Häufigkeit
Fohlen	15 Minuten	5 x pro Woche
Absetzer	30 Minuten	5 x pro Woche
Jährling	30–60 Minuten	3–5 x pro Woche
Zweijähriger	60 Minuten	4–6 x pro Woche
Dreijähriger	bis zu 90 Minuten	4–6 x pro Woche
Vierjähriger	bis zu 2 Stunden	2–6 x pro Woche
5–20 Jahre alt	1–6 Stunden	2–6 x pro Woche
21 und älter	30–90 Minuten	4–6 x pro Woche

Das Herz jeder Trainingseinheit

Damit Sie Ihrem Pferd eine Trainingseinheit auf den Leib schneidern können, müssen Sie wie ein Pferd denken, wenn Sie die einzelnen Elemente zusammenfügen. Teilen Sie eine Trainingseinheit in mehrere kurze Abschnitte auf anstatt sie als eine einzige, längere Zeiteinheit aufzufassen. Dies gefällt dem Pferd meist besser und es ist auch produktiver. Bei einer einstündigen Trainingseinheit nutzen Sie zehn Minuten zum Aufwärmen und behalten am Schluss zehn Minuten zum Abwärmen übrig. Das lässt Ihnen vierzig Minuten für die eigentliche Arbeitsphase. Ihre sechzig Minuten verbringen sie also ungefähr wie folgt:

- Aufwärmen (Trab am langen Zügel): 10 Minuten
- Rückblick (Arbeit, die Ihr Pferd schon gut kennt): 10 Minuten
- Pause (Sie lassen Ihr Pferd sich strecken, verschnaufen und entspannen): 2 Minuten
- Neue Arbeit (Lektionen, die Ihr Pferd gerade lernt und an denen Sie gemeinsam arbeiten wollen): 15 Minuten
- Pause (ein bisschen länger nach all der harten Arbeit): 3 Minuten
- Rückblick (Arbeiten Sie an Übungen, die Ihr Pferd schon sehr gut kennt und wirklich gerne macht): 10 Minuten
- Abwärmen (Trab und Schritt am langen Zügel): 10 Minuten

Arbeitsphase

Rückblick

Wählen Sie für den Abschnitt der Trainingseinheit, in dem Wiederholungen und Rückblicke geplant sind, unbedingt Übungen, mit denen Ihr Pferd gut vertraut ist und die es mit relativer körperlicher und geistiger Gelassenheit durchführen kann. Ihr Pferd wird diese mentale Pause zu schätzen wissen. Es wird zuversichtlich sein, denn schließlich kann es Zirkel und Schlangenlinien durch die ganze Bahn im Schritt oder im ruhigen Trab wirklich schon im Schlaf! Lassen Sie es aber nicht zu, dass es tatsächlich einschläft – auch Wiederholungen sind aktive, vorwärts gerichtete, lebendige Arbeit. Arbeiten Sie es auf langen Linien, verzichten Sie auf laterale Arbeit und halten Sie es simpel.

Machen Sie mal Pause am langen Zügel

Pause

Wenn Sie eine Pause machen, werfen Sie nicht von jetzt auf gleich alles weg. Abrupt hingegebene Zügel oder ein regelrechter »Kollaps« Ihres Pferdes an der Longe bringt diesem nur bei, schwer auf der Vorhand zu laufen. Entlassen Sie es stattdessen langsam in die Dehnung. Geben Sie ihm nach und nach die Zügel hin oder verlängern Ihre Longe, bis es gemütlich schnaubend durch die Reitbahn zuckelt.

Streckt sich das Pferd nach unten und dehnt dabei die oberen Halsmuskeln ist dies ein Zeichen dafür, dass die vorangegangene Arbeit richtig war. Wirft es dagegen den Kopf hoch und drückt die Unterseite seines Halses heraus bedeutet dies, dass ihm der Rücken weh tut und die Arbeit zuvor unsachgemäß und mit Spannung verbunden war.

Geht die Pause zu Ende, treiben Sie Ihr Pferd mit den Schenkeln oder mit Longe und Körpersprache voran, erarbeiten sich so den Grad an Kontakt, den Sie vor der Pause hatten, bis Ihr Pferd in derselben Haltung läuft, wie zuvor.

Neue Arbeit

Zunächst sollten Sie vielleicht eine Uhr benutzen, um ein Gefühl für die Länge der verschiedenen Phasen einer Trainingseinheit zu entwickeln, später werden Sie lernen, die Signale Ihres Pferdes zu deuten und so zu merken, wann es Zeit für die nächste Phase ist. Während Sie neue Lektionen einüben, sollte Ihr Pferd mental und physisch völlig auf der Höhe seiner Leistungsfähigkeit sein, zuhören können und aufgewärmt sein, aber noch nicht erschöpft. Diese neuen Übungen bestehen aus anspruchsvollerer Arbeit, wie etwa eine Abfolge präzise durchgeführter Übergänge oder fortgeschrittene laterale Lektionen.

Es ist nicht schwer, mit den neuen Übungen zu beginnen. Schwer ist es zu wissen, wann man damit aufhören sollte, das ist sowohl eine Kunst

Wie viel ist zu viel?

Nicht so sehr das »was«, sondern vor allem das »wie« entscheidet darüber, ob eine Maßnahme angemessen oder übertrieben ist. Meist ist weniger mehr, egal, ob es um Zeit, Ausrüstung, Hilfen oder Wiederholungen geht.

- Funktioniert etwas auch nach vielen Wiederholungen nicht, hören Sie auf und bewerten Sie die Situation neu.
- Wenn Sie überlegen, ob Sie mit Wassertrense, echter Hackamore, einer gebisslosen Zäumung, einem Kandarengebiss oder Löffelgebiss reiten möchten, berücksichtigen Sie bitte, dass der falsche Einsatz jedes Ausrüstungsgegenstands zu seelischem Missbrauch oder körperlicher Verletzung führen kann. Ihre Hände können aus einer Wassertrense ein Folterinstrument machen, ein Löffelgebiss in ein Mittel allerfeinster Kommunikation verwandeln.
- Longieren kann eine freudvolle, produktive Interaktion sein, aber auch ein Weg, ein Pferd zu erschöpfen und geistig zu verbrauchen.
- Halfter, Führstricke, Führketten, Gerten und andere für die Bodenarbeit gebrauchte Ausrüstungsgegenstände können effektiv und angemessen eingesetzt werden, aber auch einschüchternd und kontraproduktiv.

als auch eine Wissenschaft. Obwohl Sie natürlich während jeder einzelnen Trainingseinheit mit Ihrem Pferd einen Durchbruch erzielen wollen, ist diese Erwartung unrealistisch. Manchmal macht es Sinn, die Arbeit zu beenden, während es noch gut läuft. Hat Ihr Pferd sich ernsthaft bemüht und beginnt jetzt, müde zu werden und Fehler zu machen sagt es Ihnen damit, dass die Phase der neuen Arbeit beendet werden sollte, auch wenn Sie *Ihr* heutiges Ziel noch nicht erreicht haben. Wenn Ihr Pferd Fehler macht, teilt es Ihnen vielleicht mit, dass es nicht mehr konzentriert, nicht mehr in Hochform oder ganz einfach müde ist.

Wenn andererseits Ihr Pferd noch frisch, aber gereizt oder störrisch reagiert und trotz Ihrer Anstrengungen einfach nicht aufpasst, dann ist es eher angezeigt, das Pferd durch diese schwierige Phase hindurch zu arbeiten, bevor Sie die neue Arbeit beenden. Wenn Sie eine Trainingseinheit frustriert beenden, können Sie sich sicher vorstellen, wie verwirrt Ihr Pferd erst sein muss. Versuchen Sie, für den Abschluss einen Zeitpunkt zu finden, an dem Sie beide zufrieden sind.

Häufig ist Ihnen beiden am meisten gedient, wenn Sie eine Weile Schritt am langen Zügel gehen, bis Sie Ihre Gedanken geordnet und eine Strategie entwickelt haben und dann erst zur eigentlichen Arbeit zurückzukehren – so vermeiden sie auch Kämpfe mit Ihrem Pferd.

Zur neuen Arbeit kann auch der Einsatz von Hindernissen gehören, was die meisten Pferde interessant und fesselnd finden.

In Höchstform

Jedes Pferd zeigt sich zu unterschiedlichen Zeiten und für unterschiedliche Dauer in Höchstform. Dann ist es körperlich völlig auf der Höhe, es reagiert schnell, ist aufmerksam. Alles läuft glatt.
Zunächst dauert diese Phase der Höchstform nur wenige Minuten. Bei jedem Pferd wird sie länger, je besser es konditioniert ist. Sie müssen lernen, den Zeitpunkt der Höchstform zu erkennen und vorauszuahnen, damit Sie das Meiste herausholen können. Dann nämlich möchten Sie neue oder besonders schwierige Lektionen durchführen.
Zwingen Sie Ihr Pferd, sich weit über seinen Gipfelpunkt hinaus anzustrengen, riskieren Sie, all das zu verlieren, was Sie sich vorher mühsam erarbeitet haben. Nehmen Sie sich vor, immer dann mit der anspruchsvollen Arbeit aufzuhören, wenn es noch Spaß macht und Sie beide fesselt, damit Sie beide es auch nicht erwarten können, während der nächsten Trainingseinheit weiterzumachen.

Wenn Ihr Pferd gut konditioniert ist und Sie seine Konzentrationsfähigkeit richtig einschätzen können werden Sie vermutlich erkennen, wenn es so gut läuft, dass es Sinn macht, komplexere Lektionen abzurufen. Bedenken Sie aber, dass mit dem Heranführen an neue Lektionen immer auch Probleme auftauchen können. Wenn Sie sich bemühen, die Dinge schon im Vorhinein zu durchdenken, können Sie im Zweifelsfall schneller die Entscheidung treffen, ob Sie ein Problem hier und jetzt angehen oder die Trainingseinheit taktvoll beenden und die Problemlösung auf ein Andermal verschieben sollten.

Pause

Die Pause nach der Phase der neuen Arbeit kann ruhig ein wenig länger ausfallen als die vorangegangene Pause, sollte aber ähnlich ablaufen. Ihr Pferd wird diese Minuten der Erholung wirklich zu schätzen wissen.
Zeigt es, wie sehr es den langen Zügel mag, indem es sich vorwärts-abwärts streckt, ist Ihre gemeinsame Arbeit gut gewesen. Nimmt es dagegen den Kopf hoch und drückt den Rücken weg sagt es Ihnen, dass Sie es zu eng und zu fest gehalten haben und es sich deshalb erst einmal in Gegenrichtung durchstrecken muss, sobald es kann. Das ist kein gutes Zeichen. Wenn Sie mit Ihrem Pferd erneut über Hände, Sitz und Beine Kontakt aufnehmen, beginnt die abschließende Phase der Trainingseinheit, ein wertvoller Rückblick.

Abschließender Rückblick

Bevor Sie mit dem abschließenden Rückblick beginnen, gehen Sie in

Gedanken noch einmal die Phase der neuen Arbeit mit etwaigen Problemfeldern durch, damit Sie in der jetzt folgenden Phase an der Basis der Lektionen arbeiten können, die zu Schwierigkeiten geführt haben. Geraten Sie nicht in Versuchung, weiter an den neuen Übungen zu arbeiten, damit sind Schwierigkeiten ausgerechnet jetzt, wo sich die Trainingseinheit dem Ende zuneigt, schon vorprogrammiert. Führen Sie stattdessen Ihr Pferd durch einen Rückblick einfacher, grundlegender Prinzipien, damit es während der nächsten Trainingseinheit die neuen Übungen mit größerer Wahrscheinlichkeit korrekt ausführen kann.

Wenn Ihr Pferd beispielsweise beim Galopp auf der linken Hand steif war, so werden Sie während des Rückblicks nicht links galoppieren. Stattdessen führen Sie eine Reihe lösender, gymnastizierender Übungen auf beiden Händen durch, um es im Genick, in der Ganasche, im Hals, der Schulter, dem Rippenbogen und der Hinterhand zu lockern. Ich konnte schon oft feststellen, dass Arbeit auf der rechten Hand die linke Hand verbesserte und umgekehrt.

Beenden Sie den Rückblick mit einer Lektion, die Ihr Pferd richtig gut kann, um sein Selbstwertgefühl und sein Interesse an der Arbeit zu erhalten. Auch für Sie ist es besser, mit einem guten Gefühl abzuschließen. Denken Sie also vor allem an die Elemente der Trainingseinheit, die besonders gut gelaufen sind, während Sie zum Ende kommen. Wenn Sie beide mit einer positiven Einstellung abschließen, freuen Sie sich darauf, bald wieder zusammen arbeiten zu können.

Abtrensen

Entspannungsphase

Nach einer anstrengenden Trainingseinheit ist es wichtig, dass Ihr Pferd allmählich und systematisch ruhiger wird und abkühlt. Dafür sehen Sie mindestens zehn Minuten vor. Diese Phase beginnt nach dem Rückblick, indem Sie die Zügel etwas länger lassen und endet erst, wenn Sie es zum Stall führen, um abzusatteln.

Das Abwärmen kann, muss aber nicht darin bestehen, dass Sie Ihr Pferd am langen Zügel Schritt gehen lassen. Sie können es durchaus ein wenig frisch von der Leber weg am langen Zügel traben lassen, es sei denn, es ist nicht fit genug. Der lockere, entspannte Trab hilft dabei, angesammelte Milchsäure aus den dicken Muskeln der Hinterhand zu spülen und es auch geistig zu entspannen.

Abkühlen am Anbindeplatz

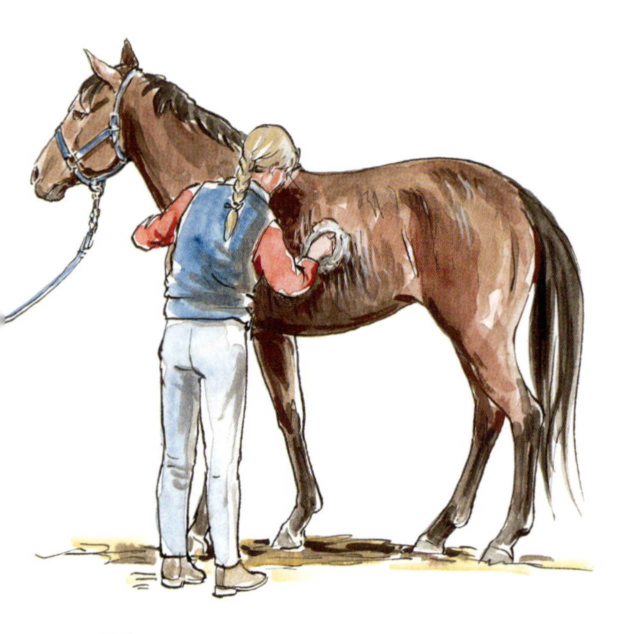

Putzen

Ruhephase

Nach besonders harten Trainingseinheiten können Sie auch absitzen, den Sattelgurt lockern und Ihr Pferd während der letzten fünf Minuten durch die Reitbahn führen.
Ist Ihr Pferd sehr erhitzt, dürfen seine dicken Muskelpakete nicht zu schell auskühlen. Bedecken Sie seinen Rücken und seine Kruppe mit einer Abschwitzdecke, damit die Hitze langsamer abgegeben wird.

Pflege nach der Arbeit

Die Zeit nach der Trainingseinheit hat großen Einfluss darauf, wie Ihr Pferd Sie am nächsten Tag begrüßen wird. Spritzen Sie ein erhitztes Pferd mit kaltem Wasser ab, kann das sehr unangenehm sein und zu Muskelverhärtungen führen. Außerdem schadet es dem Pferd langfristig, wenn Sie ihm jeden Tag den Schweiß und Schmutz mit Wasser aus dem Fell spülen. Seine Hufe nehmen durch den dauernden Wechsel zwischen trocken und nass Schaden. Zudem treten Pilzinfektionen und andere Hautprobleme vor allem dann gehäuft auf, wenn Pferde andauernd durchnässt werden und nicht durchtrocknen können.
Den meisten Pferden gefällt es besser, mit einem trockenen Handtuch oder einem Jutetuch kräftig durchgerubbelt als mit Wasser abgespritzt zu werden. Nachdem Sie Ihr Pferd abgerieben und ihm eine Decke aufgelegt haben, können Sie es irgendwo anbinden, damit es völlig trocknen kann – im Winter bitte nicht in der Zugluft, im Sommer nicht in der prallen Sonne. Wenn Ihr Pferd ganz trocken ist, bürsten Sie es gründlich durch, benutzen Sie evtl. einen Pferdestaubsauger, um trockenen Schweiß und lose Haare komplett zu entfernen, decken Sie es mit einem dünnen Tuch ein und bringen es zurück in den Stall oder Paddock. Wenn Sie es freilassen, streicheln Sie es gründlich an der Stirn und am Hals und erklären ihm, dass es seine Sache richtig gut gemacht hat.

Epilog

Vor 55 Millionen Jahren erschien der erste Equide auf der Erde, Morgenrötepferdchen oder auch Eohippus oder Hyracotherium genannt. Obwohl DNA-Beweise noch nicht vorliegen, können wir doch davon ausgehen, dass das moderne Pferd, Equus caballus, vor etwa 5000 Jahren domestiziert wurde.

Um eine Vorstellung vom Verhältnis zwischen Mensch und Pferd zu bekommen, kommen Sie einmal mit mir und stellen sich in die Mitte meiner Reitbahn, die ungefähr 30 x 60 m groß ist. Lassen Sie Ihre Augen die Bande entlang wandern, vom Tor in der Mitte der kurzen Seite zur ersten Ecke, entlang der ersten langen Seite, die gegenüberliegende kurze Seite entlang, zur zweiten langen Seite und durch die Ecke zurück zum Tor. Stellen Sie sich vor, dieser etwa 180 m lange Weg repräsentiere die 55 Millionen dauernde Entwicklungsgeschichte des Pferdes.

Jetzt werfen Sie einen Blick auf den Fingernagel Ihres kleinen Fingers. Der ist knapp über einen Zentimeter breit. Dies entspricht ungefähr der Zeitspanne der Domestikation des modernen Pferdes.

Ich bin immer wieder überrascht, wie anpassungsfähig Pferde sind, wie viel sie für uns tun möchten und tun können. Noch größer aber ist meine Bewunderung für die Natur und den Geist des Pferdes.

Wann immer wir mit diesen so besonderen Tieren arbeiten, ist es besser für uns alle, wenn wir wie ein Pferd denken können; wenn wir wissen, wie ein Pferd tickt.

Körpersprache: Eindeutige Signale entwickeln

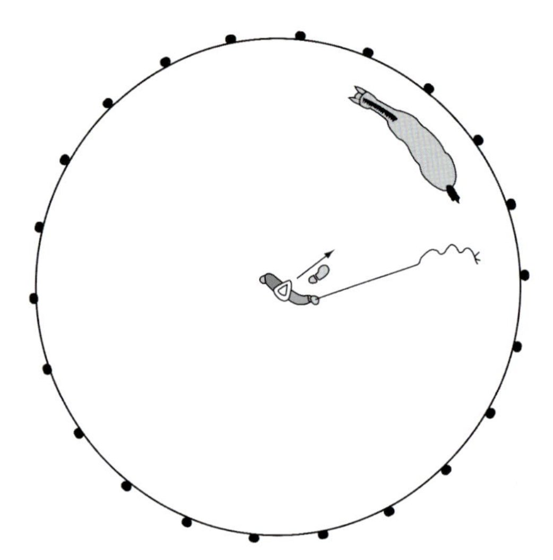

Treiben: Gehen Sie mit Ihrem treibenden Fuß (der rechte, wenn das Pferd auf der linken Hand läuft) einen Schritt auf seine Hinterhand zu, erheben gleichzeitig die Longierpeitsche und sagen Sie »Scheeeritt!«

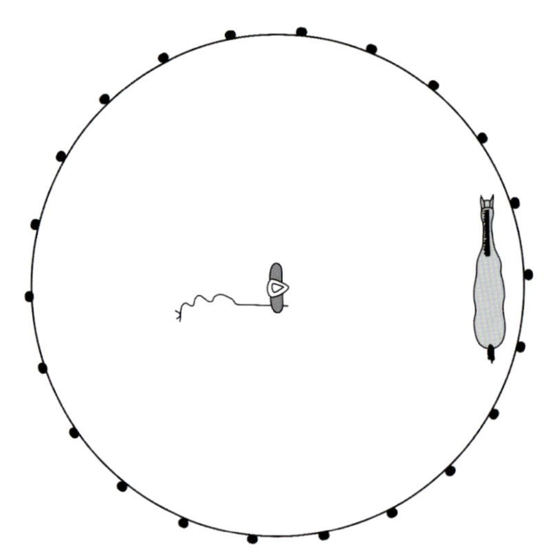

Neutral: Die Longierpeitsche wird hinter dem Körper gehalten, beide Arme hängen an Ihrer Seite; Ihr Gewicht ist gleichmäßig auf beide Füße verteilt; senken Sie den Blick und holen Sie tief aus dem Bauch heraus Luft.

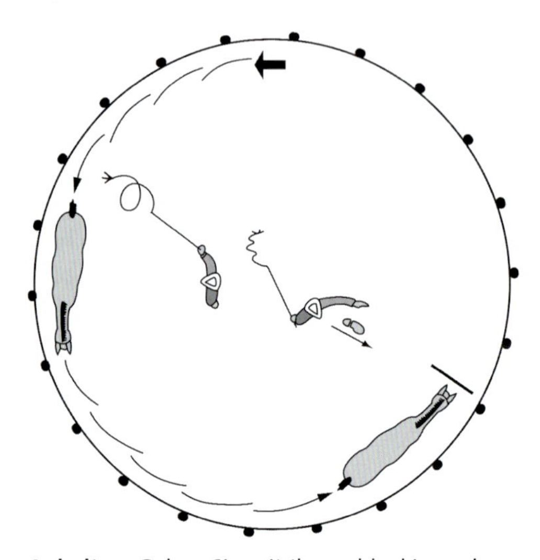

Anhalten: Gehen Sie mit Ihrem blockierenden Fuß (der linke, wenn das Pferd auf der linken Hand läuft) einen Schritt auf seine Vorhand zu, senken gleichzeitig die Longierpeitsche und führen sie hinter sich; sagen Sie »Hoooo!« oder »Whoa!«.

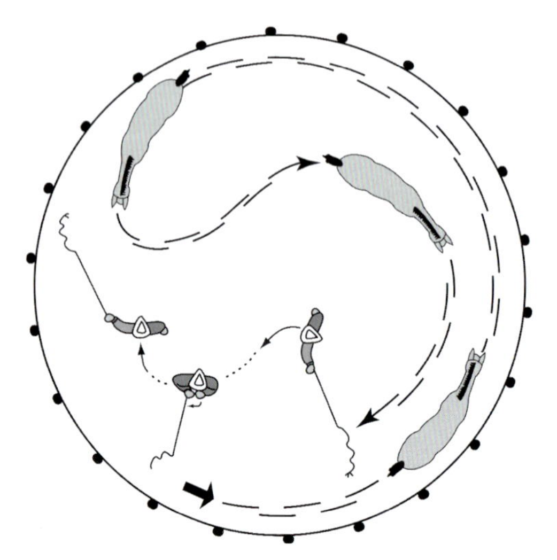

Wenden: Geht das Pferd auf der linken Hand, gehen Sie zunächst rückwärts und nach links, während Sie die Longierpeitsche hinter Ihrem Rücken von der rechten zur linken Hand wechseln. Treten Sie nach links, erheben die Peitsche und sagen Sie »Geh herum!«.

Glossar

Absetzen: Trennung des Fohlens von der Mutter, meist mit vier bis sechs Monaten.
Absetzer: Jungpferde beiderlei Geschlechts, die von der Mutter abgesetzt wurden, aber noch jünger als ein Jahr sind.
Adaptation: Verhaltensänderung zur Anpassung an geänderte Bedingungen; auch Anpassung des Auges an unterschiedliche Lichtverhältnisse.
Agonistisches Verhalten: Soziale Interaktionen, die der Aufrechterhaltung der Ordnung dienen.
Akkomodation: Einstellungsmechanismus der Augenlinse zur Scharfstellung des Auges beim Betrachten von unterschiedlich weit entfernten Objekten.
Antropomorphismen: Die Übertragung menschlicher Merkmale auf Tiere.
Assoziationsvermögen: Die Fähigkeit, Aktion und Reaktion, Reiz und Antwort zu verknüpfen. Der Schlüssel zur Ausbildung von Pferden, da sie versuchen, Korrekturen zu vermeiden und Belohnungen zu verdienen.
Aussacken: Gewöhnung an flatternde Objekte zur Zähmung.
Ausweichen: Vermeidung einer Hilfe; ein Pferd rollt sich beispielsweise ein und kommt hinter den Zügel, um den Kontakt mit dem Gebiss zu vermeiden.

B

Binokular: Beide Augen gleichzeitig benutzend.

C

Charakter: Beständige Merkmale des Verhaltens eines Pferdes.

E

Einstellung: Augenblickliches Verhalten infolge spezifischer Bedingungen.
Epimeletisches Verhalten: Fürsorge oder Aufmerksamkeit gebend.
Epiphysen: Wachstumsfugen an den Enden der Röhrenknochen.
Erwartungen, Vorahnungen: Eine Antwort, die vor einem erwarteten Reiz beginnt.
Equus: Die Gattung der Pferde; heutige Pferde gehören zur Spezies caballus.
Etepimeletisches Verhalten: Nach Fürsorge oder Aufmerksamkeit verlangend.
Extinktion: Entfernen eines angenehmen Stimulus, um das Pferd vom gerade gezeigten Verhalten abzubringen.

F

Flehmen: Verhalten, das als Reaktion auf Gerüche gezeigt wird; das Pferd hebt dabei den Kopf, stülpt die Oberlippe nach hinten und nimmt so Gerüche mit seinem Vomeronasalorgan wahr.
Flucht: Entkommen oder Wegrennen.

Fohlen: Weniger als ein Jahr altes Pferd männlichen oder weiblichen Geschlechts.
Formung: Positive Entwicklung der Bewegungscharakteristika; auch Verstärkung bei der zunehmenden Annäherung an ein erwünschtes Verhalten.

Gedächtnis: Fähigkeit, sich an frühere Erfahrungen oder Trainingsinhalte zu erinnern.
Genick: Verbindung von Wirbelsäule und Schädel; Gebiet mit großer Empfindlichkeit und Beweglichkeit.
Gesellig: Sozial, in Herden lebend.
Gewöhnung: Bei wiederholter Reizung kommt es zu abnehmender Intensität der Reizantwort.

Hackordnung: Rangsystem, soziale Ordnung.
Herde: Große Gruppe von Pferden unterschiedlichen Alters und Geschlechts.
Hilfe: Mittel der Kommunikation zwischen Trainer oder Reiter und Pferd. Zu den natürlichen Hilfen gehören Verstand, Stimme, Hände, Beine, Körper (Gewicht, Sitz, Rücken); künstliche Hilfen sind Halfter, Gerte, Sporen oder Führkette.

Infraschall: Jedes Geräusch, dessen Frequenz unterhalb des menschlichen Hörvermögens liegt (also weniger als 20 Hertz).
Instinkt: Angeborenes Wissen und Verhalten.
Intelligenz: Fähigkeit, in der Welt der Menschen zu überleben oder sich anzupassen.
Intermittierender Druck: Eine Hilfe wird abwechselnd ausgeführt und unterlassen, Gegensatz zum Dauerdruck.

J

Jährling: Jungpferde beiderlei Geschlechts nach ihrem ersten und vor ihrem zweiten Geburtstag; auch zwischen dem 1. Januar und dem 31. Dezember im Jahr nach ihrer Geburt.

K

Kaltblüter: Pferde, deren Vorfahren auf schwere Ritterpferde und Zugpferde zurückgehen. Typisch sind ein kräftiger Knochenbau, eine dicke Haut, dichtes und langes Fell, starker Fesselbehang sowie geringere Werte bezüglich roter Blutkörperchen und Hämoglobin.
Kernherde, Gruppe: Kleine, stabile Pferdeherde; bei wild lebenden Pferden besteht die Harem genannte Herde aus Stuten, Junggesellenherden ausschließlich aus männlichen Pferden.
Klassische Konditionierung: Verknüpfung eines Reizes mit einer Reizantwort zu Trainingszwecken.
Klaustrophobie: Unwohlsein oder Angst unter beengten Verhältnissen oder beim Einsperren.
Kleben am Partner: Enge Bindung zwischen zwei Pferden, die bei Trennung zu Trennungsangst führen kann.

Kleben am Stall: Entwickelt ein Pferd die schlechte Angewohnheit, ständig zurück zum Stall zu drängen, wird dies als Kleben am Stall bezeichnet. Siehe auch unter Kleben an der Herde.
Kleben an der Herde: Trennungsangst bei einem von seiner Herde getrennten Individuum, die dazu führen kann, dass das Pferd zurück zur Herde stürmt, wenn es nicht daran gehindert wird.
Kolik: Bauchschmerzen.

Laden: Knochiger, von Zahnfleisch überzogener Bereich des Kiefers zwischen Schneidezähnen und Mahlzähnen, auf dem das Gebiss liegt.
Latent: Ein angeeigneter Lerninhalt, der noch nicht gezeigt wurde.
Limbisches System: Ein unter der Großhirnrinde liegender Teil des Gehirns, der u.a. die Regionen des Hippocampus und der Amygdala enthält. Das Limbische System reguliert Emotionen, Motivation, Erinnerung und einige homöostatische Prozesse.

Mekonium: Dunkler, klebriger Stuhl, der sich im Darm des ungeborenen Fohlens ansammelt und während oder kurz nach der Geburt abgegeben wird.
Mimikry: Allelomimetisches Verhalten, Kopieren des Verhaltens anderer.
Monokular: Einäugiges Sehen.
Mutterstute: Pferdemutter.

Nachahmung: Lernen durch Beobachtung, Mimikry.
Negative Verstärkung: Wegnahme eines unangenehmen Reizes um gezeigtes Verhalten zu verstärken.
Nomadisierend: Wandernd, umherstreifend.

Olfaktorisch: Den Geruchssinn betreffend.

Papillen: Falten und Vorstülpungen der Zunge, die Geschmacksknospen enthalten.
Pheromone: Chemische Substanzen werden von einem Individuum abgesondert und rufen in einem anderen Individuum derselben Spezies eine spezifische Verhaltens- oder körperliche Antwort hervor.
Positive Verstärkung: Lob, Belohnung; angenehmer Reiz zur Verstärkung gezeigten Verhaltens.
Prägung: Zeitraum sehr schnellen Lernens während der kritischen Phase eines Fohlens (erste Lebensstunden) durch die es zur Ausprägung arttypischen Verhaltens und Bindung an die eigene Art kommt.

Propriozeptiver Sinn: Fähigkeit, Position, Lage, Ausrichtung und Bewegung des eigenen Körpers und der Körperteile wahrzunehmen.

Rangordnung: Hackordnung; von Dominanz geprägte Hierarchie legt die Position des Individuums innerhalb einer Gruppe fest.
Reizüberflutung: Überwältigend intensive Form der Gewöhnung. Siehe auch Gewöhnung.
Reflex: Nicht erlernte oder instinktive Reaktion auf einen Reiz.
REM-Schlaf: Rapid eye movement-Schlaf; eine Phase des normalen Schlafzyklus mit Träumen und typischen körperlichen Anzeichen, etwa schnellen Bewegungen des Augapfels, erhöhter Puls und erhöhte Hirnaktivität.

S

Saisonal polyöstrisch: Mehrere Phasen der Fruchtbarkeit innerhalb einer definierten Fortpflanzungsperiode des Jahres.
Scheuen: Wegspringen und Wegrennen bei beängstigenden Objekten oder Situationen.
Schreckreaktion: Scheuen am Platz.
Sehschärfe: Genauigkeit oder Schärfe des Seheindrucks.
Selbsthaltung: Ausbalancierte, versammelte und ausdrucksvolle Form der Haltung und Bewegung, die entweder angeboren oder erlernt ist und vom Pferd ohne Einwirkung des Reiters gezeigt wird.
Slow wave-Schlaf: Stadium tiefen, meist traumlosen Schlafes charakterisiert durch Deltawellen und ein niedriges Niveau autonomer physiologischer Aktivität; auch Non REM-Schlaf genannt.
Soziale Körperpflege: Gegenseitiges Beknabbern von Hals, Widerrist und Rücken zweier meist befreundeter Pferde.
Sozialisierung: Entwicklung des Individuums und seines Verhaltens infolge Interaktion mit Angehörigen derselben Spezies.
Stehen bleiben, Verweigern: Weigerung, weiter zu gehen.
Stereotypie: Regelmäßig und gleichmäßig wiederholte Verhaltensstörung wie Koppen, Weben und Selbstverstümmelung.
Stimmhilfen: Natürliches Hilfsmittel, das bezüglich Wortwahl, Tonfall, Lautstärke und Stimmlage gleich bleiben muss.
Strafe: Einsatz eines unangenehmen Reizes, um das Pferd von einem gezeigten, unerwünschten Verhalten abzubringen.
Stresstoleranzniveau: Der Punkt, an dem ein Pferd Stress (Lärm, Arbeit oder Verletzungen) nicht länger verkraften kann und eine Verhaltensabnormität entwickelt.
Stumpf: Widerwillig, abweisend und mürrisch.

T

Trennungsangst: Nervosität bei befreundeten Pferden, wenn sie einander nicht berühren oder sehen können; kann Kleben am Stall, am Partner oder an der Herde zur Folge haben.

Ultraschall: Schallfrequenzen oberhalb des menschlichen Hörvermögens, also mit mehr als 20 kHz.
Unermüdliche Steheinrichtung: Durch ein System von Sehnen und Bändern stabilisierte Gelenke erlauben es dem Pferd, mit sehr geringem Energieaufwand zu stehen.
Unerwünschtes Verhalten: Schlechte Angewohnheiten bezüglich des Umgangs oder Reitens.
Unterlegenheitskauen: Unterwerfungsgeste des Fohlens mit gesenktem Kopf und wiederholtem Öffnen und Schließen des Mauls, auch als »Mäulchen machen« bezeichnet.
Unterstützungsbänder: Bestandteile des Halteapparates der Vorderbeine.
Untugenden: Unerwünschte Verhaltensweisen infolge von Haltung, Umgang oder Managementfehlern.

Verhaltensanomalie/Verhaltensstörung: Abnormales Verhalten. Siehe auch unter Stereotypie.
Verhaltenstherapie: Eine Methode zur Veränderung bestehenden Verhaltens.
Verstärkung: Stärkung einer Verknüpfung; mittels primärer Verstärker (angeboren) wie Futter oder Ruhepausen oder sekundärer Verstärker (verbunden mit primären, erlernt) wie einem Lob oder Streicheln.
Vollblut: Pferd, dessen Vorfahren zu den Arabischen oder Englischen Vollblütern gehört. Typische Merkmale sind feiner Knochenbau, dünne Haut, feines Haarkleid, kein Fesselbehang sowie höhere Werte bezüglich roter Blutkörperchen und Hämoglobin.

Wallach: Kastriertes männliches Pferd.
Walk down-Methode: Methode zum Einfangen eines Pferdes. Beginnen Sie in einem kleinen Stall und arbeiten sich zu größeren Paddocks vor. Gehen Sie immer auf die Schulter des Pferdes zu, nie auf Rumpf oder Kopf. Gehen Sie nie schneller als im Schritt. Bleibt das Pferd stehen, kraulen Sie es am Widerrist. Gehen Sie immer als Erste weg. Halftern Sie es irgendwann auf.
Widerstand: Widerwillen oder Weigerung, nachzugeben.

Zwang: Einsatz psychologischer, mechanischer oder chemischer Mittel, um Handlungen oder Annäherung zu verhindern.
Zweierbeziehung: Auch Paarbindung; die Beziehung zwischen zwei Pferden, die deutlich die Gesellschaft des anderen vorziehen; manchmal ist diese Bindung so stark, dass sie die Ursache von Problemen werden kann.

Stichvortverzeichnis

Setzen Sie aufs richtige Pferd!

CAVALLO bringt frischen Wind in die Reiterszene. Jedes Heft bietet Dutzende von Ratschlägen, wie Sie Ihr Pferd besser verstehen, füttern oder erziehen können. Oder wie Sie seine und Ihre Leistung steigern. Und deshalb angenehmer reiten.

CAVALLO packt gern heiße Eisen an.

CAVALLO testet jeden Monat neue Reitschulen und schreibt, was sie taugen.

CAVALLO testet Sättel, untersucht Futter oder berichtet über die neuesten Entwicklungen der Pferdemedizin.

Wir schicken Ihnen gern ein Heft zum Testen. Kostenlos natürlich! Postkarte genügt – oder Fax oder e-mail schicken.

CAVALLO, Scholten Verlag,
Postfach 10 37 43, D-70032 Stuttgart,
Fax (0711) 236 04 15
e-mail: redaktion@cavallo.de
Internet: www.cavallo.de

Das Magazin für aktives Reiten

MITTAG, J.-M.